本书由
中央高校建设世界一流大学（学科）
和特色发展引导专项资金
资助

中南财经政法大学"双一流"建设文库

数｜字｜经｜济｜系｜列｜

战略性新兴产业自主创新能力形成与测度研究

高杰 著

中国财经出版传媒集团
中国财政经济出版社

图书在版编目（CIP）数据

战略性新兴产业自主创新能力形成与测度研究／高杰著. --北京：中国财政经济出版社，2019.12

（中南财经政法大学“双一流”建设文库. 数字经济系列）

ISBN 978-7-5095-9422-3

Ⅰ. ①战… Ⅱ. ①高… Ⅲ. ①新兴产业－创造能力－研究－中国 Ⅳ. ①F269.24

中国版本图书馆 CIP 数据核字（2019）第 246080 号

责任编辑：王芝文　　　　责任校对：胡永立

封面设计：陈宇琰

战略性新兴产业自主创新能力形成与测度研究

ZHANLUEXING XINXING CHANYE ZIZHU CHUANGXIN NENGLI XINGCHENG YU CEDU YANJIU

中国财政经济出版社 出版

URL：http：//www.cfeph.cn

E-mail：cfeph@cfemg.cn

社址：北京市海淀区阜成路甲 28 号　邮政编码：100142

营销中心电话：010-88191537

北京财经印刷厂印装　各地新华书店经销

787×1092 毫米　16 开　16.25 印张　261 000 字

2019 年 12 月第 1 版　2019 年 12 月北京第 1 次印刷

定价：74.00 元

ISBN 978-7-5095-9422-3

（图书出现印装问题，本社负责调换）

本社质量投诉电话：010-88190744

打击盗版举报热线：010-88191661　QQ：2242791300

总　序

“中南财经政法大学‘双一流’建设文库”是中南财经政法大学组织出版的系列学术丛书，是学校“双一流”建设的特色项目和重要学术成果的展现。

中南财经政法大学源起于1948年以邓小平为第一书记的中共中央中原局在挺进中原、解放全中国的革命烽烟中创建的中原大学。1953年，以中原大学财经学院、政法学院为基础，荟萃中南地区多所高等院校的财经、政法系科与学术精英，成立中南财经学院和中南政法学院。之后学校历经湖北大学、湖北财经专科学校、湖北财经学院、复建中南政法学院、中南财经大学的发展时期。2000年5月26日，同根同源的中南财经大学与中南政法学院合并组建“中南财经政法大学”，成为一所财经、政法“强强联合”的人文社科类高校。2005年，学校入选国家“211工程”重点建设高校；2011年，学校入选国家“985工程优势学科创新平台”项目重点建设高校；2017年，学校入选世界一流大学和一流学科（简称“双一流”）建设高校。70年来，中南财经政法大学与新中国同呼吸、共命运，奋勇投身于中华民族从自强独立走向民主富强的复兴征程，参与缔造了新中国高等财经、政法教育从创立到繁荣的学科历史。

“板凳要坐十年冷，文章不写一句空”，作为一所传承红色基因的人文社科大学，中南财经政法大学将范文澜和潘梓年等前贤们坚守的马克思主义革命学风和严谨务实的学术品格内化为学术文化基因。学校继承优良学术传统，深入推进师德师风建设，改革完善人才引育机制，营造风清气正的学术氛围，为人才辈出提供良好的学术环境。入选“双一流”建设高校，是党和国家对学校70年办学历史、办学成就和办学特色的充分认可。“中南大”人不忘初心，牢记使命，以立德树人为根本，以“中国特色、世界一流”为核心，坚持内涵发展，“双一流”建设取得显著进步：学科体系不断健全，人才体系初步成型，师资队伍不断壮大，研究水平和创新能力不断提高，现代大学治理体系不断完善，国际交流合作优化升级，综合实力和核心竞争力显著提升，为在2048年建校百年时，实现主干学科跻身世界一流学科行列的发展愿景打下了坚实根基。

“当代中国正经历着我国历史上最为广泛而深刻的社会变革，也正在进行着人类历史上最为宏大而独特的实践创新”，“这是一个需要理论而且一定能够产生理论的时代，这是一个需要思想而且一定能够产生思想的时代”①。坚持和发展中国特色社会主义，统筹推进“五位一体”总体布局和协调推进“四个全面”战略布局，实现“两个一百年”奋斗目标、实现中华民族伟大复兴的中国梦，需要构建中国特色哲学社会科学体系。市场经济就是法治经济，法学和经济学是哲学社会科学的重要支撑学科，是新时代构建中国特色哲学社会科学体系的着力点、着重点。法学与经济学交叉融合成为哲学社会科学创新发展的重要动力，也为塑造中国学术自主性提供了重大机遇。学校坚持财经政法融通的办学定位和学科学术发展战略，“双一流”建设以来，以“法与经济学科群”为引领，以构建中国特色法学和经济学学科、学术、话语体系为己任，立足新时代中国特色社会主义伟大实践，发掘中国传统经济思想、法律文化智慧，提炼中国经济发展与法治实践经验，推动马克思主义法学和经济学中国化、现代化、国际化，产出了一批高质量的研究成果，“中南财经政法大学‘双一流’建设文库”即为其中部分学术成果的展现。

文库首批遴选、出版二百余册专著，以区域发展、长江经济带、“一带一路”、创新治理、中国经济发展、贸易冲突、全球治理、数字经济、文化传承、生态文明等十个主题系列呈现，通过问题导向、概念共享，探寻中华文明生生不息的内在复杂性与合理性，阐释新时代中国经济、法治成就与自信，展望人类命运共同体构建过程中所呈现的新生态体系，为解决全球经济、法治问题提供创新性思路和方案，进一步促进财经政法融合发展、范式更新。本文库的著者有德高望重的学科开拓者、奠基人，有风华正茂的学术带头人和领军人物，亦有崭露头角的青年一代，老中青学者秉持家国情怀，述学立论、建言献策，彰显“中南大”经世济民的学术底蕴和薪火相传的人才体系。放眼未来、走向世界，我们以习近平新时代中国特色社会主义思想为指导，砥砺前行，凝心聚

① 习近平：《在哲学社会科学工作座谈会上的讲话》，2016年5月17日。

力推进“双一流”加快建设、特色建设、高质量建设，开创“中南学派”，以中国理论、中国实践引领法学和经济学研究的国际前沿，为世界经济发展、法治建设做出卓越贡献。为此，我们将积极回应社会发展出现的新问题、新趋势，不断推出新的主题系列，以增强文库的开放性和丰富性。

“中南财经政法大学‘双一流’建设文库”的出版工作是一个系统工程，它的推进得到相关学院和出版单位的鼎力支持，学者们精益求精、数易其稿，付出极大辛劳。在此，我们向所有作者以及参与编纂工作的同志们致以诚挚的谢意！

因时间所囿，不妥之处还恳请广大读者和同行包涵、指正！

中南财经政法大学校长 

前　言

《国务院关于加快培育和发展战略性新兴产业的决定》明确指出，增强自主创新能力是培育和发展战略性新兴产业的中心环节。《决定》中所蕴含的主旨和原则，是对成功实现工业化和现代化国家的根本总结，也是在开放经济条件下提升中国国际分工地位、扭转中国产业在全球生产网络中的被动嵌入、实现根本性赶超的关键所在。

发展战略性新兴产业正式成为我国国家发展战略。随着我国对战略性新兴产业的大量投入，我国战略性新兴产业的自主创新能力如何？其影响因素是什么？其提升途径何在？这些问题是成功实施战略新兴产业培育国家战略迫切需要解决的理论和现实课题。

战略新兴产业、自主创新研究均属前沿学术领域。从目前研究现状来看，对战略产业的研究多集中于战略产业的选择和发展意义，而对自主创新能力的研究则集中于创新绩效、能力演化机制，对自主创新的测度指标研究也往往侧重于普遍性而忽视了产业特征，对于如何科学地测度战略产业自主创新并建立起相应指标这一问题，系统深入的研究较为匮乏。

本书研究拟通过剖析战略性新兴产业的技术特征、产业特征与技术演化特征，结合现有创新能力测度方法，选取七大战略新兴产业领域龙头企业为样本，对中国战略性新兴产业自主创新能力进行测度分析和结果比较，并探讨赶超背景下中国战略性新兴产业自主创新能力提升机制，为促进创新能力提升的政策与战略的制定提供理论基础和实践指导。

全书由如下部分组成：

导言部分首先指出本书选题意义所在，通过对国内外研究文献的回顾和总结，阐明研究目的和研究方法。

正文分为三篇，共十二章。第一篇是理论篇，包括第一章、第二章和第三章，主要对战略性新兴产业自主创新能力测度相关问题进行理论探讨，在借鉴国家创新能力和企业创新能力相关理论和测度方法的基础上，建立战略新兴产业自主创新能力形成模型，探讨自主创新能力形成机制，并总结战略性新兴产业自主创新能力测度方法论。第二篇是测度篇，包括第四章、第五章、第六章、第七章、第八章、第九章、第十章，遵循战略性新兴产业自主创新能力测度方法论框架，结合战略性新兴产业的产业特性，运用两次测度方法，对节能环保、新一代信息技术、生物、高端装备制造、新能源、新材料、新能源汽车等七大战略性新兴产业自主创新能力进行测度，重点对创新能力形成要素进行赋权和分析。第三篇是对策篇，包括第十一章、第十二章，根据理论探讨和测度结果，探讨战略性新兴产业自主创新能力提升的路径和机制，为国家和区域制定战略新兴产业自主创新能力提升政策提供理论基础和实践指导。

需要指出的是，本书关于战略新兴产业分类标准依据的是2010年颁布的《国务院关于加快培育和发展战略性新兴产业的决定》，数据收集时段为2006—2016年。此外，由于本人学识和经验的限制，书中疏漏和不妥之处在所难免，恳请读者不吝赐教。

作　者

2019年8月

目　录

导　言 1

第一篇　理论篇

第一章　国家创新能力的形成与测度 9

第一节　国家创新能力的概念与相关理论 9

第二节　国家创新能力的测度方法及应用 14

第二章　企业自主创新能力的形成与测度 24

第一节　企业自主创新能力的概念及相关理论 24

第二节　企业自主创新能力的测度方法及其应用 36

第三章　战略性新兴产业自主创新能力测度方法研究 41

第一节　战略性新兴产业自主创新能力基础理论 41

第二节　战略性新兴产业自主创新能力测度方法 59

第二篇　测度篇

第四章　节能环保产业自主创新能力测度 87

第一节　节能环保产业特征分析 87

第二节　节能环保产业自主创新能力测度 90

第五章　新一代信息技术产业自主创新能力测度　96
第一节　新一代信息技术产业特征分析　96
第二节　新一代信息技术产业自主创新能力测度　104

第六章　生物产业自主创新能力测度　109
第一节　生物产业特征分析　109
第二节　生物产业自主创新能力测度　111

第七章　高端装备制造产业自主创新能力测度　117
第一节　高端装备制造产业特征分析　117
第二节　高端装备制造产业自主创新能力测度　122

第八章　新能源产业自主创新能力测度　128
第一节　新能源产业特征分析　128
第二节　新能源产业自主创新能力测度　132

第九章　新材料产业自主创新能力测度　137
第一节　新材料产业特征分析　137
第二节　新材料产业自主创新能力测度　139

第十章　新能源汽车产业自主创新能力测度　144
第一节　新能源汽车产业特征分析　144
第二节　新能源汽车产业自主创新能力测度　148

第三篇　对策篇

第十一章　战略性新兴产业自主创新能力提升机制　155
第一节　战略新兴产业自主创新能力测度结果的比较和分析　155

第二节　赶超背景下中国战略性新兴产业自主创新能力提升路径　178

第十二章　战略性新兴产业自主创新能力提升对策　200

第一节　节能环保产业自主创新能力提升对策建议　200
第二节　新一代信息技术产业自主创新能力提升对策建议　205
第三节　生物产业自主创新能力提升对策建议　209
第四节　高端装备制造产业自主创新能力提升对策建议　214
第五节　新能源产业自主创新能力提升对策建议　218
第六节　新材料产业自主创新能力提升对策建议　223
第七节　新能源汽车产业自主创新能力提升对策建议　227

参考文献　232
后记　243

导　　言

一、问题的提出

2010年9月8日，国务院审议并原则通过了《国务院关于加快培育和发展战略性新兴产业的决定》（以下简称《决定》）。《决定》明确指出，增强自主创新能力是培育和发展战略性新兴产业的中心环节。《决定》中所蕴含的主旨和原则，是对成功工业化和现代化国家的根本总结，也是开放经济条件下提升中国国际分工地位，扭转中国产业在全球生产网络中的被动嵌入，实现根本性赶超的关键所在。

发展战略性新兴产业正式成为我国国家发展战略。随着我国对战略性新兴产业的大量投入，我国战略性新兴产业的自主创新能力如何？其影响因素是什么？其提升途径何在？这些问题是成功实施战略新兴产业培育国家战略迫切需要解决的理论和现实课题。

战略新兴产业、自主创新研究均属前沿学术领域。从目前研究现状来看，对战略产业的研究多集中于战略产业的选择和发展意义，而对自主创新能力的研究则集中于创新绩效、能力演化机制，对自主创新的测度指标研究也往往侧重于普遍性而忽视了产业特征，对于如何科学地测度战略产业自主创新并建立起相应指标这一问题，系统深入的研究较为匮乏。

本书研究拟通过剖析战略性新兴产业的技术特征、产业特征与技术演化特征，结合现有创新能力测度方法，选取七大战略新兴产业领域龙头企业为样本，对中国战略性新兴产业自主创新能力进行测度分析和结果比较，并探讨赶超背景下中国战略性新兴产业自主创新能力提升机制，为促进创新能力提升的政策与战略的制定提供理论基础和实践指导。

二、研究现状及其评述

梳理战略性新兴产业创新发展规律、自主创新以及创新能力等方面的参考文献有助于为本课题研究提供借鉴。

（一）关于战略性新兴产业创新发展规律的研究

在国外文献中，最早提出战略性产业概念的是 Hirschman（1966），他将战略产业视同主导产业，并将处于投入—产出关系中联系最密切的经济体系称为战略部门，即主导产业部门。近年来国外学者对新兴产业（Emerging Industry）的研究活跃起来，不少学者探讨了新兴产业的形成及特征（Poter，1997；Horii，2006；Erickcek，2007），如 Poter 认为，新兴产业形成的原因是技术创新、相对成本关系的变化、新的消费需求的出现。Erickcek 则强调新兴产业通常等同于方式转变。实证方面，从集群角度研究新兴产业创新发展规律的文献较为集中，如：Feser（2000）通过集群三维度（时间、联系、地理）将集群分为存在集群、新兴集群、潜在集群和技术集群；Quandt（1997）从国家环境、地区环境、高科技企业、支撑机构、本地联系、竞争联系和政府政策等方面对巴西堪培拉新兴高科技产业集群进行了研究；Matin（2003）研究了新兴产业集群的发展路径；Breitzman（2007）研究了美国 2002 至 2006 年发展最快的 50 个新兴产业集群，说明了新兴集群的识别方法。

随着战略性新兴产业概念的明确提出，国内学者对战略性新兴产业创新发展规律的相关研究在逐步深化，这些研究主要集中如下几个方面。一是对战略性新兴产业内涵及特征的分析。一般认为，战略性新兴产业发展具有战略性、不确定性、正外部性和复杂性的特征，其产业全局性、关联性、先导性强。（贺正楚，2011；李晓华、吴铁，2010）。二是基于战略新兴产业发展意义的分析，如刘志阳等（2010）从模块化理论视角研究了战略新兴产业自主创新能力提升的意义和价值；三是从宏观层面探讨了战略新兴产业的相关发展战略，不少学者基于不同视角提出了相关政策建议（如朱瑞博，2010；顾海峰，2011），也有大量学者对国外新兴产业发展经验进行介绍，并在借鉴基础上提出相关政策建议（如曾昭宁，2011；骆祖春，2011）。四是从微观层面探讨了战略性新兴产业发展的相关问题，如李杨等（2010）探讨了战略新兴产业集群创新发展的条件、过程和政策；曾刚等（2006）研究了上海浦东生物医药产业集群的特征和内部机理，分析了生物医药集群创新能力和发展路径。

（二）关于自主创新的研究

自主创新内涵和外延界定对自主创新能力测度研究尤为重要。在国外文献中，没有与自主创新能力完全等同的概念。在区域技术差距理论、集群创新、技术溢出等领域内，有许多研究涉及后发国家自主创新与新兴产业发展，如：金麟洙（Linsu Kim，1997）在分析韩国企业的技术学习与创新机制时，引入了4个分析框架：全球技术框架、组织机构框架、企业层面上的主动学习与技术转移。Kim对韩国的产业发展经验进行了研究，认为发展中国家的技术追赶路径是在对引进技术创新的不断积累上最后形成的自主创新能力。Reinert（2010）认为，由于知识产权保护、全球生产网络化格局的出现，技术领先国极易通过价值链分割和模块化生产达到控制核心技术的目的，发展中国家通过模仿、逆向工程来达到赶超已经变得极为困难，因此，选择怎样的新产业进行突破，使之产生巨大的技术外溢效应、带动更多的产业部类对后发国家就极为重要。Quandt（1997）从国家环境、地区环境、高科技企业、支撑机构、本地联系、竞争联系和政府政策等方面对巴西堪培拉新兴高科技产业集群进行了研究。Feinberg和Majumdar（2001）通过对印度的研究发现，不同跨国公司的附属机构间能够从互相的研发活动中受益，但是对于本地公司却不存在这种溢出效应。

国内最早使用“自主创新”概念的陈劲教授（1994）认为研究开放中的学习是自主创新过程中的主导学习模式，只有通过研究与开发才能掌握技术的本质。吴贵生等对国内21种自主创新的概念进行了分类，并基于技术来源角度和主导权的角度提出了一个总的概念，即：自主创新是在创新主体主导之下的、由该主体完成部分或全部创新活动且掌握核心技术并拥有自主知识产权的创新（吴贵生、张洪石、梁玺，2010）。张于喆等（2007）分析了国家自主创新能力的内涵并构建了一个涵盖投入能力、扩散能力、支出保障能力和产出能力的指标体系。

（三）关于创新能力理论及测度的研究

目前关于创新能力的研究一般围绕两条路径展开：一是创新能力理论研究路径，主要是基于创新概念和创新体系分析，阐明创新能力构成要素及形成机制，构建创新能力的基础理论模型；二是创新能力测度研究路径，主要是构建创新能力测度指标体系，测度不同层次创新体系的创新能力并进行比较分析。上述研究路径互相关联，分述如下：

1. 关于创新能力的理论研究：Freeman（1995）提出了国家创新体系的概

念，国家创新体系成为分析国家创新能力和创新绩效的重要概念框架；Furman、Porter、Stern（2002）进一步界定了国家创新能力的概念，强调创新成果世界新颖的重要性，认为国家创新能力取决于共有创新基础设施的强度，支持创新集群的环境条件，以及两者互动联系的强度（FP&S 模型）；Mathews、Hu（2005）强调了制度对创新能力形成的重要性，并提出国家创新能力下游效应概念（M&J 模型）。总体来看，FP&S 模型分析框架是目前国家创新能力测度的主流，被后续研究频繁引用。继国家创新体系提出后，区域创新体系及创新能力研究也取得较为丰富的研究成果。学界从根植性、集群、要素与网络等不同角度对区域创新体系进行了界定（Cooke，1992；黄鲁成，2000），并从知识转化能力、知识创造能力、知识流动能力、企业技术创新能力、创新的基础设施以及创新经济绩效等方面界定区域创新能力的内涵和外延（柳卸林和胡志坚，2002；管建成，2003）等。

2. 关于创新能力的测度研究：最近 20 年，一些国际组织开发出国家创新能力测度的不同方案，代表性方案包括欧洲创新记分牌（EIS）、全球创新记分牌（GIS）、科学技术和工业记分牌（STI）、科技竞争力指数（CST）、知识经济指数（KEI）等，其共同特点是通过国家创新能力构成要素分析，建立多指标测度体系，得出分项或综合测度结果，并对样本国家进行排序或分类；刘凤朝等（2009）从创新环境、创新投入、创新产出三个维度建立国家创新能力构成的三维模型，借鉴已有国家创新能力测度方案，构建国家创新能力测度指标体系，运用熵值法确定指标权重，对中国和创新型国家的创新能力进行了综合测度和提炼核心指标的二次测度。

总体来看，当前围绕战略性新兴产业自主创新能力的理论和实证研究尚处于起步阶段，关于战略性新兴产业自主创新能力形成演化机制及评价测度的研究还缺乏系统性和纵深性，上述研究提供了理论框架借鉴和方法支撑，但对如何针对战略新兴产业这一特定产业层面展开自主创新能力测度还缺乏具体深入的分析。

三、研究目的、研究方法和框架结构

（一）研究目标

本书的研究目的在于建立适用于测度战略性新兴产业自主创新能力的方法体系，并运用该方法体系对节能环保等七大战略性新兴产业自主创新能力进行测度，并结合测度结果提出相应政策建议。

具体而言，本书希望解决以下三个问题：

第一，通过总结和借鉴现有创新能力测度方法，结合战略性新兴产业的技术特征、产业特征与技术演化特征，探讨适用于测度战略性新兴产业自主创新能力的指标体系和方法，丰富创新能力测度体系。

第二，通过指标体系与方法的运用，对节能环保、新一代信息技术、生物、高端装备制造、新能源、新材料、新能源汽车等七大战略性新兴产业自主创新能力进行分别测度。

第三，通过测度结果比较和分析，探讨赶超背景下中国战略性新兴产业自主创新能力提升机制，为促进创新能力提升的政策与战略的制定提供理论基础和实践指导。

（二）研究方法

本书的主要研究方法有如下几种。

1. 文献研究法。本书通过大量阅读相关文献，对涉及研究题目的以往文献进行综合分析，得出研究问题的思路和建立相关测度体系的理论基础。

2. 科学抽象法。本书研究拟将一般创新能力测度理论与方法运用到具体产业自主创新能力测度中去，根据具体产业自主创新能力测度结果验证、提炼和拓展测度指标体系，以期丰富创新能力测度方法体系，遵循“一般到特殊再到一般”的研究思路。

3. 比较分析法。代表性产业自主创新能力的测度过程也是发现不同集群和国家在战略产业和战略技术领域创新能力差距的过程，本书研究力图通过测度表征量化这种差距，分析形成差距背后的体制机制原因，为国家和区域制定战略新兴产业自主创新能力提升政策和战略提供理论基础和实践指导。

4. 实证分析法。测度方法探讨需要综合运用熵值法、模糊综合评价法、数据包络分析法、层次分析法、主成分分析法等多种数理和统计学方法。具体产业测度过程需要运用问卷调查、案例分析和SQL Server数据库编程等多种方法进行数据搜集挖掘和方法优选。

（三）研究框架

本书的研究思路如图1所示。

正文分为三篇，共十二章。第一篇，理论篇，包括第一章、第二章和第三章，主要对战略性新兴产业自主创新能力测度相关问题进行理论探讨，在借鉴国家创新能力和企业创新能力相关理论和测度方法基础上，建立战略新兴产业自主创新能力形成模型并总结战略性新兴产业自主创新能力测度方法论。第二篇，测度篇，包括第四章、第五章、第六章、第七章、第八章、第九章、第十章，遵循战略性新兴产业自主创新能力测度方法论框架，结合战略性新兴产业的产业特性，运用两次测度方法，对节能环保、新一代信息技术、生物、高端装备制造、新能源、新材料、新能源汽车七大战略性新兴产业自主创新能力进行测度，重点对创新能力形成要素进行赋权和分析。第三篇，对策篇，包括第十一章、第十二章，根据理论探讨和测度结果，探讨战略性新兴产业自主创新能力提升的路径和机制，为国家和区域制定战略新兴产业自主创新能力提升政策提供理论基础和实践指导。

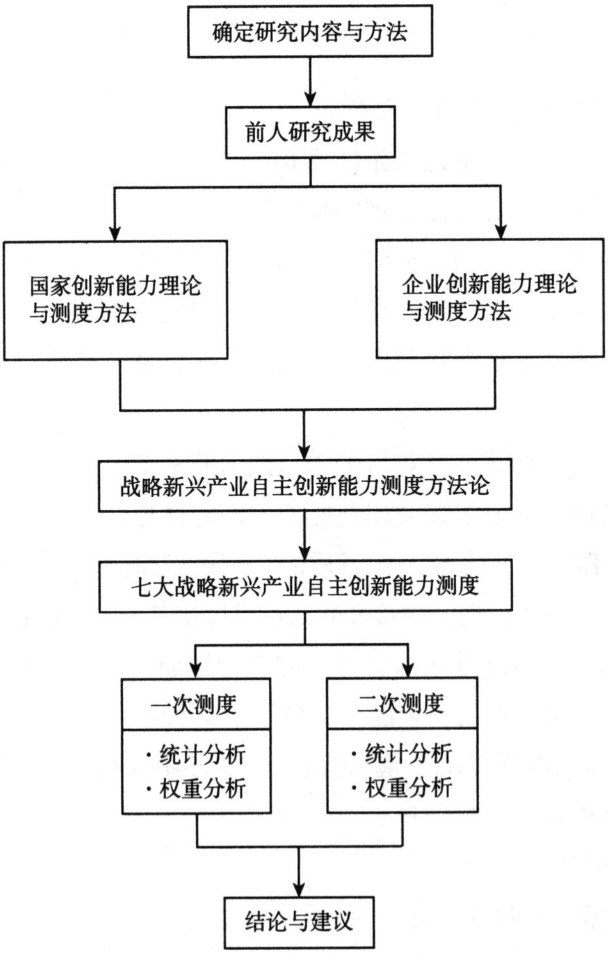

图1　论文研究思路示意图

第一篇
理论篇

第一章 国家创新能力的形成与测度

第一节 国家创新能力的概念与相关理论

对产业层面创新能力的分析离不开国家创新体系与国家创新能力的分析，对国家创新能力的理论溯源与总结如下：

一、国家创新体系理论

这一理论的核心观点是：国家创新能力根植于国家创新体系，研究国家创新体系的形成和结构对于理解国家创新能力尤其重要。

国家创新体系理论的起源，可以追溯到 19 世纪德国学者弗里德里希·李斯特，他从国家的角度来研究后进国家的政治经济发展问题，明确指出并深入分析国家专有因素对一国经济发展政策选择的巨大影响，后进国家在面对先进国家的技术限制和技术封锁的情况下所应采取的国家技术战略，强调了一国内生性科学技术能力的重要性。

国家创新体系这一概念由丹麦奥尔堡大学经济学家伦德瓦尔在 1985 年出版的《创新是一个相互作用的过程：用户—生产者之间的作用》[①] 一书中首次提出，他提出，所谓国家创新体系（NIS）是一种有关科学技术进入经济增长过程之中的制度安排，其核心内容就是科技知识的生产者、传播者、使用者以及政府机构之间的相互作用，并在此基础上形成科学技术知识在整个社会范围内循

---

① Bent – Ake Lundvall (1985): Product Innovation and User – producer Interaction, Industrial Development Research Series, vol. 31, Aalborg, Aalborg University Press.

环流转和应用的良性机制。

1987 年，英国经济学家克里斯托弗·弗里曼（C. Freeman）出版了《技术和经济运行：来自日本的经验》[①] 一书。弗里曼认为国家创新体系是国家内部系统及其子系统之间的相互作用的结果。国家创新体系是公私部门的机构组成的网络，他们的活动和相互作用促成、引进、修改和扩散了各种新技术。特别强调政府政策、企业及其研究开发各种、教育和培训以及产业结构四个因素的相互作用，并且认为在技术强烈变革的情况下，将技术创新与组织创新和社会创新结合起来很重要。

1993 年，理查德·R. 纳尔逊（Richard R. Nelson）主编了《国家创新体系：一个比较分析》[②] 一书，具体分析了高收入国家与低收入国家的国家创新体系的特征，并进一步将国家创新体系定义为国家创新体系各要素的相互作用，它决定了一国创新的绩效，而这种绩效又与一国的竞争力联系在一起。他强调制度结构的变化和具有价值的政策可以鼓励研究开发和促进科技发展。

1990 年，波特在《国家竞争优势》一书中提出了将竞争体制作为国家创新体系的维度，并将国家创新体系的微观基础和宏观绩效结合起来，认为国家竞争优势建立在国家技术创新的基础之上，需要创新过程中的参与主体相互作用来创造知识创新和技术创新。1994 年帕维蒂（Patel P，Pavitt K.）认为国家创新体系的激励结构决定了一国如何提高技术学习的速度以及对技术进行投资的国家制度。OECD（经济合作与发展组织）从 1994 年启动了国家创新体系项目，于 1997 年的时候，发表了《国家创新体系》的研究报告，指出国家创新体系是建立在创新过程中的各参与主体组成的集合之上，通过各参与主体间的相互作用来生产、分配和运用各种知识来进行科学技术的创新和扩散。

二、国家创新体系的结构

（一）佩特尔和帕维蒂的国家创新体系结构

佩特尔和帕维蒂认为国家创新体系可以帮助一个国家决定怎样对技术投资，根据投资的效果去理解不同国家在投资商采用的不同模式，缩小因技术差距而造成的国家间的差距。他们认为国家创新体系是决定一国的技术学习速度与方

① C. Freeman (1987): Technology Policy and Economic Performance: Lesson from Japan, London, Pinter Press.

② Richard R. Nelson (1993): National Innovation System: A Comparative Analysis, Oxford University Press, 1993.

向的制度、激励和竞争力。其中，制度也指进行创新活动的企业、提供研发的大学科研机构、提供教育和培训的教育部门、促进技术进步的政府部门。激励是指当基础研究等面临困境的时候政府给予资助以及创新成功之后允许获得短期垄断利润。国家创新绩效差的原因主要是激励失效和低效的竞争力。图1－1显示了佩特尔和帕维蒂的国家创新体系结构。

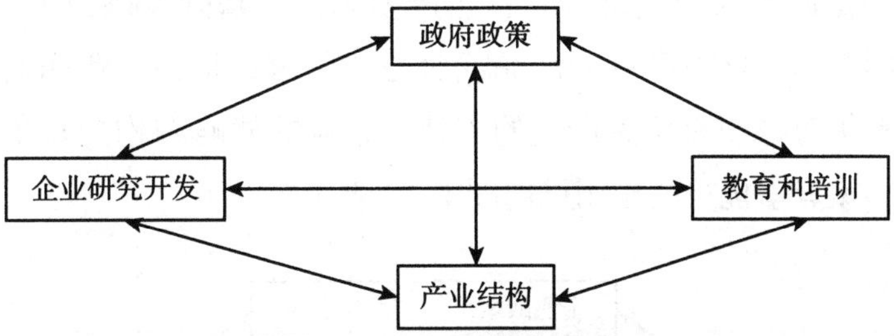

图1－1　佩特尔和帕维蒂的国家创新体系结构

（二）伦德瓦尔的国家创新体系结构

伦德瓦尔对国家创新体系的研究侧重于分析国家创新体系的微观基础，即国家边界怎样影响技术创新。他认为技术创新的核心是用户和生产者之间的作用，而国家正是作为它们之间相互作用的框架存在。这一观点强调了消费者、工人和公共部门等在创新过程中起了非常重要的作用。国家创新体系是一个社会体系，其中心活动是学习，而这种学习包括了参与创新活动的相关人员之间的相互作用。国家创新体系包括了国家层面上的要素和关系，即参与创新活动中的机构和组织以及影响研究和学习的制度和经济结构。可见，国家创新体系主要包括了契约的内部组织、产业结构、公共部门、研发部门、金融部门和其他部门。具体见图1－2。

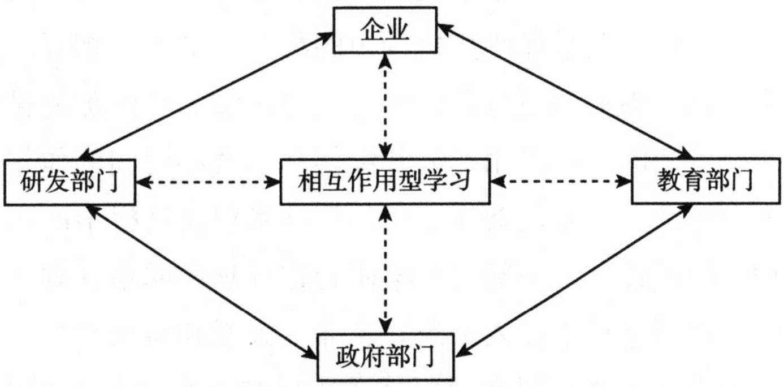

图1－2　伦德瓦尔的国家创新体系结构

（三）波特的国家创新体系结构

美国经济学家迈克尔·波特以国家间相互作用对国家创新体系的运转的影响为出发点做了深入的研究，在全球化背景下，将国家创新体系的微观基础与宏观运行机制联系起来考察国家创新体系。他在1990年发表的《国家竞争优势》一文中，提出了国家竞争力钻石模型。在钻石模型中，决定一个国家的产业竞争优势的是以下四个关键要素：生产要素，如基础设施或劳动人员素质；需求条件，即本国对该项产业的产品或服务的需求；相关产业和支持产业，某一产业想占有优势必须有相关产业的支持；企业的战略结构与竞争状况。上述四个要素对国家竞争优势的作用可由图1－3表示。

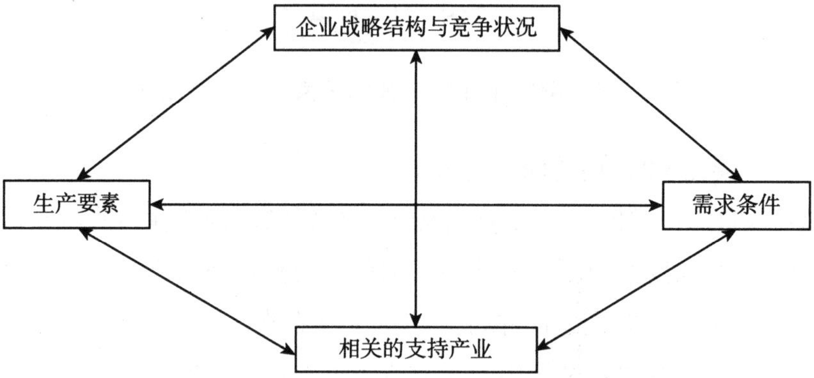

图1－3　波特的国家创新体系结构

（四）OECD的国家创新体系结构

OECD的研究报告《国家创新系统》指出，国家创新体系建立在创新活动中各创新主体之间对技术改进的重要作用之上，生产、分配和知识运用的不同主体和机构间复杂关系的结果促进了技术进步。国家的创新绩效优良很大程度上取决于企业、大学和研究机构中的相关人员之间相互联系而成为一个知识创新集合体。国家创新体系的核心是科技知识在内部的循环流动。该报告特别强调企业间的相互作用、公共部门和私营部门间的作用、技术和知识的扩散、人员流动。国家创新体系对纠正技术创新过程中的市场和系统失效有重要作用，即通过技术创新的产学研合作计划和网络计划，建立创新的中介机构来纠正创新过程中投入不足。企业、大学和科研机构、政府、中介机构是创新体系中的主体。国家创新体系可以加强创新体系内的相互作用，加强企业与其他企业、科研机构间的合作，加强中介机构在创新体系中的桥梁作用，政府的引导与协调作用。OECD 的国家创新体系结构如图 1 - 4 所示。

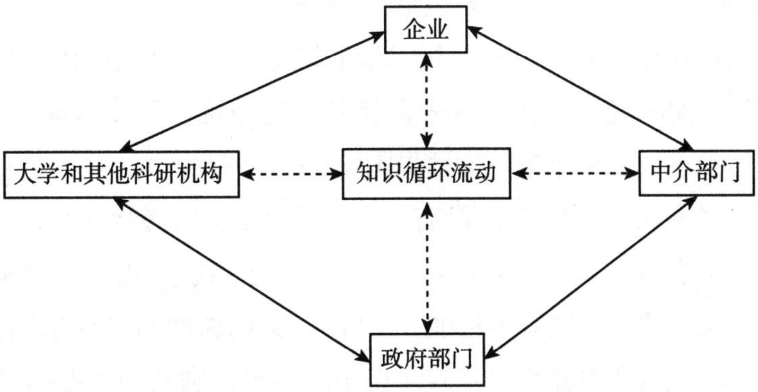

图 1 - 4　OECD 的国家创新体系结构

三、国家创新能力形成机制

OECD 是最早对国家创新能力进行研究的组织，其认为，国家创新能力是环境因素、集群因素、大学等科研机构和中介等因素共同作用的结果，创新的主要驱动力是企业（尤其是创新竞争中的企业和分享合作中的企业集群），大学和科研机构在国家创新能力方面促进了知识的溢出和积累。

1990 年美国经济学家 Suarez - Villa L. ① 在《行为科学》上发表的文章中提出了创新能力和国家创新能力的概念，他认为国家创新能力是在国家层面上进行的研究，而且还涉及教育、知识产权制度和法律等驱动因素，提出创新能力可以用专利水平这一因素来衡量的。

2002 年波特（Michael E. Porter）、福尔曼（Jeffrey L. Furman）和斯特恩（Scott Stern）② 进一步对国家创新能力的概念进行了界定，他们认为国家创新能力是一个国家长期创造世界新颖技术并使其商业化的能力，它强调了创造世界新颖技术的重要性，决定国家创新能力的因素有创新的公共基础设施、产业集群的创新环境和这两者之间的联系。

2005 年胡（Mei - Chih Hu）和马修斯（John A. Mathews）指出国家创新能

① Suarez - Villa L.（1990）：Invention，Inventive Learning and Innovative Capacity. Behavioral Science. Research Policy.

② Furman J L，Poter M E，Stern S.（2002）：The Determinants of National Innovative Capacity.

力是与创新绩效无关，而与支撑创新的资源——制度有关，国家创新能力可以理解为国家持续创新的制度潜能。随后，2007 年胡（Mei－Chih Hu）和马修斯（John A. Mathews）进一步对国家创新能力的概念进行了补充，他们认为国家创新能力中的创新在技术领先国家和技术落后国家之间具有不同的含义，技术领先国家关注的是怎样通过最新技术来保持其领先地位，而技术落后的国家关注的是怎样利用先进技术来追赶技术领先国家。

虽然学界对国家创新能力还没有统一的学术定义，但综合上述研究成果，国家创新能力至少包含以下几层含义：（1）国家创新能力根植于国家创新体系，可以理解为国家持续创新的制度潜能；（2）国家创新能力是环境因素、集群因素、大学等科研机构和中介等因素共同作用的结果，创新的主要驱动力是企业；（3）国家创新能力的主要表征是专利。

第二节　国家创新能力的测度方法及应用

国家创新能力测度评价和形成机理分析是国家创新能力建设路径选择和对策设计的重要基础性工作。目前，国外学者和机构沿着两条路径对此展开研究，一是构建国家创新能力形成的理论模型，FP&S 模型和 M&J 模型是其中的代表性成果；二是对国家的创新能力（竞争力）进行实际测度，如 OECD 的 STI（Science，Technology and Industry Scoreboard）、EU（欧盟）的 EIS（European Innovation Scoreboard）和 GIS（Global Innovation Scoreboard）、IMD（瑞士洛桑国际管理学院）的科技竞争力测度等。上述成果对理解国家创新能力的构成要素，把握各国创新能力的现实状况具有重要的理论和实际意义。

一、指标体系构建方法

指标体系的构建方法主要是指测度目标的指标体系选择的方法，关键是要构建与测度目标相关的指标，对于指标的重复性、逻辑关系和指标的操作性等方面没有严格的要求。常用的国内外的测度指标体系构建方法是如下几种。

（一）理论选取法

理论选取法是先对测度目标进行界定，来建立相应的理论模型，从指标产生的机制和方法论的角度来选取指标。如国家创新能力指标体系构建可以建立在国家创新能力理论模型的基础上。这种方法科学性强，对现实的指导意义大，但是需要科学地界定指标的内涵。

（二）综合分析法

综合分析法是在多个测度评价者提出的指标体系的基础上，进行归纳总结，找出具有共同点的测度指标形成综合体系。这种方法有利于全面认识指标体系的结构，但工作量大且无技巧。

（三）指标属性分析法

指标属性分析法是从指标属性的认识和分类出发，来构建指标体系的指标类型。通过构造“静态变量”“动态变量”和“平均变量”等形成测度指标体系。

（四）目标分解法

目标分解法是对测度目标作出具体地分析之后构建测度目标的指标体系的方法。一般是从总的目标入手，按照测度内容进行逐步分解，推出影响测度目标的各种要素，一直到分解出来的指标达到测度要求，进而得到测度目标的指标体系。目标分解法的具体步骤可归纳如下：

1. 确定目标。通过文献研究、以问卷的形式把设计的目标寄给有关专家和研究小组讨论等形式，比如对国家创新能力的测度问题进行深入研究，确定国家创新能力测度的总体目标和各分项目标。

2. 分解目标。主要是细分各分项目标。

3. 确定测度项目。对各分项目标进行重复分解，一直到各分项目标可以用一个或几个指标直接反映出来。

4. 分析数据的匹配性。确定各分项目标的度量指标，用定量分析或是定性分析的方式表示。

（五）专家研究法

专家研究法是指研究主体在收集到大量的测度指标的基础之上，利用比较、归纳等方法对测度指标进行分类，根据测度目标确定测度目标的指标体系，并以问卷的形式把确定的测度目标的指标体系寄给专家填写答案。这种方法充分地利用了专家的知识和经验，可以获得比较充分的信息。

二、指标赋权方法

国内外常用的测度指标赋权方法有几十多种，有以定性分析为基础的方法、以数理统计为基础的方法、以模糊数学为基础的方法以及以计算机的智能化为基础的方法等。目前国内外的指标赋权方法主要是以下几种。

（一）德尔菲法

德尔菲法即是专家直接估权法，是由美国的达尔基和赫尔默于 1964 年提出的。德尔菲法的本质是利用专家的知识和经验等模糊性的信息，通过通信的方式在专家之间进行信息交换，并进行统计，逐步使专家取得一致意见，从而达到预定目标。

德尔菲法的基本原理：把测度指标赋权的问卷咨询表发给专家，对专家填写后寄回的咨询表进行汇总整理，归并同类询问问题，排除次要询问问题，提出一个咨询问题一览表，并作为第二轮的咨询表发给每个专家；根据第一轮的统计资料，补充材料与专家提出的理由，专家对第二轮咨询表所列的每个问题做出评价，并说明理由，对专家意见进行统计处理；根据第二轮的统计材料，专家再一次进行判断，并充分阐明理由；在第三轮的统计结果基础上，专家再次进行预测。直到专家达成一致意见为止。

德尔菲法适用于某些需要借助精确的分析技术处理的问题、专家数量很多而面对面交流思想的效率很低以及时间和费用的限制导致不能开会商讨的情况。

（二）变异系数法

变异系数法是根据指标数据求指标权重，反映了指标变化的客观信息，是一种客观的求权重的方法。变异系数法是依据变异程度来确定权数，通常使用全距系数、平均差系数和标准差系数的大小来表示变异程度，一般情况下使用的是标准差系数，用 CV（Coefficient of Variance）表示。标准差系数 CV 是标准差与均值的比率。用公式表示为：

$$CV = \sigma/\mu \qquad (1-1)$$

CV 反映了单位均值上的离散程度，常用在两个总体均值不等的离散程度的比较上。它可以消除单位和（或）平均数不同对两个或多个资料变异程度比较的影响。

变异系数法确定权重的基本原理：在多指标体系中，如果某项指标在指标体系中的变异程度较大，说明测度目标达到该指标平均水平的难度较大，它可以区分测度目标在该方面的能力，因此应当赋予较大的权重；相反，应赋予较小的权重。如果某项指标的变异程度为零，这说明该指标没有价值。

（三）灰色关联度综合分析法

灰色关联度综合分析法是我国学者邓聚龙于1982年研究灰色系统理论时提出的，它是建立在灰色系统理论的基础上。由于客观事物的复杂性，人们对客观事物的认识具有广泛的灰色性，即信息的不完全性和不确定性，主观定性的指标灰色性更大。这种方法的目的就是通过揭示这些因素之间的主要关系，找出影响目标值的重要因素，使各因素按照灰色关系清晰化。

灰色关联度综合分析法的基本思想是从样本中确定一个理想化的最优样本作为参考序列，通过计算各样本序列的关联度，对被分析对象做出综合的比较和排序。具体步骤包括：第一步，整理评价指标体系基础数据构造原始矩阵；第二步，评价指标无量纲化；第三步，确定参考系数；第四步，求两级最大值和两级最小值；第五步，计算关联度；第六步，按关联度大小进行排序、分析并得出结论。

与其他方法相比，灰色关联度综合分析法所需要的数据较少，对数据的要求较低，原理简单，易于理解和掌握。因此，这种方法的适用范围比较广。

（四）模糊综合评价法

模糊综合评价法应用了模糊关系合成原理，根据多个因素对被评价对象本身存在的状态或类别上的性质，从数量上对其所属的程度给予刻画和描述。这种方法适用于样本数据中含有大量的模糊指标的测度，但是一次只能对一个被测度对象进行测度而不能对全体被测度对象做出判断，应用时最好与其他方法相结合。

模糊综合评价法的基本过程是：首先，确定被测度对象的指标集 $X=(x_1, x_2, \cdots, x_m)$ 和测度集 $Y=(y_1, y_2, \cdots, y_m)$，其中 x_i 为各单项指标，y_i 为对 x_i 的评价等级，一般分为好、较好、一般、较差、差；再分别确定各个指标的权重和它们的隶属向量，获得模糊矩阵；把模糊矩阵与指标的权重集进行模糊运算并进行归一化，得到测度结果。

（五）统一权重法

统一权重法的基本原理是对测度目标中的指标都赋予相同的权重，一般情况下将测度目标的指标权重定为“1”，表明该指标体系中的每个指标的作用都是一样的。

（六）层次分析法

层次分析法（AHP）是由美国运筹学家萨蒂（T. L. Saaty）于20世纪70年代末提出的一种多层次、系统化的权重分析方法。层次分析法的基本原理是将一个需要识别的复杂问题的各指标分解为若干有序的层次，由决策者对列出的指标进行两两比较，分析每个层次中指标的相对重要性，再构建判断矩阵，利用数学方法求解判断矩阵的最大特征值和所对应的特征向量，通过一致性检验得到每一层次的指标相对于上一层次指标的重要性权数，最后根据递阶赋权定律得出各层次相对重要性权重的组合，进而求得全部指标相对于目标的权重。

（七）数据包络分析法

数据包络分析法（DEA）是由美国运筹学家A. 查恩斯（A. Charnes）、W. 库柏（W. Cooper）和E. 罗兹（E. Rhodes）等学者于1978年在研究“相对效率”概念时提出的。这种方法主要是通过数学规划计算，根据同一类决策单元的输出与输入数据对测度对象进行评价。数据包络分析法的基本原理：利用线性规划模型计算出决策单元的输出与输入数据的相对效率，然后求得每个决策单元的综合效率，最后对各决策单元进行排序得到决策单元相对效率的高低并对其进行测度。

（八）主成分分析法

1901年，卡尔·皮尔逊提出了主成分分析的概念。该方法是用少数几个彼此不相关的新指标代替原来为数较多的彼此有一定关联的指标，同时又尽可能多地反映原来指标的信息量的一种多元统计方法。

主成分分析法的基本原理：首先把给定的一组相关变量通过线性变换转换成另一组不相关的变量，这些新的向量按照方差递减进行排序；然后在数学变换中保持总的方差不变，使第一变量具有最大的方差，成为第一主成分，同时第二变量的方差其次大，并且和第一变量不相关，称为第二主成分；以此类推，得到合理的解释性变量；最后根据主成分的方差贡献率来确定各指标的权重。

（九）TOPSIS法

TOPSIS法是一种多目标决策方法，由黄（Hwang）和优恩（Yoon）于1981年首次提出。TOPSIS法是有限方案多目标决策分析中的一种常用方法，其基本原理：先对原始矩阵进行归一化处理，找出最优向量和最劣向量即为有限方案中的最优方案和最劣方案，分别计算出测度目标与最优向量和最劣向量之间的距离，获得该测度目标与最优方案的接近程度作为测度优劣的依据。

（十）熵值法

1948 年，美国数学家香农提出了信息熵的概念，他认为信息熵是对系统无序程度大小的度量。国内外的学者把信息熵成功地应用于现代医学的综合测度之中。熵值法的基本原理是假设有 n 个测度指标，测度指标 M_i 的信息熵为 H，$P(M_i)$ 为第 i 个测度指标的概率，其计算公式为：

$$H(M_i) = -\sum_{i=1}^{n} P(M_i) \times \ln P(M_i) \tag{1-2}$$

其中 $0 \leqslant P(M_i) \leqslant 1$ 且 $\sum_{i=1}^{n} P(M_i) = 1$，第 i 个测度指标的熵权为：

$$w(M_i) = \frac{1 - H(M_i)}{\sum_{i=1}^{n} (1 - H(M_i))} \tag{1-3}$$

其中 $0 \leqslant w(M_i) \leqslant 1$ 且 $\sum_{i=1}^{n} w(M_i) = 1$

一般来说，某项测度指标的指标值变异程度越大，信息熵越小，该测度指标提供的信息就越多，权重就越大；反之，该指标的权重越小。

（十一）人工神经网络法

人工神经网络（Artificial Neural Network，ANN）也简称为神经网络（NN）或称作连接模型，是对人脑或自然神经网络的一种最简单的抽象和模拟。人工神经网络是在反向传播法的基础上发展起来的，它是一种分层型网络，主要由输入层、输出层和隐含层构成。人工神经网络的基本原理是根据网络输出层的误差，将实际输出与应有输出进行比较，如果误差超过了给定的数值，则将误差从输出层向输入层进行反向传播。在这一过程中调整网络的连接权重，最后使输出的平均误差最小。当采用最小误差法和 Delta 规则对训练样本进行训练之后，人工神经网络所持有的权重即为人工神经网络通过两步训练方法得到的正确内部表示。

三、代表性测度方案及其应用

目前国际主流测度方案的一般思路为：通过国家创新能力构成要素分析，

建立国家创新能力多指标测度体系，得出分项或综合测度结果，并对样本国家进行排序或分类的测度研究模式。

各国际组织的测度方案如表 1 – 1 所示。

表 1 – 1　　　　　各国际组织国家创新能力测度方案

测度机构	名称	一级指标/二级指标数量	特点
欧盟（EU）	欧洲创新记分牌（EIS）	5/25	典型的投入产出框架
欧盟（EU）	全球创新记分牌（GIS）	5/12	
经济合作与开发组织（OECD）	科学技术与工业记分牌（STI）	6/76	指标较多；没有综合排序
瑞士洛桑国际管理学院（IMD）	科技竞争力（CST）	2/39	突出企业的作用；两种数据结合
世界银行（WB）	知识经济指数（KEI）	4/12	突出经济激励与政治体制

（一）EIS 指数指标体系

2000 年，根据欧盟委员会的要求，欧盟创新政策研究中心制定了《欧洲创新记分牌》。2006 年的测度指标体系由 5 个领域（一级指标）和 25 个测度指标（二级指标）构成。一级指标包括 3 个投入指标（创新驱动、知识创造、创新和创业）和两个产出指标（应用和知识产权）。创新驱动主要是教育和人力资源指标（5 个指标）；知识创造主要反映研究与试验发展（简称 R&D）活动的投入情况，由公共 R&D（科学研究与试验发展）投入强度指标等组成（4 个指标）；创新和创业主要反映企业创新能力，用以衡量创新主体——企业的创新活动开展情况（6 个指标）；应用主要反映技术在产业中的应用情况，包括高技术产品出口和新产品产值等（5 个指标）；知识产权用以衡量对知识产权创造和保护情况，包括欧洲专利、美国专利、三方专利、商标和外观设计（5 个指标）。EIS 的主要数据来自欧盟第四次委员会创新调查（CIS4）、欧盟统计机构和 OECD。

EIS 旨在为监测欧盟高技术创新和进步方面提供可操作的指标体系。EIS 是目前规范程度最高的国家创新能力测度方案，不仅构建了独立的国家创新能力测度指标体系，同时开发出相应的测算方法、数据支撑系统和政策分析工具。EIS 指标全面涵盖了创新能力的构成要素（见表 1 – 2）。

表 1-2 EU 的 EIS 指数指标体系

一级指标	二级指标
创新驱动（投入角度）	每千人中 20~29 岁的科学工程领域毕业生
	每百人中 20~29 岁受过高等教育的人口百分比
	每百人宽带使用率
	参与终生学习人数
	青少年受教育水平
知识创造（投入角度）	公共 R&D 支出占 GDP 的比重
	企业 R&D 支出占 GDP 的比重
	中高级技术产业产值占制造也总 R&D 的比重
	接受公共基金开展创新的企业比重
创新与创业（投入角度）	自主创新的中小企业比重
	与其他企业进行合作创新的中小企业比重
	创新支出占总营业额的比重
	早期注入风险资金占 GDP 的比重
	ICT（信息和通信技术）领域支出占 GDP 的比重
	使用机构创新成果的中小企业比重
应用（产出角度）	服务业高技术行业就业人数占总劳动力比重
	高技术产品出口占总出口比重
	新产品（对市场）销售额占总销售额比重
	新产品（对企业）销售额占总销售额比重
	制造业中高技术行业就业人数占总劳动力比重
知识产权（产出角度）	每百万人口欧洲专利数
	每百万人口美国专利数
	每百万人口三方专利数
	每百万人口新社区商标数
	每百万人口新社区设计数

（二）OECD：科学、技术和工业记分牌（STI）

OECD 自 1961 年成立以来，一直把 R&D 的定义和测度作为科技政策研究的重点大力推进。1997 年，OECD 出台了《科学、技术和工业：记分牌和指标 1997》（Science, Technology and Industry: Scoreboard of Indicators 1997）研究报告。报告提供了一个对 OECD 成员国科学、技术和产业活动绩效进行比较的分析框架。记分牌是一个动态的监测系统，它根据科学、技术和产业的发展变化，不断进行调整和完善。2005 年出版的 STI 包括：第一，R&D 和创新，指知识创造与扩散；第二，科学技术人力资源，指知识和技能；第三，专利，保护和商业化的知识；第四，信息与通信技术，是一个知识社会的推动者；第五，知识流动和全球企业，指知识在生产活动中的影响。

OECD 科学技术和工业记分牌在所列举的方案中指标数量最多，其突出特点是全面反映科学、技术、全球化和工业等领域的业绩。在跨国数据收集方面，有来自 OECD 科学技术和产业司（DSTI）开发的数据库支撑。STI 的不足之处在于：第一，指标过多、过细，应用到其他国家缺乏统计和调查数据支撑；第二，均量指标为主，影响力指标较少，很难区分不同国家对全球科技发展的贡献。

（三）IMD 科技竞争力测度（CST 指数指标体系）

自 1986 年起，瑞士洛桑国际管理学院（IMD）每年发表《国际竞争力年鉴》（简称《洛桑年鉴》），对有关国家和地区的国际竞争力进行分析评价，并做出排序。20 多年来，参评国家和地区不断增加，相应的指标体系也不断发展完善。《洛桑年鉴》研究的时间较长，影响力较大。其主要特点是：第一，每一类指标都分别从定量（硬指标）、定性（软指标）两方面系统地选取一定数量的指标，全面反映国家的科技竞争力；第二，《洛桑年鉴》为了强调企业在国家竞争力中的核心地位，各要素的构成指标主要是围绕对企业竞争力而选取的，突出企业创新在国家创新中的位置。该方法的主要欠缺是没有自己的数据支撑系统，数据主要来自 OECD、联合国教科文组织等其他机构，受数据的限制指标难以创新。详见表 1-3。

表 1-3　CST 指数指标体系

一级指标	二级指标
科学基础设施	R&D 支出额；R&D 支出额占 GDP 比重；人均 R&D 支出额；企业 R&D 支出额；企业 R&D 支出额占 GDP 比重；全国全日制工作 R&D 人员数；每千人全日制工作 R&D 人员数；企业每千人全日制工作 R&D 人员数；企业全日制工作 R&D 人员数；基础研究；科学工程领域学位授予占总学位授予比重；科学论文数；学校科学教育；青少年对科学的兴趣；获诺贝尔奖数；人均获诺贝尔奖数；专利授权数；国外专利授权数；知识产权保护；有效专利数；专利生产率；科学研究
技术基础设施	电子通信投资占 GDP 比重；固定电话线路；国际固定电话话费；移动电话用户数；移动电话收费；通信技术；使用计算机的数量；人均计算机拥有量；互联网用户数；互联网收费

（四）KEI 指数指标体系

知识经济指数（KEI）是世界银行（WB）知识发展项目的成果。该指标体系包括经济激励与政治体制、创新系统、教育与人力资源、信息基础设施，共有 12 个二级指标。KEI 的主要特点是提出了经济激励与政治体制指标，其中包括关税与非关税壁垒、监管质量、法律管制 3 个二级指标。KEI 的不足之处在于没有把产业创新指标纳入其中。详见表 1－4。

表 1－4　世界银行的 KEI 指数指标体系

一级指标	二级指标
经济激励与政治体制	关税与非关税壁垒
	监管质量
	法律管制
教育与人力资源	成人识字率
	中学毛入学率
	高等教育毛入学率
信息基础设施	每千人拥有电话数
	每千人拥有计算机
	每千人互联网用户数
创新系统	人均专利许可支出和收入
	每百万人口科学论文数

综合比较，上述代表性测度方案，测度主体都根据各自的需求从不同侧面对国家创新能力进行了测度。形成了各具特色的指标体系。

OECD 科学技术和工业记分牌指标全面、细致，并且随着科学技术的发展、工业结构的调整不断更新，形成了一个动态的测度体系；STI 没有给出各国家的综合排序，而是通过各分项指标比较分析，发现问题。

欧洲创新记分牌的指标体系设置，使用了传统的投入产出分析框架，指标规范严谨；在具体指标设置过程中，知识产权的地位比较突出。

瑞士洛桑国际管理学院（IMD）的指标较多，指标体系不断完善，采用了软指标和硬指标相结合的方法，一方面弥补了统计的缺陷，另一方面也增强了调查的可信性。

国际官方组织的测度体指标体系总体而言比较简洁，世界银行的 KEI 纳入了制度性指标，缺少产业方面的指标。

第二章　企业自主创新能力的形成与测度

第一节　企业自主创新能力的概念及相关理论

一、企业创新的定义与分类

20世纪初，美籍奥地利经济学家熊彼特出版的《经济发展理论——对利润、资本、信贷、利息和经济周期的考察》一书，标志着技术创新理论成为一个独立的研究领域。他系统地研究了技术进步促进经济增长的内在机制，提出了创新概念，为技术进步的研究指明了方向。但是，熊彼特创立的创新理论并没有引起西方学术界的重视，直到他去世之后，大约在20世纪中期以后，人们才对技术创新问题感兴趣，开始相信技术进步对经济增长的作用。他们以熊彼特提出的创新概念为依据，对技术创新促进经济增长的内在机制进行研究。于是，技术创新理论逐渐成为人们关注的焦点。

不同的学者从各自的研究领域出发，虽然没有一个统一的结论，但给技术创新提出了许多有价值的定义，主要列举如下：

熊彼特认为，创新是建立一种新的生产函数，即在新的生产体系中引入新的组合。这种组合包括：（1）引入新产品；（2）采用新的生产方法；（3）开辟一个新的市场；（4）掠取或控制原材料的一种新的供应来源；（5）实现任何一种企业的新组织。

经济合作与发展组织在《技术创新统计手册》中提出，技术创新包括新产品和新工艺以及产品和工艺显著的技术变化。如果在生产工艺中应用了工艺创新，或者在市场上实现了产品创新，那么创新活动就算完成了。而这种创新的完成，涉及生产领域和消费领域中的活动。因此，技术创新包括了技术、科学、金融、组织和商业的一系列活动。

美国经济学家缪尔塞在搜集了大量文献资料的基础上，界定了技术创新的概念。他认为，技术创新是在一段时间之后，新思想和非连续性的技术活动得到成功应用。

熊彼特（Schumpeter）将创新定义为生产要素的重新组合，并将创新分类为渐进式创新和突破式创新。狭义的创新指对世界而言新科技的创造。广义的创新还包括对于企业来讲，新的产品设计和生产流程（Nelson 和 Rosenberg，1993）。从经济发展的角度来看，广义的创新定义更有意义。企业的创新行为从创新的程度上来讲可以分为两种：第一种是国际意义上的新技术的创造，这种新技术处于世界科技的前沿；第二种行为则更接近于技术的改造和借鉴，通过借鉴或改造现有的新技术增加企业的市场竞争力。对于与世界领先水平有很大差距的企业来讲，更适合第二种类型的创新。

科技和管理创新：Daft（1978）提出创新可以分类为技术创新和管理创新。技术创新是指产品、服务和生产流程的创新。管理创新是指对公司的组织管理结构和管理流程的创新。两种创新的重要性取决于企业的实际的创新需求。

产品和流程创新：产品创新指企业生产新型产品或提供新型服务以满足当前消费者的需求，或者以此创造新的市场。流程创新指生产产品或提供服务的工序流程的创新（Knight，1967；Utterback，1971）。

突破性创新和渐进式创新：渐进式创新是指创新遵循一定的程式或计划，逐步地进行，因此改变的幅度较小。突破性创新则不受计划和程式的约束，在短时间内实现质变，改变的幅度往往很大（Dewar 和 Dutton，1986；Eittlie，1984）。

总而言之，尽管不同学者对创新分类和定义的方法不同，创新的内涵在一定程度上仍保持一致。企业则需根据自己生产和管理的实际需要来进行选择（Damanpour 和 Copalakrishnan，1998）。企业创新是新知识的创造、实践、扩散转化成产品和服务并被消费者所接受的过程（Van de Ven，1989）。

二、企业创新能力的影响因素

（一）知识产权保护与创新

熊彼特（1942）指出静态效率可能会和动态效率相冲突。静态效率和动态效率分别指短期利益和长期利益。例如，二进制数据在短期内降低了存储成本，却造成了“千年虫”的问题；抗生素的广泛使用可能会降低长期人体对病毒的抵抗力。

在单期经济模型中，企业通过垄断地位获取垄断利润，增加了消费者的负担。从短期来看，企业的垄断行为是低效率的。Griliches 和 Cockburn（1994）发现，当专利权过期时，垄断的消失对于消费者来讲是一种净福利。因此，消费者可能因专利保护支付更多的价值，垄断利润也被称为垄断租金。熊彼特不认同垄断租金的观点，他认为从长期动态的方面来看，垄断租金仅仅是对创新投资的一种投资收益。

将熊彼特的观点理论化的是一系列动态经济模型，如内生增长理论。Romer（1986）将公共和私人的知识作为生产要素加入生产函数。他的研究表明，适量对知识的投资在各个时期都是动态最优的。这种投资将消费者即期和远期效用的现值最大化。Romer（1986）证实一定程度的知识产权保护有利于经济增长，但并没有对这种最优程度进行量化。

Nordhaus（1969）最先提出知识产权的最优保护期限模型。保护期越长，对于潜在创新者的激励就越大。但长期的知识产权保护将不利于创新在经济中的扩散。最优的专利保护期限需要将两个因素同时考虑在内。Nordhaus 的理论得到学术界的认同，但仍然没有经济学家能够精确地确定不同行业、不同专利的最优保护期限。学术界尚无法精确界定专利保护的相关法律是否是最优的。一些理论经济学家，如 Green（1990）和 Scotchmer（1996）提出了一些探索性的模型，其中遇到的最大问题便是无法量化相关的模型参数。

专利的保护因地区不同而有所差异。很多国家没有有效的专利保护法律，这些国家往往创新能力较低。政府对此的最优策略就是让大部分人获得先进的技术。这样一来，市场竞争就更接近于新古典的情形，消费者支付的价格等于厂商的边际成本。即使在积极保护专利权的国家，商业间谍、反向设计等行为也可能会规避专利的保护。根据 Levin（1987）的研究，专利对于保护工序技术创新作用很小。专利的存在使竞争者很容易模仿。而进行独立的研究和开发，是获取有关新科技知识的有效途径。

（二）企业规模、市场结构与创新

熊彼特（1912）曾提出小企业最适合创新。熊彼特（1942）后来对之前论断做了修改，并提出垄断并不一定都是坏事，基于创新的垄断有利于公共利益。他进一步指出，大规模的垄断企业是最佳的创新者，因其可以使用垄断利润进行创新相关的研究。而竞争性的企业没有垄断利润对创新进行融资。由于创新行为能够在一定程度上促进经济增长，提高人们的生活水平，因此能够保持不断创新的垄断企业有利于公共利益。Scherer（1992）通过实证研究支持了熊彼特关于破坏性创新的论断，但指出其夸大了大规模、垄断性的企业在技术进步中的作用。目前尚不能确定国家是否应该讲政策倾斜于熊彼特式的大企业。

Geroki（1994）通过研究 1945 ~ 1983 年间英国企业的专利数量，指出垄断性行业的创新性较差。同时发现，创新型企业的表现优于非创新型企业，尤其是在经济不景气的时期。企业必须通过有价值的创新抓住经济发展的机遇，这也就验证了小企业可以取代大企业的观点。

但 Scherer（1992）进一步指出熊彼特的观点并不完全错误，大规模的垄断企业可能更适合某些特定类型的创新。美国能够在半导体行业长年处于领先地位并非偶然，尽管美国有很多能够支持小企业的风险资金，但小企业并没有在半导体行业显出替代性的创新优势。

如果熊彼特（1942）是正确的，那么反垄断法对于创新的作用就是负面的。垄断的存在使新厂商难以进入市场。Ace（1997）认为，新厂商的进入对于创新十分重要。因为新进入的厂商只有通过突变性的创新才能存活，而市场原有的企业则更倾向于渐进式的创新，并立足于对现有产品和工序的改进。知识产权的存在，是这种状况形成的主要原因。

首先，小企业的创新者可以通过自己对创新的全面了解居于要职。而在大企业中，创新成果仅作为公司的一项资产，创新者上升的空间有限。因此具备突破性创新知识的和技能的创新者往往选择成立自己的公司。

其次，大企业的办公室文化常会抑制突破性的创新。企业的高层管理者往往是过去推进公司的成长的创新者。只要企业仍旧依赖原有创新进行发展，他们的管理地位就不会被改变。突破性创新者对企业的共享则会对其管理地位造成威胁。

然而对于小企业来讲，进入市场并不那么容易，并面临较大的失败风险。大企业往往在进入市场方面拥有更多的资源和信息。Ace（1997）认为，小的突破性创新者可以将其技术出售给相对的大企业，并以此进出市场。这种方式对于小企业来讲节约了成本，但必须出让一定利润给大企业。具体哪种进入市场的方式最优，取决于企业的议价权和市场的性质。

总而言之，市场结构会对创新的速度和创新的种类造成影响。大企业倾向于渐进式的创新，而小企业却更倾向突破式的创新。市场结构也可以作为内生产出变量，受到创新速度和种类的影响。在创新演化的早起阶段，往往有很多供给者。但随着创新的演进，很多供给者会被淘汰。例如，20 世纪 90 年代的 PC 产业和软件产业，产业发展都只有少数的供给者。

（三）地理位置与企业创新

1980 年，Marshall 提出产业的集中能够促进知识在企业之间快速的传播，从而进一步促进经济增长。Arrow（1962）将此观点理论化，Romer（1986）对其进一步解释。知识在企业间传递的现象被称为“知识外溢”，这也是经济学中正外部性的一个实例。

Griliches（1979）对知识溢出进行了实证研究。Loury（1979）、Dasgupta 和 Stiglitz（1980）、Romer（1986）对溢出的过程进行建模。Romer（1986）和 Lucas（1988）指出这种知识溢出带来的外部性是经济增长的重要动力。Griliches 和 Hjorth－Andersen（1992）推进了美国近半数的经济增长，和近 75% 的全要素生产力（TFP）增长。

产业集群带来的好处主要有三个方面：首先，地理集群能够降低企业间的搜寻成本；其次，集群能够减少雇主和工人间相互搜寻的成本；再次，降低员工被迫从事非专长行业的风险，员工更注重人力资本的投入，从而提高了他们的生产力。

集群会不断发展，直到进一步聚集带来的边际收益等于进一步聚集带来的边际成本。集群的不断发展会集聚生产要素的需求，从而提高劳动力工资和土地租金，增加生产成本。集群的过度发展可能会提高区域的生活成本，造成劳动力短缺等问题。Glaeser（1992）通过对美国的城市发展进行研究，发现大型产业的发展会带动小型产业的发展，并发对集群会抑制经济增长的观点。

Shaver 和 Flyer（2000）则指出集群中实例最强、最具创新力企业很可能因为逆向选择的问题选择离开集群。对于员工来讲，这些企业往往提供了行业最优的就业机会，因此企业在集群中的位置对其影响不大。而企业面临的位置选择问题，往往由知识的外溢和员工的跳槽引起。可以推断，集群中相对获利最大的企业往往是实力最差的企业。它们得益于实力强大企业的知识和跳槽员工，能够以“搭便车”的方式提升自己。

和市场结构一样，产业的地理分布也会受创新的影响。重大的创新能够吸引高科技的企业形成地理上的产业集群。那么政府降低集群区域的税收、改善其基础设施、增加教育和卫生投入的政策就有一定的理论依据。但是集群一旦在一个区域形成，能否在别的区域行程新的同类集群呢？Jacobs（1969）强调新集群可以形成，但会遵循一定的发展范式。

互联网的发展可能会降低地理集群的重要性，例如印度的软件产业主要通过互联网从美国的企业获得订单，其没有必要从地理上接近这些美国企业。但医药行业似乎更需要地理集群，因为昂贵的研发和生产设备对地理位置有客观需求。

（四）企业决策和企业创新

企业通过其内部各个层次的人员进行决策。企业主要使用新古典的投资模型，如净现值（NPV）法、内部报酬率（IRR）法、经济附加值（EAV）分析等对项目进行评估。企业高层主要通过这些方法的综合应用进行投资决策。

企业对 R&D 的投资有期权的特征。汽车厂商收购燃料电池公司，并不是因为燃料电池极有可能取代其他能量存储设备，而是为了能够在燃料电池的取代真正发生时能够有所选择。即使在主要的技术变革之后，汽车厂商仍会继续投入资金以保持其充分的选择权。Brennan 和 Schwartz（1985）指出投资于这样的期权能够增加企业的市场价值。

Adam Smith（1776）提出，人行为的基础是自身的利益。如果经理想要促进创新，就必须使创新行为符合员工的切身利益。公司的创新激励机制由三部分构成：首先，员工必须有足够的自由尝试新方法，并得到必要的支持；其次，成功的创新者必须享有获取部分创新成果收益的权利。再次，公司应当对员工之间共享信息提供相应的激励。许多成功的创新型企业如 GE（通用电器）、花旗银行都有一套完整的企业创新激励机制，给员工创新所需的自由和成果共享权。

（五）企业战略与创新

利润最大化是制约企业行为的最重要的因素，但由于不确定性的存在，完全合理的利润最大化行为机会没有可能实现。新古典主义的企业行为理论的解释能力受到限制，因此有必要用别的理论来解释企业的创新行为（Nelson，1977）。企业发展战略是企业未来行为的依据，因此可以从企业发展战略的角度来研究企业创新行为。

任何企业都是根据世界经济发展的技术和市场前景来运作。企业的发展受到历史条件的制约，取决于其适应外部技术和市场环境的能力。传统的经济学理论往往忽视技术的复杂性，仅将市场作为影响企业发展的因素，这与现实的情况不符。

企业需要根据现有的资源和环境，从长期和短期两个角度规划自己的发展。一是进取型创新战略，企业通过研发新产品以在市场中处于领导地位。由于其他企业也能够获得科学和技术资源，采用进取型战略的企业应当在获取这些资源时处于优势地位。企业可以通过合同、人际关系等方式建立这种优势。但在某些情况下，创新所需的科学技术信息会以未完成的形式存在，即企业需要通过自己的研究和开发才能将这些信息转化成创新成果。二是保守型的创新战略，企业不追求成为市场的创新领导者，而是努力巩固原有产品在市场上的地位。企业可能缺乏基础研究方面的创新能力，或者在产品生产和市场营销等方面有特殊优势。部分采用进取型战略的企业也可能会转型并采用保守型战略。三是仿制型和依赖型的创新战略，采用这种创新战略的企业通过跟随技术领导者，采用模仿或专利授权的方式生产产品。这些企业能够进入市场，需具备一些有利条件，如受控的市场和特定的成本优势等。虽然仿制型或依赖型企业不进行研发，其仍需关注技术和市场的信息，因此科学和技术信息也是必不可少的。依赖型企业和仿制型企业在产品性质上有所不同，依赖型更侧重于企业对技术领导者的附属或次要的地位。依赖型企业根据领导者的需求进行生产，而不独立进行技术的仿制。四是传统型和机会主义的创新战略，传统型企业没有市场和竞争对产品创新的客观需求，同时缺乏进行开创性创新的科学和技术能力，其产品的变化往往源于款式而非技术。

（六）不确定性与企业创新

创新是企业面向未来的行为活动。企业无法预见创新的成功与失败，由于创新过程固有的不确定性，以及企业缺乏理性运营所必须信息，企业的创新行为存在一定程度的不确定性。创新的不确定性表现为：市场的不确定性、技术的不确定性和商业的不确定性。企业创新的不确定性并不能通过保险降低。Knight（1965）把不确定性分为可度量的不确定性即狭义的风险和无法度量的不确定性即实际风险，企业创新的不确定性属于后者。企业创新不确定性的存在使很多企业不愿意进行创新类型的产品研发，而将企业资源集中在模仿性创新、产品改进和工艺创新等较为保守的渠道。企业决策者对于创新项目的评估需要做三个方面的考虑：（1）创新项目开发、生产、推向市场及利用销售渠道的成本和时间；（2）创新项目预期未来收益的趋势和时间分布；（3）在商业上和技术上取得成功的概率和可能性。

有限理性且缺乏信息的企业很难使用完全科学的方法对创新项目进行评估，因为企业无法完全预见自己以及竞争对手的创新行为后果。实践证明，大量企业创新集中于不确定性较小的项目上，只有少数企业会进行基础研究。以 OECD 国家为例，基础研究仅占全部研究开发费用的5%左右。大部分研究开发费用被用于能够快速得到回报的项目，而非周期较长的开创性创新项目（Nelson，1967）。

不同行业对研究开发的投入差别很大，这与行业自身的特点紧密相关。不同行业在发展方式和竞争压力上有很大不同。如果一个行业每十年或在更短的时间内就会出现新的换代工艺或新的换代产品，那么为了避免原产品系列逐渐过时，增加研究开发的投入就很有必要（如生物医药、机械制造、汽车等）。虽然部分企业仍可以通过削减研究开发费用在短期内获得更高的利润，但在长期的市场竞争中将处于十分不利的位置。从总体上看，研究开发投入较高的行业往往具有较高的增长率，而很少进行研究开发的行业增长率则较慢（Freeman，1997）。

愿意进行高不确定性创新研发的企业和人员可以分为以下几种：

1. 有赌博心态的小企业，将一次性的创新投入作为其未来生存的途径。

2. 资金充足的大企业，通常使用较为科学的方法投资创新项目，并依靠大量的普通项目抵消高不确定性的投资影响。

3. 获得政府支持的企业，受国家科学战略和国家政策影响，研发成功后能够获得一个稳定且盈利的市场。

4. “干私活”的少数研究人员，在企业的研发环境中从事非正式的项目。这些项目有转变为正式项目的可能。

（七）交易成本与创新

科斯（1937）提出了交易费用的观点，指出交易费用是围绕交易契约所产生的成本，并将他的企业理论建立在交易费用的概念之上。威廉姆森（1975）重新界定了交易成本的概念并发展了交易成本的分析方法。在他看来，企业不再是一个生产函数，而是一个节约交易费用的治理结构。他将交易成本区分为事前交易成本和事后契约成本。根据科斯（1937）和威廉姆森（1975）的观点，企业和市场都是协调经济活动和配置资源的一种组织形式，企业与市场作为相互的替代物，在各自的边界内发挥配置资源的作用。企业组织能在一定范围内降低交易费用，但由于企业内部仍然存在信息不对称，资源在企业内部的配置效率受到信息不足的阻碍。崔远淼（2009）指出交易成本影响企业创新模式的选择，企业根据交易成本的大小选择内部创新模式或外部创新模式。

综上所述，若企业的资产专用性高，企业会选择内部技术创新，并通过设立研发部门或垂直一体化的方式进行；若企业的资产专用性低，企业外部技术创新，通过购买或权益投资实现；若企业资产专用性一般，企业可能会选择外部和内部创新相结合的模式。

同时，企业的技术创新和制度创新也能够降低交易成本。技术的进步如网络经济的发展，使企业能够在极短的时间内完成对信息的收集、处理和分析工作。技术进步可以减少交易双方之间信息不对称程度，减少信息不对称能够节约用于搜寻信息的时间、精力和财力，同时意味着社会运行成本的降低和社会净剩余的增加。制度的改善如业务流程的改善、良好的企业文化和管理体系等也有利于减少交易费用。现代企业的运作依赖各种各样的流程，企业流程是一系列相互关联的活动、决策、信息流和物流的结合。流程在每个工作步骤和工作环节都要有完成标准任务的时间，节约流程的时间可以给顾客带来更多价值，提高企业的市场响应能力，从而强化企业的核心竞争力。

三、企业自主创新能力形成机制

（一）自主创新概念

自主创新是我国最新提出的一个组合名词，国外没有等同的概念，相似的概念有内生创新（Endogenous Innovation）（Krugman，1999；Rainer A. 、Franco N. 2005）。内生创新是相对于模仿创新、外部引进和裂化（Spiniff）的技术创新模式，是系统内自发的行为（Rainer Andergassen，Franco N. 2005）。显然，国外学术界研究的内生创新与我们现在提出的自主创新概念有重合的地方，但不相等，这个观点实际上是区域创新系统和国家创新系统的概念延伸。因此从这个角度分析，自主创新能力的概念与国家创新系统有很大的关联性，也就是说自主创新能力的提升必须依赖国家创新体系建设。否则，企业只能依赖技术引进。

究竟什么样的创新是“自主”创新，国内外学者的观点不尽相同，概括起来主要集中在以下两个方面：

第一，关于“自主”的主体。由于创新能力的层次性，一般按照微观、中观到宏观的角度将其划分为“企业创新能力”“产业（行业）创新能力”“国家（区域）创新能力”三个层次。在不同的层次下，自主创新的主体是不同的。施培公（1996）认为：“自主创新具有不同层次的含义，当用于表征企业创新活动时”，自主创新的主体是企业；“当用于表征国家创新特征时”，自主创新的主体是国家。陈一炎（2005）认为，从企业创新的角度来看，自主的主体当然是指企业；从国家层面来看，是指国内资本控制的企业群体。

第二，关于“自主”的标志。主要包括三类观点，可以按照对创新活动关注的侧重点不同进行划分。一类学者认为侧重点在创新活动的投入阶段，如施培公（1996）认为“自主”是指创新主体通过自身的努力，不依赖于外部技术进行创新活动。另一类学者则是从创新活动的过程出发，如：陈一炎（2005）认为“自主”并不意味着一切都要自己做，而是要起主导作用；杨起全（2006）认为“自主”的实质是创新主体要掌握创新活动的主导权、主动权，增强未来发展的选择空间。还有一类学者偏重于考虑创新活动的成果，柳卸林（1997）认为“创造了自己知识产权的创新”才是自主创新；吴贵生、刘建新（2006）认为知识产权是自主创新的关键所在。

在全球化背景下，国家间的渗透和互动不断增强，要准确界定自主创新能力的承载主体有一定的困难。产业创新能力是属人概念还是属地概念，在学术界存在分歧。属人概念主要是体现国籍和所有权，指具有本国国籍的人及其创新成果，例如个人发明专利的所有权，本国国民或者政府拥有企业的控股权等；属地概念指在本国地域范围内的创新能力，而不管这种创新能力是由哪些资金或技术拥有者投入而产生。依据属地概念的国家创新能力测度在数据收集方面便于操作，但由于有些创新活动是来自于跨国公司在母国之外的投资，从属人的角度看，它又不为所在国拥有，所以这些创新活动是否真正构成所在国的创新能力还有争议。如，一国虽然有些创新指标能力比较突出，但是多数产出为跨国公司所有，本国企业所占比例较少（例如中国的高新技术产品产值）；一国虽然产品产量规模较大，但是没有核心技术和品牌的所有权，只能处于价值链的低端。自主创新能力强调属人概念，即本国人拥有成果的所有权以及企业控制权。自主创新是在创新主体主导之下的、由该主体完成部分或全部创新活动且掌握核心技术并拥有自主知识产权的创新（吴贵生、张洪石、梁玺，2010）。

从以上学者对自主创新的内涵界定可知，自主创新应该是一个系统和整体的概念，它包括以技术创新为核心的各种创新，自主创新应该突出以企业为核心的创新主体地位，充分发挥产学研相结合的创新体系。企业层面的自主创新是以掌握对产业发展有重大影响的自主知识产权、参与国际标准制定为标志，以集成创新和引进基础上的再创新为主要实现形式，以提升企业的核心竞争力，形成自主品牌为目的的创新活动。

（二）企业自主创新能力的构成要素与形成机制

国外涉及的实质性的自主创新研究源自发展中国家或者新兴工业化国家对技术创新道路的选择。U－A（Utterback，1975）模式只是基于发达国家的实际所提出的，并不能揭示发展中国家技术创新的动态规律，因而对后起国家的企业实践难以起到有效的指导作用，甚至会产生误导作用。韩国的金麟洙（Linsu Kim，1997）在分析韩国企业的技术学习与创新机制时引入了4个分析框架：全球技术框架、组织机构框架、企业层面上的主动学习与技术转移。从这四个框架出发，他提出了韩国企业技术追赶与自主创新的几个关键要素：吸收能力、技术需求、技术供给和技术学习的动力。相应的自主创新模式也被概括为3种（Lee和Lim，2000）：跟随追赶、跳跃式追赶和创造新的技术轨道。

在对自主创新及相关问题的研究上，国外学者在对发展中国家技术追赶策略的研究上也投入了大量的时间和精力，并取得了不错的效果。Naushad Forbes和David Wield（2000）的研究表明，技术追赶者的自主创新是非常必要的，而且这种研发的方式和技术领先者有很大的不同；Kim和Lee（1997，2001）进一步对韩国的产业发展经验进行了研究，他们提出的“逆向A－U模型”表明，发展中国家的技术追赶路径是在对引进技术创新的不断积累上最后形成的自主创新能力。Pawan Sikka（1998）在对印度企业自主研发的状况进行研究后认为，企业应该和国家实验室以及其他国家研发机构建立紧密的联系；Pavitt、Freeman和Patel（1995、2001、2002）的研究进一步表明，尽管创新活动的国际化程度在不断加深，但是，国家创新体系的作用仍然是十分重要的。

我国学者对自主创新的理论研究是从吸收西方的研究成果开始的。许广玉（2005）认为自主创新是企业通过自身的努力和联合攻关，探索技术的突破，以达到预期目标的一种创新活动。周寄中等（2005）指出：所谓自主创新，是指通过提高科技原始性创新能力、集成创新能力和引进消化吸收能力，因而拥有一批自主知识产权，进而提高国家竞争力的一种创新活动。其要点有三：一是使制度、机制和资源配置更有利于原始性创新，使之涌现出更多的科学发现和技术发明；二是加强集成创新，使相关科技成果有机融合，形成具有市场竞争力的产品和产业；三是在引进消化吸收国外先进技术的基础上进行二次创新。刘凤朝等（2005）指出，从一般意义上说，自主创新是创新主体依靠自身（或主要依靠自身）的力量实现科技突破，进而支撑和引领经济社会发展，保障国家安全的活动。自主创新是一个综合性的概念，对应于不同的实现主体，自主创新又有不同的内涵。比如有国家自主创新能力和企业自主创新能力之分。国家（或区域）层面的自主创新活动主要表现为对产业发展的关键（共性）技术的内源式供给，对部分前沿高技术的以我为主的研究开发，对基础科学和应用基础科学领域基本发展方向的引领或影响，对知名企业和国际品牌的成功培育；企业层面的自主创新是以掌握对产业发展有重大影响的自主知识产权（或专有技术）和参与国际标准制定为标志，以集成创新和引进基础上的再创新为主要实现形式，以提升企业的核心竞争力，形成自主品牌为目的的创新活动。企业的自主创新主要表现为对行业发展有重大影响的核心技术的开发和掌控，其拥有对产品和服务的自主定价权以及市场价值分配过程中的话语权和主导权。温瑞珺（2005）提出，自主创新分为两类：第一类是渐进的自主创新，就是通过原有技术的融合或引入来建立新的技术平台；第二类是根本的自主创新，就是通过自己的研究，发明全新的技术，由此开发出全新的或新一代的产品。两者的共同点就是拥有自主知识产权的独特的核心技术以及在此基础上实现新产品的价值。

总体来看，企业自主创新能力是多种能力复合作用的结果，它是指企业通过对内外资源的有效整合与运用，实现产业关键技术的重大突破，培育自有品牌，从而掌握或影响价值分配过程的基本素质。其构成要素和形成机制离不开三个方面：一是要加强原始创新，努力获得更多的科学发现和技术发明；二是要加强集成创新，通过各种相关技术成果的融合汇聚，形成具有市场竞争力的产品和产业；三是要在广泛吸收全球科学成果，积极引进国外先进技术的基础上，充分进行消化吸收和再创新。

第二节 企业自主创新能力的测度方法及其应用

一、企业创新能力指标体系构建

魏江（1998）等认为技术创新能力包括研究开发能力、制造能力、市场营销能力、资金投入能力和组织能力五个方面。许庆瑞（2000）指出：技术创新能力不是一种单功能的能力（区别于研究与发展能力），而是需要多功能的配合，最主要的是研究与发展能力、营销能力、工程转化能力（包括设计、工艺、工装、试制、生产等能力）。温瑞珺（2005）认为，企业自主创新能力就是企业在市场竞争中，通过有效运用企业内外的各种创新资源，通过建立新的技术平台或改变核心技术，并取得自主知识产权，使企业能不断增强其核心竞争力，从而获得持续竞争优势，在技术创新过程中所表现出来的各种能力的有机综合。具体分为研发能力、生产制造能力、价值实现能力、自治管理能力四个方面。

近期，已经有国外学者和第三方研究机构对企业创新能力的测度和评价方法进行了探索。Hansen 和 Birknshaw（2007）提出创新价值链（Innovation Value Chain）理论，将企业创新的过程分为新观点生成、新观点转化和新观点扩散三个阶段，认为企业内部对新观点的培育和商品化比单纯的引进创新成果更重要。之后，Roper（2008）将 IVC 过程划分为知识使用、创新转换和创新收益三个部分，并通过建模实证不同阶段的影响因素。NESTA 在 2009 年的创新报告中发展了 IVC 理论，提出一套更加全面细化的行业间创新能力的测度体系。

当前衡量创新能力的指标大多建立在工业经济的基础上，以衡量创新的投入（R&D 支出、教育支出、资本投入）和过渡性的产出（出版物、专利、劳动力的数量和经验、创新产品）为主。长期以来，创新被看作一个线性的过程，从基础研究开始，逐步经过研究应用、开发、试生产、市场进入等阶段，最终实现创新的不断扩散。这个线性的过程并不适合服务业，创新的衡量指标也倾向于关注产品和其生产系统。服务业的创新是一个非线性的复杂过程，与工业创新有很大的区别。在当今知识经济不断发展的条件下，创新的衡量应当着眼于知识的流动，以及在此过程中产生的不确定性、企业的行为、政府的行为等。

第一代创新指标：线性的创新理念，将创新投入作为衡量创新的指标，包括 R&D 投入、教育支出、资本支出、研究人员、大学毕业生、科技密度等。

第二代创新指标：在前代基础上，补充了创新的过渡性产出指标，包括专利数、科学出版物、新产品数和新服务量、高科技交易量等。

第三代创新指标：在前代基础上，更加丰富了指标体系，并将重点转移到不同国家、不同企业的创新能力的比较研究。这种横向比较的困难在于不同国家数据的可比性和指标对服务业的包容性。以上所有的指标都基于古典经济学中的企业生产函数，即 $Y = f(X)$。其中 X 代表各种投入，Y 代表创新产出。而函数 f 即创新的过程仍然是未知的，企业的创新过程仍然是一个所谓的“黑箱”。因此，新的创新衡量指标应当打开“黑箱”，体现创新投入的同时包含创新的过程。

第四代创新指标应当包括：

知识指标：仍然将前代的投入指标包括其中，同时更加关注知识的创造、发展和扩散过程。知识是一个多层次的概念，因为需要综合性的指标进行衡量。

网络：现代创新的一个重要特点为，单独的组织或个人很难完成创新。大部门创新都有多个组织和个人参与，尤其在知识密集、科技复杂的创新中。衡量这个创新网络仍然需要一个综合的指标，同时将知识的流动和人员的流动包括在内。企业的网络行为包括，专利授权、联合研发、人员交流和跳槽等。

创新的条件：创新的成功需要很多外部条件，例如市场需求、政策环境、基础设施、社会的认同度、产业集群等。这要求创新指标反映企业创新能力形成和实现的整体环境。

二、企业创新能力评价方法综述

目前国内对于创新能力测量方法的研究大都停留在国家或者区域层面，我们尚检索不到关于企业创新能力量化方法的文章。任胜刚和彭建华（2007）运用因子分析法对中国31个省级地区进行分析，并将区域创新能力与经济发展水平进行相关分析，并提出相关的政策建议。官建成和刘顺忠（2003）运用数据包络分析（DEA）法分析了我国各地区创新系统创新机构资源配置状况对创新绩效的影响。陈劲等（2009）构建了一套国家创新能力测度指标体系，对中国的自主创新能力进行了有效分析。对于影响企业创新能力的因素，国内学者有一定的研究。李志远和赵树宽（2011）通过调查问卷，构建了跨部门整合，研发强度与新产品开放成功的关系模型并进行了实证研究。宋志红等（2010）以知识的隐含性、分散性和知识价值作为知识共享的影响因素，并考虑了知识共享和企业创新能力关系。

除了产出指标外，评价企业创新能力的方法还包括DEA方法和因子分析法。采用DEA方法的学者将企业创新的过程看作一个投入产出的过程，并允许多个投入指标和多个产出指标的存在。采用因子分析法的学者对影响创新的具体因素进行分类，研究各个因子对创新产出指标的影响程度并量化，根据量化的结果对企业创新的能力进行评价。两种方法相对于单纯的产出指标而言是一种进步，综合考虑了企业创新能力的影响因素。但由于创新过程的本质是知识的传递和价值传递的过程，两种方法无法反映企业创新的这种动态的链式关系。不同行业的企业的创新行为各具特点，因此有必要构建一套能够在行业之间和行业内部进行比较的企业创新能力评价方法。

企业的创新能力并不是各种因素的简单累加。根据创新价值链理论，企业的创新能力取决于知识来源、知识转化和知识扩散这三个阶段的企业能力。因此，需要对三个阶段的企业能力分别进行评价。评价指标的构建方法可以分为三步：

第一步，对不同阶段影响创新因素进行简化和合并。如表2-1所示，各阶段的指标被分为两类。表格中白色背景的指标在各企业间通用，指标的衡量方法相同但数值因企业而异。表格中灰色背景的指标的衡量方法因企业所处的行业不同而有所差异。同一指标可能会对创新的不同阶段均产生影响。A1为源于外部知识的产品或服务占比，用于衡量企业知识来源的开放性；A4表示企业使用的知识来源数量占比；A5衡量企业对待创新的态度，从保守到开放分5个等级，并使用百分比表示；A6表示企业在知识来源阶段获得的政府支持种类，用百分比表示；A7为行业指标，即指标的衡量方式因行业不同而有所差别；B8表示企业参与团队合作的行为种类，用百分比表示。

表 2－1　　企业创新能力的评价体系

知识来源	知识转化	知识扩散
A1 外源知识占比	B1 流程开发支出占销售收入比	C1 市场环境
A2 R&D 支出占销售收入的比例	B2 源于新产品收入占比	C2 营销力度
A3 设计支出占销售收入的比例	B3 创新活动的多样性	C3 外部知识来源
A4 知识来源	B4 知识来源	C4 政府支持
A5 企业文化	B5 政府支持	
A6 政府支持	B6 企业文化	C5 客户关系
	B7 人力资源的多元性	C6 人力资源的多元性
A7 人力资源的多元性	B8 团队合作	C7 知识产权

第二步，对各阶段的指标数值进行标准化处理。利用方程（2－1）将百分比数据转化成 0 至 100 的数值。其中 minVAR 和 maxVAR 分别代表企业数据中的最小值和最大值。

第三步，计算各阶段数据的平均值和方差，通过数值的比较评价行业和企业的创新能力。具体来讲，对于行业创新能力的评价，使用各阶段的均值对行业间的阶段创新能力进行比较，使用各指标的方差均值衡量对行业内部企业间创新水平的差距进行评价；对于企业创新能力的评价，使用各阶段指标的均值进行比较研究。

$$VAR_{normal}=\frac{VAR_i-\min VAR_i}{\max VAR_i-\min VAR_i} \tag{2-1}$$

三、代表性测度方案及应用

2005 年 11 月 6 日，国家统计局国家经济景气监测中心在“2005 中国自主创新·品牌高层论坛”上发布了《中国企业自主创新能力分析报告》，从技术创新能力的角度提出了一个企业自主创新能力的评价指标体系。这是一种完全不同于上述测度思路的方法，它的特点是包括的指标全面，对影响自主创新能力的根本性因素进行动态的监测，本书研究称之为基于统计的自主创新能力评价框架。指标体系构成如下：

1. 潜在技术创新资源指标。包含企业工程技术人员数、企业工业增加值、企业产品销售收入等项。这一指标包括人力资源存量和经济资源存量，主要反映某区域内的所有企业潜在的技术创新能力。

2. 技术创新活动评价指标。包含科技活动经费占产品销售收入比重、研究和试验发展（R&D）活动经费投入占产品销售收入比重等项。企业的技术创新活动主要是指企业的研发、技术改造、技术引进及技术推广等活动，该指标可用企业在技术创新活动各个环节的经费投入来衡量。

3. 技术创新产出能力指标。包括申请专利数量占全国专利申请量比例、拥有发明专利数量占全国拥有发明专利量比重、新产品销售收入占产品销售收入比重等项目。企业技术创新的产出能力反映其各种要素组合产生的实际成效，因此该指标是评价企业技术创新能力最直接、最重要的指标。

4. 技术创新环境指标。包括财政资金在科技活动经费筹集额中的比重、金融机构贷款在科技活动经费筹集额中的比重等项。在一个给定的科技投入与制度体系下，外部环境对地区创新能力有着深刻而复杂的影响，这些因素可以归结为企业所处地域的信息化水平、市场竞争程度、政府部门的扶植与金融机构的支持四个方面。

第三章　战略性新兴产业自主创新能力测度方法研究

第一节　战略性新兴产业自主创新能力基础理论

一、不同层面创新主体创新能力的区别与联系

国家创新能力是以国家作为参考单位来创造新知识或新技术（或拓展已有的知识、技术），并运用新知识或新技术创造出新的产品和服务以获得商业利润，进而提高社会生产率和社会整体水平的能力。国家创新能力是在国家层面上进行的，是创新能力理论在国家层面的具体应用，同时也涉及教育、知识产权制度和法律等，其实质是创造新的知识或新的技术，而创造新的知识或新的技术又受创新环境和创新资源的影响。有相关学者指出，国家创新能力的决定因素有 3 个：一国的公共创新基础设施、产业集群的创新环境以及两者之间的联系。国家创新能力测度采取的技术路线是：形成相关概念——提出能力理论模型——建立测度指标体系、比较分析——对策建议。即首先对国家创新能力测度的相关概念进行界定，进而构建国家创新能力形成机理模型，在此基础上设计出国家创新能力测度指标体系，然后对样本国家的创新能力进行具体测度，并进行比较分析，最后有针对地提出能力建设对策。伴随创新的重要性日益凸显，针对国家创新能力开展研究和评价的国际报告也层出不穷。不同测度主体根据其测度目标、需求，选取不同角度对国家创新能力进行了测度，并形成了各具特色的指标体系。表 3 – 1 是对当前国际上主要的国家创新能力报告的简单归纳。

表3-1　　国际较为权威的创新能力评价报告

报告名称	发布单位	机构性质	发布周期	内容侧重
全球竞争力报告	世界经济论坛	非官方国际联合组织	1年	基础条件、效能提升和创新成熟度
世界竞争力年鉴	瑞士洛桑国际管理学院	教学科研机构	1年	经济运行、政府效率、企业效率、基础设施
科学、技术和工业：记分牌和指标	国家经济合作与发展组织	非官方国际联合组织	2年	监测各国科学、技术、创新及工业领域发展状况的指标
全球创新指数	美国康奈尔大学	教学科研机构	1年	制度环境、人力资本、基础设施、市场成熟度、商业成熟度、创新产出
全球创新报告	科睿唯安（原汤森路透知识产权与科技事业部）	咨询机构	1年	12个技术领域中的全球科技文献和专利数据
欧洲创新记分牌	欧盟委员会	区域性国际组织	1年	驱动因素、公司活动以及创新产出
全球创新城市指数	2thinknow	咨询机构	1年	文化资产、人力基础设施和网络化市场
科学与工程指标	美国国家科学基金会	美国独立联邦机构	2年	主要国家研发投入和产出，具体包括投入金额、投入强度、经费来源与执行、科研人员投入以及论文数量、知识产权、知识密集型产业和科研人员培养
世界知识产权指标	世界知识产权组织	隶属于联合国的国际组织	1年	全球知识产权活动的权威年度调查。专利、实用新型、商标、工业品外观设计、做生物和植物品种保护、地理标志等的申请、注册和维持量
世界知识产权报告	世界知识产权组织	隶属于联合国的国际组织	2年	重点介绍知识产权领域的一种特定趋势
国际知识产权指数报告	美国商会全球知识产权中心	行业协会	1年	专利保护、专利申请与授权、特定产业的专利现状等
全球专利记分卡	华尔街日报	咨询机构	1年	专利质量、专利数量、专利科学强度、专利速度

国家创新能力（NIC）测度作为国家创新体系研究的延续和深入，是国家创新体系绩效跨国比较的一种形式化方法，也是内生增长理论、国家职能理论、国际竞争力理论和技术创新理论在国家创新研究中的应用。在我国建设创新型国家的进程中，建立国家创新能力的测度标准和监控体系对于加快创新型国家建设具有重要的理论和实践意义。国家创新能力测度一直是国内外学术界和管理层关注的焦点，目前已经积累了丰富的相关文献，由于测度主体和测度目的的差异以及对国家创新能力的理解的分歧，在国家创新能力测度视角和表述方式上也存在较大差异。科学技术和工业记分牌、创新记分牌、创新能力指数、科技竞争力、技术成就指数、知识经济指数、产业竞争力绩效指数，虽然表述不同，但是都从科学、技术、创新、知识、产业等不同的角度反映了国家创新能力的内涵，测度了国家创新能力的不同侧面。对国家创新能力的测度能够加强对创新型国家分类和国家创新能力提升路径问题的研究。由于资源条件、社会历史环境的不同，各个国家提升创新能力、建设创新型国家的模式选择存在较大差异，因此可以通过实证研究，对创新型国家的建设模式进行提炼和分类，进而研究各种类型的创新型国家创新能力提升的路径选择。对各种类型的创新型国家发展历程和成功经验的分析，能为中国国家创新能力建设实践提供有益的启迪。国家创新能力测度一般用标度数值或能力指数来表述测度结果。在这些数值的背后隐藏着大量有关国家创新能力发展历史和未来趋势的有用信息，利用数据挖掘技术和机理分析方法研究国家创新能力形成的内在机理，对于各国建设创新型国家的实践，尤其对于中国增强自主创新能力，建设创新型国家的实践具有极其重要的启发和借鉴意义。因此，在国家创新能力测度研究中，应加强经济学、管理学理论与统计学、社会学、系统科学方法以及信息技术手段的交叉与融合，以提高国家创新能力测度研究的理论水准和实践应用价值。

企业创新能力则是以企业作为参考单位，指的是企业在多大程度上能够系统地完成与创新有关地各项活动地能力。根据能力层级观理论，各种能力是存在多个层级的，企业通过整合各种资源形成基本能力，基本能力进一步重构、升级成中高级能力。在激烈的市场竞争中，企业难以凭借低阶能力取得市场优势，高阶能力的提升是企业发展的最终道路。对创新能力合理划分层次有助于详细区分企业创新情况。

相比较而言，虽然企业创新能力测度方法尚未成熟，但对于企业创新能力驱动因素的研究成果非常丰富。企业创新能力评价采取的是个案分析、特征提炼、标准设计、衡量比照的技术路线，即首先通过对个案研究，提炼同行业企业创新能力表征因素和驱动因素的共同特征，再进一步将这些共同特征用少数定量指标加以表述，从而提出创新型企业的判定标准，然后按此标准去衡量其他企业，找出要缩小的差距。企业创新能力评价将企业的创新能力尽可能量化，将环境的创新、基础设施的创建、过程管理创新进行有机融合，考察企业创新能力。从企业的创新行为分析来看，环境与过程是影响企业创新能力的两个主要方面，环境包含企业外部环境与内部环境。对外部环境而言，企业创新要符合国家产业、财税、金融、法律政策的导向，取得政府政策与资金支持；对内部环境而言，企业要开展与母公司战略相适应、符合自身创新战略规划的创新项目，无边界的创新可能使个别项目取得成功，但可能导致企业整体创新功能的失效。创新文化、创新组织结构、创新信息体系、创新相关方管理是构建创新平台的四个软要素。在不同的国家、不同的行业、不同的时代，提升产业创新模式存在不同的方法。不同的创新战略和创新模式将影响企业的竞争力。在实现单一目标的赶超时，政府往往由于信息与技术优势能够实现。但是新兴产业与高技术产业发展需要实现的是集群化目标，政府往往在此方面不够灵活，不能较快适应转变。因此就需要企业在战略和模式上实现创新突破。

企业创新功能和充满活力的企业主要集中在积累、动态和变革三个转变。创新是企业对各种资源的重新整理合并、挖掘，要实现创新的有效运行，就要遵从技术路线及企业模式创新的有效模式。而自主创新模式则是在产业组织模式、企业管理形式及组织架构、人员调整与资源分配上的有效创新。而对于战略性新兴产业的相关企业组织而言，创造出适合企业发展的科学的模式则是有效的企业创新模式。而技术成果扩散等因素则可以从企业创新的内在成效体现出来。上述这些因素都存在一定的差异性，所以企业在创新模式上存在一定的差异性。

战略性新兴产业是具有战略性、先导性、创新性等一般产业所不具备的特点。从战略地位来看，战略性新兴产业的选择是站在国家发展战略的高度来考虑的，具有国际视野和战略思维：从产业结构来看，战略性新兴产业除了具有巨大的市场潜力、良好的经济技术效益，最重要的是在产业结构中承担着重要作用，能够带动一批产业的兴起。新形势下，战略性新兴产业具有革命性的进步，与传统产业相比又具有新的特征：一是创新集成化。经济全球化的背景下，世界各主要经济体为抢占新兴产业发展的制高点，纷纷举全国科技和产业之力，不断加强对技术创新、产业组织协调方面的力度，开展国际产业技术创新合作，集中优势对产业链上各个环节的关键技术进行重点攻关，推动技术联盟创新的集成。二是生产制造智能化。与传统产业相比，战略性新兴产业摆脱了对煤炭、石油等化石能源的依赖，主要以智能化为生产驱动力，解决的是人的脑力延伸问题，以战略性新兴产业为基础的智能化生产将形成社会的信息化，是人类智力劳动的革命。三是能源发展绿色化。战略性新兴产业在新能源领域主要依赖太阳能、生物质能、核能等可再生能源，属于清洁绿色能源，有效偏低对环境的污染。

战略性新兴产业自主创新能力测度不同于国家创新能力测度。一方面，战略新兴产业自主创新能力培育需要国家创新系统支持，离不开宏观层面的基础设施和环境支撑，但另一方面每个新兴产业领域尤其各自产业特征和技术特征，需要找到产业内技术创新的独特因素。

战略性新兴产业自主创新能力测度也不同于企业创新能力测度。战略新兴产业自主创新能力提升依赖于产业内龙头企业和产业集群创新能力提高，其创新能力是各创新企业能力的集成。

因此战略新兴产业能力测度研究可借鉴国家创新能力和企业创新能力研究的一些积极成果，但不能简单移植和借用。它必须界定自己的概念体系，建立战略性新兴产业创新能力形成的理论模型，进而提出测度创新能力的指标体系。战略性新兴产业以重大技术突破和重大发展需求为基础，对经济社会全局和长远发展具有重大引领带动作用。战略性新兴产业具有知识技术密集、物质能源消耗少、成长潜力大、综合效益好的特点，在凝聚产业创新资源、优化产业结构及提升一国产业总体创新能力的过程中扮演着重要角色。一般认为，战略性新兴产业的发展态势与一国的整体科技水平、经济实力及体制优势密切相关，是否具备强大的产业自主创新能力则是评判产业的最直接标志。如何正确把握战略性新兴产业自主创新能力的内涵，构建一套既能体现我国国情又能充分反映战略性新兴产业本质特征的产业自主创新能力评测指标体系，对于科学评价战略性新兴产业的发展水平，制定有针对性的产业政策，最终实现战略性新兴产业自主创新能力的快速提升具有重大意义。

战略性新兴产业发展的良莠对于我国在当今国际经济竞争具有重大意义，但是，国内的战略性新兴产业研究还处于方兴未艾状态。目前国内对于战略性新兴产业能力的评价主要集中在三个方面：

1. 对已有的战略性新兴产业或它的某个层面的评价和改进，比如，贺正楚（2010、2011）以层次分析法和综合模糊评价法为方法基础，构建评价体系以发现适合某地区战略性新兴产业，并对合适的战略性新兴产业选择与评价。胡振华（2011）将层次分析法（AHP）、信息熵法（IE）和主成分分析法（PCA）结合，在区域战略性兴产业的选择中得到利用，并完成实证分析。黄鲁成（2013）认为，全局性是战略性新兴产业的重要特点，以产业波及效应、就业带动及市场潜力为理论基础完成评价指标体系及相应计算，提供了战略性新兴产业的选择标准。喻登科（2012）从科技资源投入与产出两方面采用DEA交叉评价构建江西省战略性新兴产业科技资源配置效率的评价指标体系，以较高的辨识性测度了2010年江西省十大战略性新兴产业的科技资源配置的相对效率。张晓东（2012）基于对战略性新兴产业信息资源需求及其服务能力的组合分析，导出战略性新兴产业信息资源服务能力评价矩阵，讨论产业信息资源服务的6类关键要素，探讨我国战略性新兴产业信息资源服务公益模式、商业模式和混合模式，提出我国战略性新兴产业信息资源服务价值最大化的3个理论假设。刘嘉宁（2011、2013）以推动区域产业结构优化升级为目标构建战略性新兴产业评价体系，并完成相应指标分析。张亚峰（2013）采用多层次灰色评价法对河南省战略性新兴产业进行评价分析，研究了“十二五”期间河南省的战略性新兴产业的发展规划。匡暑炎（2013）提出了战略性新兴产业的企业信用评价的指标体系，运用熵权法，实现了熵权法和模糊积分模型的整合应用。张治河、潘晶晶等对战略性新兴产业创新能力评价、演化及规律进行了初步的探索（2015）等等。

2. 对未来的具有发展潜力的战略性新兴产业的选择，比如，胡莺（2010）认为生物医药制造业、航空航天制造业、电子信息制造业可以集中体现我国战略性新兴产业的国际影响力，应实现这些产业在东北老工业基地的产业转型和结构升级。霍影（2012）、武瑞杰（2012）科技贡献率大、产业关联效应强、比较优势突出、低碳效果明显是区域战略性新兴产业的根本特性，以陕西为例的实证分析表明：应避免各区域过度规划，实现战略性新兴产业的结构升级和发展。樊茗玥（2011）以波特钻石理论为理论基础构建战略性新兴产业发展评价体系模型；蒋珩（2014）基于自组织理论分析了战略性新兴产业系统演化的不确定性和跃迁；廖果平、王卫星（2014）研究了在科技金融支撑下的战略性新兴产业机制；李文丽、陈景翊（2014）则从运用知识产权的角度推动战略性新兴产业发展和选择；吴绍波、顾新（2014）研究战略性新兴产业创新生态系统协同创新的治理模式选择。

3. 战略性新兴产业及相关产业、政策、环境等的关联性评价，比如，张峒喆、王俊沣（2011）培育战略性新兴产业的政策主要包括产业技术政策、国际合作政策、市场培育政策、投融资政策、专项政策、税收政策等方面。熊勇清、曾铁铮、李世才（2012）弥补了层次分析法（AHP）和主成分分析法（PCA）在分析现有区域战略性新兴产业投资环境的漏洞，以构建指标体系的方式建立了区域战略性新兴产业组合评价模型。李苗苗、肖洪钧等（2014）研究了财政政策、企业 R&D 投入与战略性新兴产业技术创新能力的关系；叶继元、谢欢（2015）认为应该建立中国战略性新兴产业信息资源保障体系；赵玮、温军（2015）认为风险投资介入在一定程度上可以提高战略性新兴产业的绩效；邹俊、徐传谱（2015）以理论溯源与现实推进研究了国有资本可以支持战略性新兴产业发展；刘艳梅、余江（2014）等以国际的事业比较了七大战略性新兴产业技术创新态势，为国内战略性新兴产业的发展定位。就目前关于战略性新兴产业创新能力评价方面的研究成果来看，我国战略性新兴产业的创新能力评价研究还有很大的发展空间。

二、战略性新兴产业自主创新能力概念的界定

最早提出战略性产业概念的是美国经济学家赫希曼（A. O. Hirschman），他将处在投入—产出关系中关联最密切的经济体系称为“战略部门”。Trajtrenberg（1990）依据比较优势理论认为，每个国家应充分发展具有比较优势的产业，尤其是那些对国民生产有重大意义且能带动整个产业结构发展的产业，形成一个能够充分发挥本国优势的产业结构。2008 年金融危机爆发后，美国积极布局发展战略性新兴产业，相关研究主要集中在战略性新兴产业产学研合作、财政金融政策、科技政策、人力资源政策等方面。如 Rothaermel 和 Hess（2007）研究指出新兴产业不同企业的产学研合作动机存在较大差异，随着产学研合作的治理方式、企业规模与企业区位等变化而变化。Sherwood 和 Covin（2008）指出即使产学研合作的利益分配机制设计非常重要，合理的利益分配机制能促使合作成功。Abemathy 和 Utterback（1975、1978）基于产品生命周期理论，通过对多个产业和创新案例的分析，发现了产品创新、工艺创新和产业组织结构之间的

关系。Sturgeon（2001）以子产业为例，探讨了电子产业中的策略性外包和共享的供应商网络之间的共同演进关系。Carlino 等（2007）则认为竞争较为激烈的市场结构更有利于创新，但对于高新技术产业来说效果不明显。波特（1990）以绝对比较优势的逻辑为起点，在《国家竞争优势》一书中首次提出了“钻石模型”的概念，包括企业战略、结构和竞争、需求状况、生产要素（包括一个国家的自然资源、劳动、知识、资本资源、基础设施等）、相关产业与支持性的状况；“机遇”和“政府行为”两因素决定了国家产业发展的国际竞争力。Enrico Marelli（2004）分析了产业结构和就业之间的关系，认为体制因素、效率因素、供求因素与战略性新兴产业有一定的相关性。

国内学者近年来关于战略性新兴产业研究非常活跃，这些研究主要集中如下几个方面。一是对战略性新兴产业内涵及特征的分析。一般认为，不确定性是战略性新兴产业形成时期最突出、最典型的本质特征；同时也具有产业全局性、产业先导性、产业关联性等特征（朱瑞博、刘芸，2011；贺正楚、吴艳，2011；李晓华、吕铁，2010）。二是基于企业、产业和国家三个层面对发展战略性新兴产业意义的分析，一般认为，发展战略性新兴产业有利于增强企业的核心竞争力（戴子刚，2010），有利于实现产业结构调整和升级（刘洪昌、武博，2010），有利于实现经济发展方式的转变和掌握国际竞争主动权（朱瑞博，2010）。三是从宏观层面探讨了我国战略性新兴产业的相关发展战略，不少学者基于不同视角提出了相关政策建议（如李晓华、吕铁，2010；顾海峰，2011），也有大量学者对国外新兴产业发展经验进行引进和介绍，并在借鉴国外经验的基础上提出相关政策建议（如曾昭宁、魏珍，2011；骆祖春、范玮，2011），他们认为，我国战略性新兴产业的发展要与传统比较优势相结合，采取开放式发展模式、大力实施知识产权战略。四是从微观层面探讨发展战略性新兴产业相关问题，如自主创新问题（郭晓丹等，2011；熊正德等，2011），投入方式、组织形式（段小华，2011），企业进入时机（韩雪莲等，2011），产业组织的劳资分配问题（肖曙光等）。

《国务院关于加快培育和发展战略性新兴产业的决定》从宏观角度描述了战略性新兴产业的内涵：战略性新兴产业是以重大技术突破和重大发展需求为基础，对经济社会全局和长远发展具有重大引领带动作用，知识技术密集、物质资源消耗少、成长潜力大、综合效益好的产业。2010 年 9 月 8 日，国务院召开的常务会议正式确定节能环保、新一代信息技术、生物、高端装备制造、新能源、新材料和新能源汽车七大产业为我国的战略性新兴产业。

从概念上讲，“战略性新兴产业”涉及了两个核心词：“战略性”和“新兴”。战略性新兴产业首先强调其战略性，指从国家整体利益出发，对提升我国国民收入、加强我国经济实力甚至综合实力具有重要影响的产业。换言之，战略性新兴产业是一个国家或地区未来的主导产业，或是主导产业未来发展演变的方向。随着战略性新兴产业的发展，将实现一个国家或地区的产业结构升级和经济实力提升。因此，在选择战略性新兴产业时，要考虑国家经济战略的导向以及现有主导产业所能提供的产业发展相对优势。其中，“战略性”有两个方面的含义：第一，从国家经济发展和国家之间竞争角度来看，“战略性”主要体现在该产业对国民经济运行的重要影响力，对产业结构高级化、综合国力和国际竞争力提升有巨大的促进作用；第二，从经济性来看，“战略性”主要体现在该产业具有范围经济、规模经济、集聚经济（对学习效应、网络外部性以及前后向关联效应的一个综合简称）等特征。“新兴”有三个方面含义：第一，从时间的角度来看，相对于传统而言，“新兴”是意味着刚刚兴起；第二，从技术的角度来看，相对于传统技术和产品而言，“新兴”代表着新技术、新产品；第三，从市场成熟的程度来看，“新兴”处于刚刚起步阶段，市场容量非常小，市场存在较高的不确定性。产品的设计没有定型，用以制造产品的机器设备专用性强。从字面看，战略性新兴产业显然是新兴产业和战略产业的“交集”。这包括两层含义：首先，战略性新兴产业是新兴产业的一部分。它必须符合新兴产业的自身特征，也就是说，它是随着新的科研成果和新兴技术的发明应用而出现的，但在一段时间内产业的成熟度不高、价值链条不完整、市场需求不显著。其次，战略性新兴产业是新兴产业中能够成长为主导产业、先导产业或支柱产业的那部分。这里内嵌了对未来的考量，也就是说某些新兴产业虽然目前产值不高、效益不明显、引导性不强，但是经过一段时间的政策扶持和发展，能够在未来产生较高的增加值和利润或者引领其他产业的发展方向，进而升级为国民经济的主导产业、先导产业或支柱产业。因此，我们可以把战略性新兴产业的内涵概括如下：战略性新兴产业是指在经济发展的特定阶段，以科技重大突破为前提，以新兴技术和新兴产业深度融合为基础，能够引致社会新需求、带动产业结构调整和经济发展方式转变，并能在一段时期内成长为对国家综合实力和社会进步具有重大影响力的主导产业、先导产业或支柱产业的行业和部门。可以说，战略性新兴产业是现阶段组织构成分散、生存能力较弱的新兴产业，但同时也是符合市场需求变化规律和国家战略发展需求的、具有较大发展空间和较强自我强化能力的“小巨人”产业。

总之，战略性新兴产业是根据一个国家或地区的资源禀赋、产业结构、经济战略方向所提出的，是由新技术、新市场、新政策等多种条件相结合引发并形成的处于发展初期的产业，现阶段可能具有一定的发展困难，但从长远角度来看极具前瞻性，代表着一个国家或地区长期产业发展战略的方向和目标，具有很大的潜在市场需求，一经确立具有很强的自我强化功能和带动作用，最终将成长为未来的主导产业进而带动社会经济进步的产业。

战略性新兴产业涵盖得非常广泛，主要涉及制造业与服务业这两大产业领域。根据战略性新兴产业的特征，我国确定了现阶段重点发展的战略性新兴产业，基本可以分为7类行业及30个子行业，如表3－2所示。

表3－2　战略性新兴产业划分

产业类别	行业划分	产业类别	行业划分
节能环保	高效节能产业 先进环保产业 资源循环利用产业 节能环保综合管理服务	新能源	核电产业 风能产业 太阳能产业 生物质能及其他新能源产业 智能电网产业 新能源产业工程及研究技术服务
新一代信息技术	下一代信息网络产业 电子核心基础产业 高端软件和新型信息技术服务		
生物产业	生物制品制造产业 生物工程设备制造产业 生物技术应用产业 生物研究与服务产业	新材料	新型功能材料产业 先进结构材料产业 高性能复合材料产业 前沿新材料产业 新材料研究与技术服务
高端装备制造	航空装备产业 卫星及应用产业 轨道交通装备产业 海洋工程装备产业 智能制造装备产业	新能源汽车	新能源汽车整车制造 新能源汽车装置 配件制造以及新能源汽车相关设施及服务

战略性新兴企业是隶属于战略性新兴产业，以领域技术突破和产业重大发展需求为基础，对产业与区域经济与科技发展具有引领与带动作用的，具有良

好的成长潜力与综合效益的知识密集型生态企业。战略性新兴企业一定隶属于战略性新兴产业领域，重点从事领域相关的技术研发与攻关等活动。战略性新兴产业内的企业并非所有的都属于战略性新兴企业，其中具有良好发展前景的知识密集型、资源消耗少的企业，才能够成为战略性新兴企业。战略性新兴企业是发展战略性新兴产业的基本单元，一方面战略性新兴企业作为产业的核心主体，其创新与发展直接推动产业发展，另一方面战略性新兴企业通过示范与带动作用，推进产业内其他配套企业提升自身的研发实力与创新能力，通过形成更多知识密集型的战略性新兴企业而推动整个产业的发展。然而，战略性新兴产业的发展又不是战略性新兴企业发展的简单加总，战略性新兴产业需要战略性新兴企业群体积极开展创新活动、通过技术应用与新产品开发，形成新技术簇或者新技术链，通过横向规模化或者纵向链条化组合，实现产业创新与发展。因此，从产业中整体企业创新视角出发，制定有效税收政策鼓励战略性新兴企业积极开展创新活动，并按照技术簇或者新技术链积极合作与部署，也是实现战略性新兴产业发展的重要手段。战略性新兴产业的发展将会吸引更多产业领域内的企业从事技术密集型与生态型经营活动，吸引更多产业外部相关企业进入战略性新兴产业领域，壮大产业的发展队伍。

自主创新是在我国特定经济背景下发展起来的新概念，国内学术界对自主创新概念的界定经历了不同的发展阶段。早期国内学者陈劲（1994）将自主创新定义为“自主技术创新”，对应于继技术引进、吸收之后所经历的特定发展阶段。相比纯技术引进，自主技术创新更强调技术引进后的创新活动，即通过获取其他国家的先进技术并进行针对性的技术改进与创新，以更好地“为我所用”。傅家骥（1988）在《技术创新学》中将技术创新系统划分为自主创新、模仿创新与合作创新三个不同方面的概念，三者形成相对立的概念（如图3-1所示）。基于此，有学者将自主创新看成是“自主开发”，通过“自主开发”加强对本国产品和产业自主知识产权的保护，以增强本国产品和产业的国际竞争优势（江小娟，2004）。这种关于“自主创新”较为狭窄的认识，在相当长的时间内阻碍了国内企业自主创新活动的开展。之后有学者将自主创新的内涵进行了拓展，不再局限于“自主开发”层面上的创新，而又增添了“引进技术”层面上的自主创新。直到2005年，陈至立（2005）赋予了“自主创新”新的范畴，即原始创新、集成创新及引进技术消化吸收和再创新（二次创新），标志着“自主创新”从技术创新的系统中脱离出来，形成独立的系统（如图3-2所示）。

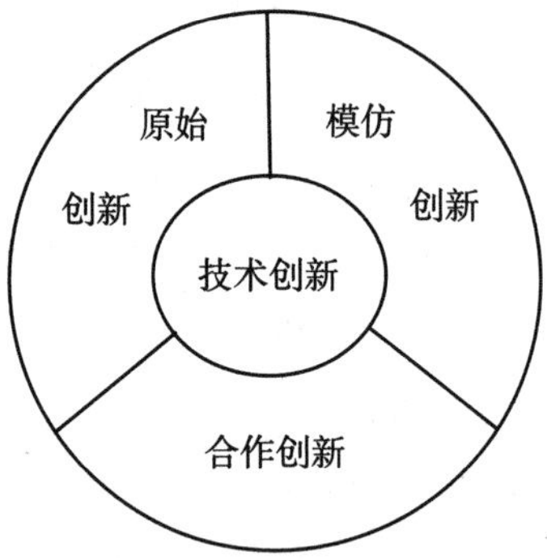

图 3-1 自主创新在技术创新系统中的定位

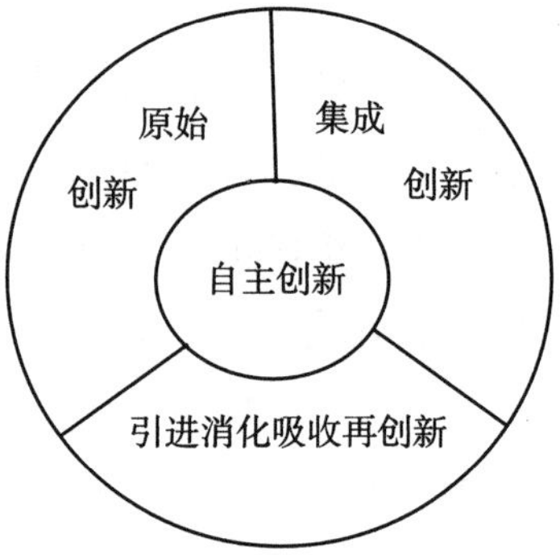

图 3-2 自主创新的新范畴

新范畴下的“自主创新”包含三个层次的内容。

从初级阶段的“二次创新”到中级阶段的“集成创新”，再到最高级阶段的“原始创新”，都体现了产品和产业自主创新的阶段性演进。一是原始创新，这是指建立在自主研发的基础上，创新主体首次提出的具有突破性的发现、发明和技术，往往涉及国家战略性高新技术，能推动科技与产业领域的跨越式发展。二是集成创新，即将各种创新要素通过一定的方式融合、优化，形成更具功能性的有机整体，包括形成新的有市场竞争优势的产品和产业、开辟新的市场等。三是引进技术消化吸收和再创新，在积极引进、购买国外的先进科学技术成果的基础上，通过学习、吸收前沿的创新思路，对现有技术进一步改进完善，以创造出具有竞争优势的产品和产业。

三个层次的内容彼此间相互关联，原始创新立于国家的战略高度，是增强自主创新能力的基础，而集成创新和引进技术消化吸收再创新主要发生在中微观层次，以企业和产业发展为载体，是当前我国进行自主创新的重点。

深入分析自主创新的特征并以此为突破口，是当前我国开展自主创新、增强自主创新能力的研究基础。从创新的目的和方式出发，自主创新的特征具体体现在以下几个方面。

一是主动性与内生性。创新主体既包含个人、企业和产业等中微观经济主体，也包括地区和国家等宏观经济主体。无论哪类创新主体，只有对创新活动抱有极高的热情和积极主动性，才能尽最大的努力，追求创新效益的最大化。自主创新的内生性，表现在创新主体在整合各种创新要素、创新资源的基础上，依靠自身的力量进行自主创新，这种内部的力量是自主创新的主要动力。其中，来自于内部的激励会激发创新主体的热情和激情，包括完善的鼓励创新的机制、人才的使用和激励机制，都会使创新主体自主创新的主动性得到充分的调动。

二是自主性与可控性。自主创新必须体现“自主”二字，即创新主体必须牢牢掌握产品和产业各个环节的主导权，实现对创新过程完全控制。从产品研发、小批试剂到产品投入市场，企业都能将主导权掌握在手中，通过对各种创新要素的控制，形成整合实力，从而创造出拥有竞争优势的产品和产业。同时，可控性还体现在：创新成果及其产生的收益，包括自主知识产权都应为创新主体所有，唯有此才能为创新主体的主动性提供保障。

三是可持续性与渐进性。自主创新一般不可能通过几次简单的创新尝试就能取得成果，而是需要保持自主创新活动的可持续性和渐进性。对创新主体的内部激励可实现创新活动的可持续开展，而加强对创新成果及创新收益主导权保护，会让可持续的创新活动形成良性循环。自主创新的可持续发展带给自主创新足够的成长空间，比如在自主创新的核心环节，技术突破一般都要经过相当长时间的探索和实践，才能真正投入生产环节。因此其带来的商业价值往往比较滞后，需要相当长的一个积累过程，从低层次向高层次不断演化的渐进过程。

四是创新性与市场性。自主创新在追求新的科学技术和发明创造的过程中，既要体现创新性，追求产品的新颖、技术的先进，还要结合市场的需求，创造出更大的经济效益，为企业、产业等经济主体继续开展自主创新创造了更好的物质条件。科技与经济的良好融合，会不断增强产品和产业的核心竞争力，为自主创新的可持续发展提供源源不断的驱动力。

战略性新兴产业企业与其他企业相比，在自主创新方面主要具有以下特征。

一是战略性新兴企业自主创新风险更高。与一般企业创新相比，战略性新兴企业自主创新没有前期经验可以借鉴，创新内容属于前沿性的探索领域，因此其创新面临的不确定性更高，与一般企业相比需要承担更多的风险压力，因此政府部门应当通过税收政策鼓励企业开展创新，并通过多项形式弥补其开展研发与创新的损失，提高其开展研发活动的积极性。

二是战略性新兴企业自主创新投入规模更大。战略性新兴企业从事研发活动事关国民经济发展与区域科技创新能力提升，因此创新规模空间需要整合多个部门研发力量开展高层次的研发活动，以实现技术引领作用，因此战略性新兴企业需要更多的创新投入。有鉴于此，政府部门应当积极利用税收政策引导更多社会闲散资金向战略性新兴企业自主创新领域倾斜。

三是战略性新兴企业自主创新技术更新速度快。各个国家都致力于战略性产业的发展，各种政策导向层出不穷，引导越来越多的企业从事战略性新兴技术研发与创新，因此战略性新兴产业领域内的技术成果更新速度更快，我国政府部门也应当顺应国际发展趋势要求，加强对战略性新兴产业发展的引导与支持。

四是战略性新兴企业自主创新成果更具突破性。战略性新兴企业从事的技术研究，由于技术领先、规模庞大等，容易通过创新资源的汇集产生突变效应，即实现重大、核心技术的攻关与突破，因此其对区域影响更为突出。区域政府部门应当通过税收政策引导战略性新兴企业创新，从而实现区域科技创新能力的整体提升。

具有自主创新的动力并不意味着战略性新兴企业就一定会从事自主创新活动，其拥有创新资源情况对其自主创新绩效影响显著，其中比较重要的影响要素如下所述。

一是创新人才。创新人才是创新活动有效开展的关键性因素，创新人才的工作成果受到创新人才的能力、自身工作意愿、工作努力程度、企业文化、激励制度等多方面影响。除企业部门需要采取措施激发创新人才积极性以外，政府部门从区域创新能力提升的整体战略考虑，也应当对创新人才开展创新活动提供有效激励，已通过外部环境与条件的改善，激发创新人才内部研发动机，提高其参与研发活动的积极性与主动性。政府部门通过开展区域内部创新人才培训活动、创新研发交流会、创新成果奖励、创新文化宣传、制定创新激励规范政策等，可全面提高创新人才开展创新活动的积极性。

二是创新经费。创新经费是战略性新兴企业开展自主创新活动的财力保障，没有充裕的经费企业的创新活动无从开展；企业创新所需的仪器设备、场地、人员、信息化建设等都需要通过创新经费购买，各种创新要素之间的转化也需要通过经费作为中介得以有效实现，另外创新活动的成果需要及时实现市场化，保障资金回笼，实现创新活动的持续发展。因此，政府部门制定相应的政策措施，鼓励企业投入更多创新经费开展技术创新活动，可以大大提高企业自主创新的水平以及成果产出的质量与数量。

三是创新技术。世界历史上的几次技术创新大大加快经济发展。突破核心技术储备是战略性新兴产业的技术基础，它是技术创新能力的根本来源。现有的技术储备决定了技术和创新的行业在短期内的水平。主要的问题是技术更新，以支持新的行业技术和知识产权。通过技术创新，产业可以大大提高生产效率，降低生产成本。同时，技术领域的领先，可以帮助产业获取差异化优势，凭借更多种类、更高质量的产品取得更大的利润空间。国外学者认为，科技创新主要体现在企业内部和外部的研发活动。研发活动和密度的强度越高，智力活动的溢出效应越高。技术创新，体现在新技术的开发和投资、科技成果、创新的高科技产品和技术服务能力等的成功率。一个产业在研发方面的投入越多，技术水平和密集程度就会越高，就会具有更大的竞争优势。

目前，全国建设有很多企业孵化器、创客等开发区，这些都是供创业者与战略性新兴产业技术研发者完善栖息条件所处的场所，所以称之为孵化器。而孵化器的设立和准入要进一步打破围墙束缚，为所有战略性新兴产业的有初创价值的企业和人才服务。技术创新是战略性新兴产业相对重要的条件要素。新产品或者新技术的出现，并实现产业化、大众化和规模化，是战略性新兴产业得以形成规模的必要条件。在技术不断改进的情况下，由于企业边际收益递增，进而促使产业有垄断经营转为竞争性经营。更为重要的是，不依赖引进外来技术，而是必须具备主创新能力，战略性新兴产业才能掌握主动性、形成持久的竞争力。

四是创新基础。创新基础会影响创新进程、效率与成功可能性等，创新基础主要包含为员工提供交流、学习的机会，开展知识学习与共享平台建设的经费投入以及购买创新设备等，可见创新环境与仪器设施等创新基础对企业知识积累、创新人才学习与交流以及提升创新效率等影响重大。因此，政府管理部门应当从整体上制定相应的政策措施，为创新人才学习、培训、创新设备更新等提供有效的补偿与激励，从而带动整个区域创新活动的有效开展。

综合前人关于战略新兴产业、创新能力和自主创新的种种观点，本书研究将战略性新兴产业自主创新能力定义为："一国战略新兴产业领域创新主体主导创新活动，充分利用其自身潜在的资源形成知识的创造、扩散和使用，寻求资源的最优配置以产生创新性技术，并使之成功商业化的能力。"

战略性新兴产业创新能力具有全球竞争性、产业根植性、多主体性、路径依赖性、隐性知识特性等特点。（1）全球竞争性。战略性新兴产业的形成是全球金融危机引发的，当时的国际形势决定了战略性新兴产业创新能力从发展伊始便处于全球竞争态势下，它的发展和成长也离不开全球性竞争，因为拥有国际尖端产品和前沿技术是战略性新兴产业的标志之一”。(2) 产业根植性。战略性新兴产业创新能力源自于其产业的特质，影响着产业的经济环境、社会环境和法制环境同时也影响着其产业的特质，换言之，战略性新兴产业创新能力与产业环境互动关联，相互影响。(3) 多主体性。战略性新兴产业创新活动不是单主体简单的创新活动，而是复杂的、有多方参与的创新活动。产业的创新能力并不等于各个参与方的创新能力的总和，它还取决于各个参与方之间的配合协同关系。换言之，产业创新能力的决定性因素是所有参与方合作创新的方式和效果。(4) 路径依赖性。战略性新兴产业历史创新活动和知识累积对产业创新能力的影响是决定性的，包括对发展现状的影响及今后发展倾向的影响。非但如此，历史创新活动和知识累积对产业未来发展倾向的影响还具备惯性特征，换言之，发展倾向一经确定，便极难调控。(5) 隐性知识特性。战略性新兴产业因其技术的尖端性和前沿性，与其创新能力相关的隐性知识的作用较其他行业更为明显，这也意味着提升战略性新兴产业创新能力的唯一有效方式是开展创新活动。

三、战略性新兴产业自主创新能力形成机制

20 世纪 90 年代末，费尔曼、波特和斯特恩（Jeffrey L. Furman，Michael E. Porter，Scott Stern，FP&S）基于国家创新能力的概念建立了一个全新的框架，运用该框架分析了国家层面创新强度的影响要素，检验了国际专利申请和国家创新能力其他相关变量之间的关系。FP&S 的主要贡献是：第一，在创新能力理论、国家竞争优势理论和国家创新体系理论的基础上界定了国家创新能力的概念，强调对于国家而其创新成果世界新颖（“new – to – the – world”）的重要性；第二，认为公共创新基础设施、集群环境以及两者之间的联系是影响国家创新能力的重要因素。FP&S 的国家创新能力分析框架是对 OECD 研究成果的深化。2005 年胡和马休斯（Mei – Chih Hu、John A. Mathews，M&J）以东亚 5 个后发国家为样本重新整理了 FP&S 方法，收集了可比的时间序列数据，研究结果和 FP&S 的发现具有相似之处。2007 年 M&J 重点研究了台湾地区的大学和研究机构对台湾地区创新能力的影响。胡和马休斯的工作是在波特等人基础上的深化和拓展，并且提出了不同的观点。2005 年 M&J 提出国家创新能力是国家持续创新活动的制度潜能，强调创新的持续性以及制度对创新能力形成的重要性。

2007 年又对波特等人的概念进行了修正，认为衡量技术领先国家和技术落后国家的创新（能力）的标准应该存在差异，前者为世界新颖（“new – to – the – world”），后者为国家新颖（“new – to – the – country”）。FP&S 和 M&J 为后来的国家创新能力研究提供了理论模型，并被学者们广泛应用。

国外学者 Amit 和 Schoemaker（1993）指出，影响企业自主创新的主要因素是对创新活动的有效管理，企业管理者要认真仔细的辨识、保护、配置企业的资源和能力，为企业自主创新创造有利的环境和条件，增强企业的竞争优势，并最终实现资本的超额收益。Slow（1957）和 Brockhoff（1996）认为企业资金与人才对创新 R&D 的投入是主要影响企业产品和工艺创新绩效的因素，也是企业增加自主创新能力获得竞争优势的动力因素。研究表明增加企业 R&D 投入能够引起技术的重大变革并促进经济的大幅增长，而改进人力资源的素质也能够实现经济的飞跃。所以，R&D 投入与人员素质是衡量创新绩效的重要指标。罗默（Romer）进一步论证了 R&D 投入与自主创新的关系，他认为 R&D 投入能够创造知识而同时知识创新又是技术创新的基础，技术创新在自主创新的过程中又占据核心地位。所以 R&D 投入能够导致自主创新的发生，是影响自主创新的关键因素之一。

借鉴国家创新能力形成理论 FP&S 模型以及企业自主创新能力相关成果，本书将战略性新兴产业自主创新能力形成理论框架分析如下：

（一）罗墨内生增长模型

假定有 N 个厂商，每个厂商都是相同的。整个经济的全部知识存量是资本的增函数，可以用资本总量来表示知识存量。对于单个厂商来说，生产函数为 $F[k(t),K(t),x(t)]$，其中 $k(t)$ 是以资本存量为代表的 t 时刻单个厂商特有的知识投入，$x(t)$ 是 t 时刻单个厂商特有的实物投入量，$K(t)$ 是 t 时刻经济的各种知识水平，因此 $K(t)=Nk(t)$。对于这个生产函数有两个假定：一是给定 K 的值，F 是 k 和 x 的凹函数，一般的，可假定 F 是 k 和 x 的一阶齐次函数，即当 K 固定时，规模报酬不变。二是给定 x，$F[k(t),K(t),x(t)]$ 是 k 的凸函数，即知识的边际生产率递增，生产表现为规模报酬递增。对于任意的 $j>1$，有 $F(jk,jK,jx)>F(jk,K,jx)=jF(k,K,x)$。在整个经济系统中 K 是不变的，整个经济表现出规模报酬递增的特征。假设除知识以外的其他要素是固定不变的，可以设 $f(k,K)=F(k,K,x)$，其中 x 是劳动力。假设厂商的技术水平依赖于总知识水平，给定 K，则代表性消费者的效用最大化问题的数学描述为：

$$\max \int_0^{\infty} U(c(t))e^{-\delta \cdot t}dt \tag{3-1}$$

$$\frac{\dot{k}(t)}{k(t)} = g\left(\frac{f(k(t),K(t)) - c(t)}{k(t)}\right) \tag{3-2}$$

其中 δ 是效用的折现系数，c 是现时消费量，$f-c$ 表示推迟消费对知识生产的追加投入，g 是知识的增长率方程且 $0 \leqslant g \leqslant a$。罗默在求解上面的最优化问题时，证明了竞争均衡的存在。

（二）FP&S 模型

FP&S 模型将公共基础设施、产业集群创新环境和联系质量作为国家创新能力的主要驱动因素，建立一个比罗默模型更为广泛的应用于“世界新颖”技术的生产函数：

$$\dot{A}_{j,t} = \delta_{j,t}(X_{j,t}^{INF}, Y_{j,t}^{CLUS}, Z_{j,t}^{LINK})H_{j,t}^{A\ \lambda}A_{j,t}^{\phi} \tag{3-3}$$

$\dot{A}_{j,t}$是 t 年来自 j 国家的“世界新颖”的技术流，$H_{j,t}^{A}$是投入到知识（ideas）部门的资本和劳动力资源的总水平，$A_{j,t}$是一个经济体在某一时点所掌握的能驱动未来知识（ideas）创造的知识存量总和。另外，X^{INF}代表由交叉的政府研发投入和政策选择所组成的公共创新基础设施，Y^{CLUS}代表一国产业集群中的特定创新环境，Z^{LINK}代表的是公共基础设施和国家产业集群之间的联系强度。

知识驱动的内生增长理论（罗默，1990）、国家产业集群竞争优势理论（波特，1990）以及对国家创新系统的文献（Nelson，1993）。从不同角度阐述了公共基础设施对于产业创新能力的决定作用。如，在知识驱动增长模型中，知识生产函数取决于两个因素：该经济体中预先积累的知识存量，以及投入到知识生产的研发努力的水平。波特（1990）强调了国家特定产业集群的创新的微观基础；这种关系取决于投入供应与当地需求状况之间的相互作用、相关产业的存在数量和方向与当地拥有竞争力的对手的性质。国家创新系统的文献倾向于强调以下三方面的作用：整体的国家政策环境（比如知识产权或贸易政策）、教育部门以及更多的特定机构的作用。综合考虑，战略性新兴产业自主创新能力首先取决于一个强有力的公共创新基础设施，包括国家整体科学和技术政策环境、支持基础研究和高等教育的机制、新创意发展和商业化所赖以的积累的技术知识的“存量”等。

特定产业的创新能力取决于产业集群面临的创新环境。正如波特（1990）所强调的，企业是否将投资和竞争建立在“世界新颖”创新之上取决于当地竞争环境中微观经济的内在逻辑。最终，产业集群的微观经济条件决定了企业是否应对技术机遇以及在全球前沿进行创新。

公共创新基础设施和产业集群之间的关系是互补的：在一个给定的集群创新环境下，创新产出有随着公共创新基础设施的强弱而增长的趋势（反之亦然）。例如，瑞典的环境技术集群的微观经济结构可以激励以创新为导向的竞争，瑞典的集群产生和商业化环境创新的能力就取决于受训的科学家和工程师们整体的有效性、基础研究的取得以及经济体中会带来新技术的发展和商业化的政策。

（三）战略性新兴产业自主创新能力形成模型

借鉴 FP&S 模型分析框架，结合战略新兴产业特点，可建立战略新兴产业自主创新能力形成模型（3-4）如下：

$$L\dot{A}_{j,t} = \delta_{YEAR}Y_t + \delta_{COUNTRY}C_j + \delta_{INF}LX_{j,t}^{INF} + \delta_{CLUS}LY_{j,t}^{CLUS} + \delta_{LINK}LZ_{j,t}^{LINK} + \lambda LH_{j,t}^{A} + \phi LA_{j,t} + \varepsilon_{j,t} \quad (3-4)$$

$\dot{A}_{j,t}$是 t 年来自 j 产业的自主知识产权技术流，$H_{j,t}^{A}$是一国投入到特定战略新兴产业知识（ideas）部门研发人员总水平，$A_{j,t}$是特定战略新兴产业在某一时点所掌握的能驱动未来知识（ideas）创造的知识存量总和，X^{INF}代表特定产业政府研发投入所组成的公共创新基础设施，Y^{CLUS}代表一国产业集群中的特定创新环境，Z^{LINK}代表的是公共基础设施和产业集群之间的联系强度。

除了定性变量或以百分比表示的变量，我们的分析使用的是对数规范。因此估计就直接解释了弹性，对异常值不敏感，并且和这一领域之前的大多数研究都一致。

第二节 战略性新兴产业自主创新能力测度方法

一、战略性新兴产业自主创新能力测度框架与原则

战略性新兴产业发展关系到国民经济社会发展和产业结构优化升级，具有

全局性、长远性、导向性和动态性等特征。拥有自主的关键技术，加快培育自主技术创新能力是确保战略性新兴产业快速、持续发展的重要基础和关键前提。因此，按照图3－3展示的框架，构建一个综合的战略性新兴产业自主技术创新能力评价体系，满足既能客观清晰地反映单个评价对象的现状与特点，又能得到总体的综合评价信息，对于战略性新兴产业自主技术创新能力的培育和提升均具有重要的指导意义。

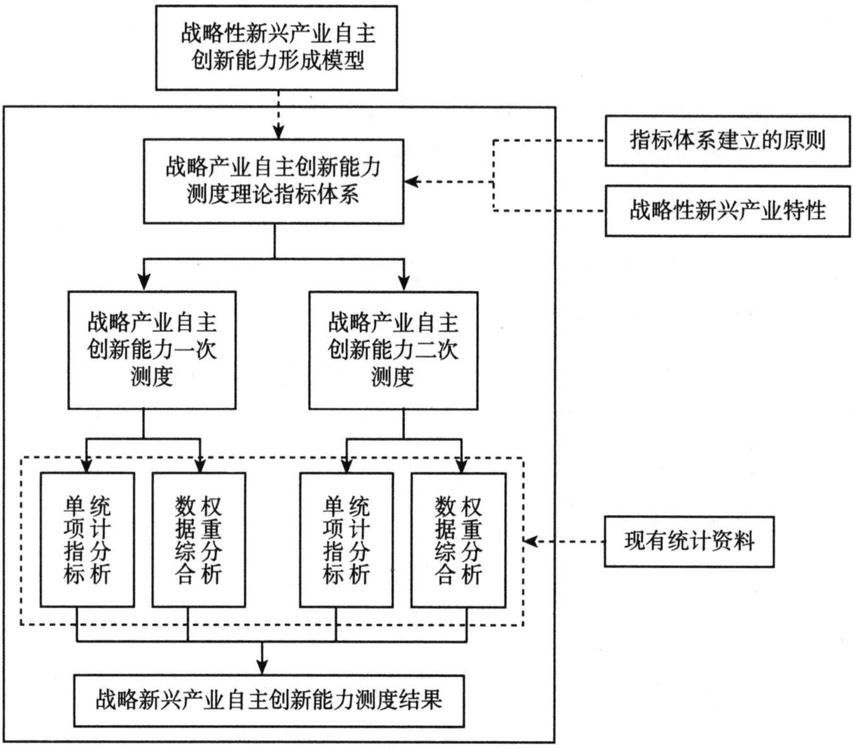

图3－3　战略性新兴产业自主创新能力测度研究框架图

战略性新兴产业自主技术创新能力形成包含了载体子系统、环境子系统和产出子系统，其中载体主要指的是创新主体、人员、资金和设备等。在创新环境的促动以及利益追求者对产出的要求下，载体子系统中的人员、资金和设备作为创新资源，被分配到创新主体中，经过主体的创造性行为，最终实现创新收益和整体能力提升。因此，应结合战略性新兴产业的特点，围绕自主创新能力的形成过程从产业内在的资源、能力和产业外部环境的动态变化两个层面合理构建战略性新兴产业自主技术创新能力指标测度体系。测度指标体系的构成有这么几种能力的需求，一是资源投入能力。自主技术创新资源投入能力是指能够被创新活动所利用的资源总量，它是形成战略性新兴产业自主技术创新能力的根本，代表着产业未来可持续发展的潜力，主要包括创新人才、仪器设备和创新经费三方面资源的投入能力。人才是创新活动的执行者，主要指从事研发活动的科技人员，选用 R&D 活动人员数占该产业从业总人数的比例、科技人员人均劳务费用支出两个指标来反映人才质量及投入情况；拥有充足的资金支持是创新活动顺利进行的必要条件，因此将创新经费投入强度以产业科技活动经费内部支出占主营业务收入比重来反映；仪器设备是必要的生产工具，科技活动经费中用于仪器设备的费用支出越多，说明自主技术创新的硬件条件越好。

二是执行能力。自主技术创新执行能力是指实现创新资源有效转化为最终创新成果的能力，主要由官产学研合作创新能力、企业自主研发能力和创新扩散能力三个部分构成。战略性新兴产业的高风险性，使部分企业选择与其他创新主体进行合作研发，以降低新技术研发失败和新技术溢出的风险，同时战略性新兴产业在我国经济发展的战略地位，决定了政府在其发展过程中的保障性作用，故“官产学研”合作成为最常见的合作创新模式，但由于官产学研合作创新能力无法通过定量化核算得到，需在实际调研的基础上通过专家综合评分得到评价值。除合作研发外，企业内部自主研发仍然是战略性新兴产业的自主技术创新主要组成部分，其本质特征是具有自主知识产权，可选取当年行业 R&D 项目总经费占 R&D 经费内部支出的比重、R&D 人员折合全时当量占全行业科技活动人员数的比重，以及发明专利拥有数来反映产业自主研发能力的强弱。创新扩散能力是产业内技术知识流动溢出的体现，是实现创新成果产业化的有效途径，技术市场成交额能够反映技术市场的繁荣程度和技术流动的顺畅程度，可选用技术改造经费支出占新产品销售收入总额的比重和每千人专利申请数来衡量创新扩散能力。

三是产出能力。自主技术创新产出能力是指能够实现产业化和商业化的科技成果和创新产品，包括成果产出能力和成果商业化能力两个方面。成果产出能力可以从产生数量和产出效率两个角度进行测度，分别以新产品产值率和新产品劳动生产率来衡量成果产出能力情况。新兴技术的高收益、高投入性，要求战略性新兴产业中创新主体的科研成果必须具有较强的商业化能力，而通过收获较高的商业回报，可以使创新主体能够获得源源不断的创新资源，从而保障创新活动持续下去。因此，将创新活动所产出的最终成果应用于市场，不仅决定着自主技术创新能力的形成与发展，而且是战略性新兴产业得以持续创新的基本驱动力之一。选择新产品销售收入在新产品产值和主营业务收入中的比重，分别体现了新产品市场适应程度和科技成果转化程度，以此反映创新成果商业化能力对战略性新兴产业发展的贡献程度。

四是环境支撑能力。自主技术创新环境支撑能力是由创新政策环境、市场环境、科技服务水平、社会经济发展水平、技术进步水平等共同组建而成的综合性能力，是整个创新系统得以实现的基础与保障。创新政策环境主要选取了政府资金和金融机构贷款占科技活动经费筹集额的比重、财政科技支出占当年工业企业科技活动经费内部支出的比重、财政教育支出占教育经费总支出的比重来体现政府和金融机构对自主技术创新的支持程度。对于战略性新兴产业自主技术创新能力系统所处环境中具有广泛影响力的市场因素，考虑从其市场盈利能力和开放程度入手，分别用产业利税与主营业务收入比和出口交货值与产业总产值比来衡量市场环境的支持力度。近年来，科技服务条件的改善和科技服务能力的提升使科技服务成为助推战略性新兴产业发展的新支点，可以选用全国从事该产业科技机构服务人数占全国该产业从业人数来体现科技服务的普及程度，进而反映其服务水平。社会经济发展水平是人民生活水平高低的体现，采用人均 GDP 增长率作为具体衡量指标。技术进步水平可由产业劳动生产率来表示，衡量方法为同期该产业工业增加值与从业人数之比。环境支撑能力为其他三大模块提供了必要支持，同时也直接或间接地影响着战略性新兴产业自主技术创新能力的形成。

（一）战略性新兴产业自主创新能力测度的原则

战略性新兴产业自主创新能力测度包含以下几项原则：

1. 系统性和导向性相结合原则。自主创新能力系统是由若干子系统综合构成的复杂系统。各个子系统都包括一系列相关指标，因此要求自主创新能力指标体系具有宽广的涵盖面，能充分反映自主创新能力的系统性特征。同时，建立自主创新能力评价指标体系的目的在于衡量目前我国战略新兴产业自主创新能力的现状，寻求各战略新兴产业自主创新能力的优劣势及其原因，并指出提升我国战略新兴产业自主创新能力的手段和方法，最终引导各创新主体共同努力促进我国战略新兴产业自主创新能力的提升。

2. 科学性和可操作性相结合原则。自主创新能力指标体系应能准确地反映自主创新能力的实际情况，有利于自主创新能力的互相比较，发现自身优势，挖掘发展潜力。因此，要科学地选取评价指标及权数，采用科学合理的评价方法，尽量减少人为因素干扰，缩小误差，使评价结果客观、真实，从而保证指标具有科学性和权威性。这里所说的科学性包括两层含义：一是指选择的指标必须具有理论依据；二是指标设计的名称、含义、内容、时序和计算范围、计量单位和计算方法等方面必须科学明确，没有歧义。为保证科学性原则的基础，测度指标的设计应坚持可操作性原则，主要包括以下几方面：第一，设计指标的含义、范围要明确，指标所采用的基础数据要与现行工作内容力求一致或少有改动，以便于进行考核评价；第二，各项指标数字化，定量指标数据应保证其真实、可靠和有效，而定性指标应尽量通过专家间接赋值或测算予以转化为定量数据（如等级）；三是，指标不宜过多，应尽量简化，有利于工作层面的执行。

3. 代表性和可比性相结合原则。要正确认识自主创新能力，并对自主创新能力进行有效的监控和管理，就要确保自主创新能力指标体系中的各指标能在某一方面或某一环节上具有一定的代表性，足以评测自主创新能力的水平。在构建我国各战略新兴产业自主创新能力测度指标体系时，测度指标的设计不可能面面俱到，因此必须抓住重点，关键在于：一要注意选择和设计核心指标，应重点选择和设计能反映我国战略新兴产业自主创新能力变动规律的核心指标，考虑指标对我国战略新兴产业自主创新能力发展变化的重要性及贡献度；二要考察指标变动的代表性，由于指标间的相关性，因此应选择具有较强代表性的指标，以减少相关性，降低误差。在代表性原则的基础上，必须明确各评价指标的含义、统计口径、时间、地点和适用范围，以确保指标的可比性，因为评价的实质就是比较，而只有具有可比性的指标，才能提供准确的比较信息资料，才能发挥指标体系的作用。可比性原则有两个含义，一是指标应该在不同的时间或空间范围上具有可比性；二是在不同时期和不同地区之间进行比较时，一般采用相对数、比例数、指数和平均数等进行比较才具有可比性。

4. 定性和定量分析结合原则。自主创新能力是一个抽象的概念，在综合评价自主创新能力时应该考虑影响自主创新能力的定性和定量的指标。一方面，应对战略性新兴产业自主创新能力形成和功能实现的驱动（环境）因素应给予足够的关注。人们习惯上将创新能力看成是科技系统的内在属性。然而，从产业创新体系的角度看，科技系统的内力是在与环境的相互作用（物质、能量和信息的交换）中形成和富集的，而产业创新能力也只有在与环境的作用中才能得到实现。各国的发展实践证明，除了公共基础设施作为“硬”环境对创新能力形成发挥重要作用外，国家的政治、经济体制、科技管理和运行机制、创新政策以及社会文化氛围等对聚集创新资源、激发创新热情、协调创新行为等均发挥重要的基础性作用。因此，应将上述环境要素纳入产业资助创新能力构成的总体框架下，全面分析其作用实现的路径和机理，并通过合理的指标设计，进行科学的测度与分析。另一方面，如果只有对科学技术系统，如企业、政府、大学、研究机构的经济分析，但没有过硬的统计指标资料，也不能很好地进行政策研究——即要把对自主创新能力系统的定性分析和定量统计结合起来。定性指标的评价比较全面，但人为因素较多，因此对定性指标要明确其含义，并按照某种标准对其赋值，使其能够恰如其分地反映指标的性质；定量指标评价比较客观，人为因素较少，数据来源较稳定；但无论定性指标还是定量指标都必须有明确的概念和确切的计算方法。此外，在评价指标的建立中，我们又遵循相对值指标优于绝对值指标，客观指标优于主观评价指标的优先顺序。

5. 静态分析和动态分析相结合原则。自主创新能力的测度指标不仅仅是对过去与当前创新能力的评测，还应研究未来的发展趋势及潜在的创新能力。尤其是自主创新能力是一个动态的积累过程，对整个经济社会的影响具有滞后性特征，因此，在设计评价指标体系时就应考虑到指标体系的发展问题。在设计指标时，既要有反映自主创新能力的现实指标以描述投入和产出的指标，又要有反映自主创新能力活动过程的过程指标以描述创新能力系统各部分之间的相互作用；其中，动态性指标连接投入和产出的静态性指标。此外，随着时间的推移，适应于一定时期的评价指标或评价指标体系都必须进行相应的修改、补充和更新。

创新能力的生成过程和发展趋势分析是创新能力测度的重要环节。创新能力既是某一历史时点上的即存状态，也是一个动态的发展过程，因此，只有将时间因素引入创新能力测度的研究视野，才能对创新能力的形成过程、目前状况和未来趋势进行全面的把握。战略新兴产业创新能力测度的目的是对产业创新能力建设实践提供指导，要满足这种实践需求，仅仅通过不同产业和区域之间的横向比较找到各产业或区域之间的发展差距是不够的，还要通过不同区域发展路径、建设模式的分析比较，为后发国家或区域追赶战略的设计提供路径建议。因此，应将反映产业创新能力形成和发展趋势的成长性指标，纳入战略新兴产业创新能力测度指标体系之中。

6. 调研数据与公开统计数据相结合原则。基础数据的收集、整理和加工是战略新兴产业自主创新能力测度的基础性工作。应该看到，产业创新能力是对已产业在知识生产、传播、应用和转化方面的能力的测度，所使用的指标多是涉及无形资产创造和应用活动的指标。然而，目前国际上通行的国民经济核算体系是以实物资产的生产、流通和消费为对象而设置的，作为知识生产活动结果的无形资产并没有被纳入到现行的统计体系之中。这就出现了创新能力测度的实践需求与现行国民经济核算体系之间的不兼容性。也就是说现行的国民经济核算体系尚不能为国家创新能力测度提供统一、规范和系统的基础数据。特别是，先行核算体系还没有对战略新兴产业进行专门的统计，为此，要对自主创新能力进行客观、全面的测度，一方面要借鉴现有统计公开资料，完善现行的国民经济核算体系，将知识生产、流通、消费的指标纳入其中；另一方面则要加强调查研究和数据挖掘，建立坚实数据支撑。

（二）战略性新兴产业自主创新能力测度常见方法

常见的评价测度方法有以下几种类型。

1. 灰色模糊法。该方法采取了灰色关联法、模糊综合评判法和层次分析法各自对数据的处理优点，在信息不完全的前提下，评判具有模糊因素和灰色性质的指标，完成对战略性新兴产业的创新能力评价的一种综合性方法。因为战略性新兴产业创新能力评价过程中的指标多具有灰色性质，不能用精确的数学语言将其进行准确的描述，即也具有模糊性，且战略性新兴产业创新能力评价过程本身就是一个复杂的多层次的决策过程，因此采用灰色模糊评价法评价战略性新兴产业创新能力非常适用。

2. 灰色关联分析方法，即以过程中各个因子间相像或者相异的程度为解释这些因子间关联程度的方法。按照相像程度高的大小并将其量化过程，即为关联度的大小的衡量。而灰色系统理论则是在样本数量小，并且样本数据信息不明晰的情况下通过对样本本身的筛选排序处理和对样本包含的部分已知信息开发、生成、提取，来实现对需要描述系统内部演进、运作等信息的描述和有效监测。“黑”指信息不明，“白”指信息明晰，“灰”指信息明与不明交错。据此将其扩大到系统内部会得到白色系统、黑色系统的相关定义，在此不做赘述。而灰色系统则是处于两者之间，有明确清晰信息也有不明确清晰信息的系统。灰色关联度分析很适合于某体系内部演化状态的量化数值。

3. 模糊综合评价法。该方法以模糊数学理论为基础，以某种评价标准，对事物进行尽可能的评定，而该事物的发展受多方面影响，这使复杂事物的评定有了以模糊集合的方式进行表述的可能。该评价的结果建立在整体权衡体系内部各个影响因子，以量化的方式将模糊性、主观性等定性问题进行转化的基础上，最终完成复杂系统的非确定性问题评价过程，该方法的核心是将具有模糊性质的评价变成量化评价。

4. 层次分析法（Analytic Hierarchy Process，简称 AHP）。该方法是把能影响决策结果的所有相关联的因素成划分为目标、准则、方案等层级，并以这些层级为单位完成定性和定量分析的决策方法。该方法的核心价值在于以多目标、多准则、多层次方式将复杂的决策问题进行剖析，以便完成在数据信息较小情况下的复杂问题决策。尤其适合对决策结果难于直接准确计量的场合，将半定性、半定量的问题转化为定量计算问题。它将决策问题按总目标、各层子目标、评价准则直至具体的备投方案的顺序分解为不同的层次结构，然后得用求解判断矩阵特征向量的办法，求得每一层次的各元素对上一层次某元素的优先权重，最后用再加权和的方法递阶归并各备择方案对总目标的最终权重，最终权重最大者即为最优方案。

5. 核密度估计法。是指用概率论领域里以非参数检验方法估算未知密度函数，又名 Parzen 窗（Parzen window），是 Rosenblatt（1955）和 Emanuel Parzen（1962）提出的。该方法不需要相关数据的先验知识，也不需要对数据附加假定，而是从样本数据本身特点研究其分布，由给定样本点集合求解随机变量的分布密度函数，是概率统计学的基本方法之一。而现实生活里的概率密度形式问题一般情况下是不明的、多模的（指局部极大值不单一），并且样本本身的维度较高，因此这种方法和适合任意形式的概率密度分布，且不必假设密度函数形式。我们通过这种方法来对前面用灰色模糊评价法的处理数据进行分析，进一步挖掘，评价系统指标和其取值之间的动态关系，分析区域的战略性新兴产业创新能力。

上述的各种研究方法特色分明，相互之间利弊互补，给了我们多种组合方式以完成各种复杂现象中的评价决策分析。在选择评价方法的过程中，我们必须建立相对最优的评价方案，该评价方案的选取要考虑数据安全、预期效果、时效、对象属性等因素。

二、战略性新兴产业自主创新能力指标体系构建

所谓测度就是根据一定的法则，将某种物体或现象所具有的属性或特征用

数字或符号表示出来的过程。测度是人类认识世界的重要方法。一般而言，任何概念都具有潜在的可测性，但就其是否容易被测度而言，概念之间有相当大的差别。测度的主要作用在于确定一个特定分析单位的特定属性的类别或水平。目前，国内外宏观层次的技术创新测度一般都采用问卷调查的形式获取数据。经济合作与发展组织的三次企业形象识别调查，以及我国1996年由国家科委和国家统计局联合进行的企业技术创新调查均采用了问卷调查的形式。问卷调查适合于了解对问题的看法、态度，对已知答案的选择，以及对问题的简单建议或要求。问卷调查在获取准确数据方面的效力有限，其主要缺点有三个：一是回答的真实性和准确性相对较差；二是拒答率较高；三是调查周期长、成本高。

中观层次的技术创新能力测度强调行业内或其他某个被关注范围内的不同企业之间的技术创新能力的比较研究。它对被测度企业的经营管理不起直接作用。对于中观层次的技术创新能力测度，需要解决的核心问题是“如何获取可靠的数据”。对比宏观层次的技术创新能力测度，中观层次的测度在数据获取方面存在更多的困难：第一，缺乏有公信力的测度组织者；第二，对数据准确性和连续性有更高的要求。由于缺乏相应的组织保证，以及受数据获取方式本身的局限，通过问卷调查来收集数据的企业技术创新能力测度一般都缺乏可持续性。此外，这种一次性的评价不能排除偶然因素的影响，不能对数据真实性加以验证，其评价结果的有效性也得不到保证。

微观层次的技术创新能力测度也可称之为企业技术创新审计。它是对具体企业的技术创新绩效进行内部的、相对全面的测度，并不涉及企业间的技术创新能力对比。微观层次的测度需要注意两个问题，第一，对待技术创新能力测度的态度。实施技术创新能力测度的目的不是获取数据，而是寻求答案，比如：企业的技术创新能力水平，企业技术创新能力的发展目标，目标是否实现以及如何实现等。实施技术创新能力测度的最终目的是提高绩效和发展能力。如果不能利用测度来发现问题、寻找提高绩效的途径，那么测度所获得的数据就完全没有意义。第二，在这个层次上，企业技术创新能力测度的主客体统一或测度主体对客体有强有力的直接控制，测度过程受信息不对称的制约较轻。即便如此，指标的选择应尽量客观和容易测度，我们必须遏制自己希望测度一切的野心，过多的指标只能让人无所适从。

（一）战略性新兴产业自主创新能力指标主要参量

目前在实际使用中主要采用以下几种测度参量，它们从技术创新投入与产出的角度反映技术创新的强度和水平。

1. 研究与开发的投入量。研究与开发是技术创新的重要组成部分，许多分析统计表明，研究与开发投入量与技术创新活动的强度、规模和水平有很强的相关性。在通常情况下，企业技术创新活动是在原有生产技术体系的基础上进行的。实际上，技术创新活动的完全投入量难以完全独立地分离出来，这也是测度技术创新能力的困难原因之一。相对来说，作为企业技术创新活动前期阶段的研究与开发活动，其投入量有相对独立性，比如不少企业的研究与开发活动完全在自己相对独立的研究开发机构中进行，绝大多数活动基本上独立于现行运转的生产系统之外。这为规范化的统计分析提供了可能，且具有较好的纵横比较性。因此，研究与开发经费投入比重和研究与开发人员投入比重是两个被广泛采用的最具代表性的技术创新能力测度指标。但是，仅以研究与开发的投入量来反映企业整体的技术创新水平是不全面的。第一，研究与开发的投入量不反映产出情况，不能反映技术创新的效益和商业化程度。第二，研究与开发活动是技术创新的前期活动，而技术创新活动的大部投入往往发生在中后期。第三，不同类型的技术创新在研究与开发投入上差别较大，如企业自主创新和模仿创新，前者的研究与开发活动明显强于后者，相应的费用一般说来也大大超过后者。此外，由于技术创新全过程的风险性和不确定性，前期投入与后期产出之间很难有完全对应的线性关系。因此，仅用研究与开发投入量描述技术创新能力显然是不合适的。

2. 新产品的有关指标。新产品是企业技术创新的最终成果（也许是最重要的成果）之一。因此，新产品的有关指标，如创新产品产值、创新产品利润、新产品开发周期、创新产品技术水平等，就成为从产出方面来测度技术创新的重要参量。其中新产品销售收入占销售总收入的比重较有代表性地反映了技术创新的经济效益和实现速率。不同行业部门或企业有关新产品指标量的大小，在很大程度上反映了其技术创新特征的差异。以新产品指标来度量技术创新能力的主要局限在于，无论新产品的指标多么完备，也只能测度产品创新的技术创新能力，而不能反映有关工艺过程的技术创新能力，如改进交付方式，降低成本和提高产品质量等方面的创新，这也大大限制了其对企业整体技术创新水平和强度的测量。

3. 知识的生产和交流角度。技术创新从本质上来说是利用现有知识创造新的知识，因此，从知识的创造和利用角度来测度技术创新能力不失为一种良策。

在这方面国外的研究比较多。主要指标有专利、技术贸易额、技术引进项目、高技术产品进出口、技术密集产品输出等。因为专利在一定程度上代表了先进的技术水平，所以通过对企业专利的技术构成和申请、转让和购买的统计分析，可以得到有关技术知识的创造、引用和转让的情况。一般说来，在一定时间内，某一企业或行业部门所申请或引入的新技术和新产品的专利越多，其技术创新的强度越大，水平越高。目前，专利统计量在技术创新测度上还存在某些局限性。第一，专利的构成十分复杂。发明成果仍是专利的主要组成部分，但对于其他类型专利的技术创新程度难以度量，例如商品外观专利一般不属于技术创新涵盖的内容。第二，专利所涉及的社会面仍然十分有限。目前，许多国家专利申请和购买还未成为技术创新与转移的主要渠道，专利状况只反映整体技术创新活动的一个较小侧面。第三，大部分已获得专利形式的新产品或新生产技术还只是研究与开发成果，并未通过市场的检验，其只是技术创新全过程的“半成品”，不能以此来概括测度技术创新的全貌。

以上关于技术创新能力的测度研究着眼点在于企业的技术能力上，因此在设计测度指标时往往集中于技术上的成功，其度量结果倾向于表示企业技术能力。我们知道，企业技术创新并不是纯粹的技术创造活动，它是技术与经济相结合的过程，这种活动不仅体现在企业的研究与开发水平和其他技术成就上，而且很大程度上依赖于企业跻身市场的能力与敏感性。因此，仅把创新的测度集中在技术活动上显然不足以反映企业创新的实际情况。许多创新活动的最后失败并非因为技术缺陷，而是没有把握住市场信息与动态，这正是技术创新活动充满风险性和不确定性的根源所在。所以，对企业技术创新能力的衡量，必须考虑市场化因素。通过技术创新获得竞争优势的企业，至少在以下几个方面与其他企业不同：他们更快地把产品和工艺推向市场，产品中蕴涵的新技术广泛地被市场所认可和接受。因此，新产品推广费用、市场范围、创新商业成功率都可以作为相关的技术创新测度指标。

对于技术创新能力的测度，最重要的问题不是“收集哪些数据”而是“如何收集可靠的数据”。技术创新能力测度的成败往往取决于此。此外，因为技术创新能力本身就是动态的自我否定的能力，单是静态的横向比较很难真实全面地反映测度对象的技术创新能力水平，而长期的测度则需要一定的组织和程序保证。开展宏观或中观层次的技术创新能力测度时，由于测度的主客体关系，必然面对信息不对称的阻碍。这种阻碍不仅可以影响测度的可靠性，有时甚至导致测度根本无法完成。微观层次的技术创新能力测度也会受到自身信息收集管理能力的制约。在我国以往的技术创新能力调查中发现，很多企业根本就没有对企业的技术创新活动做相应的统计。无论哪个层次的技术创新能力测度都是有组织的行为，都必须考虑到开展测度所发生的成本。外部评价的宏观和中观层次的技术创新能力测度，除考虑测度主体在组织、执行过程中发生的费用，也必须考虑被测度对象在收集和提供相应数据时所付出的努力及隐含的成本。测度是评价的基础，评价以测度为依据，评价是在测度基础上的深化。测度与评价的关系可以表示为：评价测度（量的记述）或非测度（质的记述）+ 价值的判断评价活动的测度过程决定了评价的科学性，评价活动的价值判断过程体现评价活动的目的性。

（二）战略性新兴产业自主创新能力指标体系构建原则

对于测度指标来说，测度指标的数量和评价结果通常没有直接关系，关键在于所选用的指标是否能准确表示出待评事物的性质和测度目标。但是，为了方便测度工作得以实践，一般情况下会在指标设计原则的基础上，选取尽量少的测度指标进行实际评价，因此，需要对初选指标进行筛选，进而确定较为合理的测度指标体系。

“指标”是计划中规定达到的目标，需要通过对原始数据进行统计分析和整理而得到，也是理论联系实践的产物，它使人们努力的目标和行动的方向更为清晰明了。一般情况下，单个指标无法完全反映某一事物的性质状态，必须要用多个相互联系又独立的指标对其不同侧面进行描述，然后这些指标按照一定的结构排列、组合成为指标体系。为使所建测度指标体系能够尽量全面、合理地反映战略性新兴产业自主技术创新能力的现实状况和趋势走向，在构建测度指标体系时，需要遵循以下原则：

1. 目的性原则。评价指标体系是为评价活动服务的，其目的是为评价结果提供科学依据。因此，评价指标体系必须能客观反映评价对象的结构、构成以及本质特征等要素。能否满足评价目的是判断指标体系是否合理和有效的一个重要标准，因此，目的性原则是指标体系设计方案的起点和根本。建立战略性新兴产业创新能力评价指标体系的目的是对战略性新兴产业创新工作标准化，从而为战略性新兴产业创新工作进行指导和监督。指标的选择，要有利于产业进行创新。

2. 科学性原则。缺乏合理性和准确性的评价结果是毫无意义的，指标体系的合理性和准确性可以通过科学性的设计来确保。建立科学的创新理论是战略性新兴产业创新能力评价指标的内容和意义所在。想要实现科学的评价过程，必须在标准、指标、方法和程序多方面保证科学性。符合自然和社会发展规律的创新唯有通过客观清晰的标准才能呈现。指标的选择可立足于产业创新的本质，使战略新兴产业创新能力的重要因素得以体现。所选指标还应涉及产业创新能力的各个层次，全面客观的反映战略性新兴产业创新能力指标之间的关系和层次结构，体现符合产业发展的科学内涵。科学性原则主要包括以下几个方面：

（1）完备性。指标体系应在不脱离评价目的前提下，全方位地呈现评价对象，避免主观偏见，避免重点遗漏，否则将导致评价结果的不真实，以及对评价对象的片面反映。指标体系的完备性是针对评估的目的而言，并不是指标越多越好。

（2）特征性。将评价对象的特征展现出来是评价指标的主要任务之一。

（3）准确一致性。设计指标时，应尽可能排除主观判断，从而确保指标含义的清晰。如能协调统一指标体系中的各项指标，那指标体系的结构和水平定是适宜的。

（4）独立性。指标体系中各项指标应避免出现太多的内涵重叠、信息包容和涵盖，也不应该有很强的相关性。这不意味着所有指标必须完全独立，因为只有当各项指标之间存在一定的内在逻辑关联时，整个指标体系才是一个有机的组织，这一点是一组完全独立指标所做不到的。从不同的角度设计一些指标，让它们相互弥补，可以实现加强在某些方面的重点调查和评估的效果。分别适当降低每个指标的标准分等方法可以调整指标之间的相关性。

3. 系统性原则。战略性新兴产业创新能力的形成与提升受到多种内外因素的影响，故需要以系统思想为指导，指标的选择要从社会、经济、技术等多方面考虑，并具有代表性。各指标间相互独立又相互联系才能共同组成一个有机整体。评价指标体系要从宏观到中观，甚至微观，层层深入，形成一个完善的评价体系，全面地、完整地、系统地将战略性新兴产业创新能力的诸多构成要素呈现出来。战略性新兴产业创新能力评价指标体系在解析创新能力各个层次的同时，也要充当一个组织体，使这些层次有机结合、协调统一，全面反映产业创新能力水平。

4. 可比性原则。一个评价往往涉及大量评价对象，比如跨产业评价或跨区域评价。类似评价的评价对象可能具有不同的产业规模、采用不同的经营模式、具备不同的生产特点，创新能力和科研水平更是大相径庭，评价指标的绝对值在这种情况下是不可比的。一个较合理的评价指标体系应具有横向和纵向比较的可行性，不同产业、不同性质企业具有不同特性，即要反映所选产业自主技术创新能力的特性，又要注意战略性新兴产业的共性，实现不同时期或不同省域的相同产业或不同产业间的比较和评判。

在设计战略性新兴产业创新能力评价指标体系时，应确保在横向上每个评价指标口径一致，纵向上历年的指标口径范围一致，计算方法一致，确保指标具有可比性，必要时，可将指标标准化。

5. 可行性原则。评价的目的是应用于战略性新兴产业创新工作，这就需要该指标的选取具有适用性和可行性，即设计的指标应该具有可以采集性的特点，能够从企业内部的各种会计信息和统计数据直接获取或计算。指标选择相对简单，少而精，计算公式要科学、合理，便于掌握和推广。在设计指标体系的过程中，应对有可能影响评价活动的各种因素进行分析，比如评价成本、时间约束、模型使用者的判断力和理解能力、评价的方式、数据的根源等。如下 4 个方面与指标体系的实用性密切相关。

（1）易于理解。创新评价活动难免涉及诸多相关人群，如评估体系使用者、评估对象、决策人、相关专家等，各类人群的判断力和理解能力不可能处于同一水平线，因此指标应易于理解，从而实现高效顺畅的评估过程。

（2）稳定一致性。在不脱离评价目的的基础上，应优先选择普及度高的指标，使评价活动能与外部顺利接洽，同时也利于评价结果的推广。

（3）数据和信息来源对于评价的适应性。在采集指标数据和信息之前，宜充分考虑数据信息获取的可能性，并确保数据来源的可信度；尽可能选择定量指标进行分析，从而实现准确、有效、客观的评价。

（4）精炼简明。指标体系设计过程中可能会遇到备选指标数量过大的情况，指标的遴选是一项极其重要的工作，因为指标是对原始信息的过滤，数量不宜过多，且不宜太复杂，如存在过多的细节，将很难抓住评估对象的本质，破坏评价的准确性。挑战在于将复杂的、不能充分反映问题本质的指标过滤出去，这就需要操作者具备一定的理论基础和实践经历。

6. 高内聚—低耦合原则。在设计指标体系的过程中应尽量去除冗余指标，使各指标模块间保持相对独立性，降低模块间的耦合度；同时为加强评价的连贯度，要求同一模块内的指标具有相互关联性，即保持较高的内聚度。

（三）本书的战略性新兴产业自主创新能力指标体系

测度指标的选取必须与测度目标相关，通常使用的选取方法有综合法、指标属性分析法和理论选取法。综合法是在多个测度评价者提出的指标体系的基础上，进行归纳总结，找出具有共同点的测度指标形成综合体系。这种方法有利于全面认识指标体系的结构，但工作量大。指标属性分析法是从指标属性的认识和分类出发，来构建指标体系的指标类型。通过构造“静态变量”“动态变量”和“平均变量”等形成测度指标体系。理论选取法是先对测度目标进行界定，来建立相应的理论模型，从指标产生的机制和方法论的角度来选取指标。如战略性新兴产业自主创新能力指标体系构建可以建立在战略性新兴产业自主创新能力理论模型的基础上。这种方法科学性强，对现实的指导意义大，但是需要科学地界定指标的内涵。本书主要通过理论选取法构建指标体系，根据战略性新兴产业自主创新能力形成模型，结合统计数据的可得性，建立指标体系如下：

1. 潜在技术创新资源指标。包含特定产业工程技术人员数占全国比重、特定产业拥有发明专利数量占全国比重两项。主要反映特定产业潜在的技术创新能力，对应战略新兴产业自主创新能力模型中的 $H_{j,t}^{A}$、$A_{j,t}$。

2. 公共基础设施评价指标。包含政府研发投入占特定产业产值比重定量指标和依据主观评价和打分确定的特定产业自主创新政策扶持指标（主要指税收、补贴、专项支持等直接支持政策）。对应战略新兴产业自主创新能力模型中的 X^{INF}。

3. 产业集群创新环境评价指标。包含企业研发投入占特定产业产值比重等定量指标和依据主观评价和打分确定的特定产业环境评价指标（含需求条件、竞争结构和支撑产业发展三个方面），对应战略新兴产业自主创新能力模型中的 Y^{CLUS}。

4. 联系质量评价指标。包括金融机构贷款在科技活动经费筹集额中的比重（或创业板上市公司产值占全产业产值比重）等定量指标和依据主观评价和打分确定的特定产业联系质量评价指标（含科技金融服务体系建设、产学研结合和产业联盟建立三个方面），对应战略新兴产业自主创新能力模型中的 Z^{LINK}。

5. 创新产出能力指标。包括当年特定产业申请专利数量占全国专利申请量比例、特定产业产值占全国 GDP 比重两项，对应战略新兴产业自主创新能力模型中的 $\dot{A}_{j,t}$ 和 Y_t。

指标体系详见表 3 – 3。

表 3－3　　战略性新兴产业自主创新能力测度指标体系

指标类别	一级指标	二级指标	三级指标	数据获取方法
A	潜在技术创新资源指标	A1：特定产业工程技术人员数占全国比重（$H_{j,t}^{A}$）		公开资料
		A2：特定产业拥有发明专利数量占全国比重（$A_{j,t}$）		公开资料
B	公共基础设施评价指标	B1：政府研发投入占特定产业产值比重（X^{INF}）		公开资料
		B2：特定产业公共基础设施评价指标	B21 财税政策	调查研究
			B22 知识产权制度	
			B23……	
C	产业集群评价指标	C1：企业研发投入占特定产业产值比重（Y^{CLUS}）		公开资料
		C2：特定产业环境评价指标	C21 需求条件	调查研究
			C22 竞争结构	
			C23 支撑产业	
			C24……	
D	联系质量评价指标	D1：金融机构贷款在科技活动经费筹集额中的比重（Z^{LINK}）		公开资料
		D2：特定产业联系质量评价指标	D21 科技金融服务体系	调查研究
			D22 产学研结合	
			D23 产业联盟数量	
			D24……	
E	创新产出能力指标	E1：特定产业申请专利数量占全国专利申请量比例（$\dot{A}_{j,t}$）		公开资料
		E2：特定产业产值占全国 GDP 比重（Y_t）		公开资料

（四）本书测度指标体系构建的常用方法

本书测度指标体系的构建主要有以下几个常用方法。

1. 定性分析方法。以指标体系设计原则作为定性筛选的一个重要参照系，对各初选评价指标的符合度进行比对排除后，列出初步评价指标体系，然后向有关专家征求对该指标体系的意见，经过“统计处理—反馈—再处理”的反复咨询程序后，确定出最终评价指标体系。

2. 最小均方差法。对于 n 个取定的待测对象 O_1，O_2，…，O_n，每个待测对象都可用 m 个指标的观测值 x_{ij}（$i=1$，2，…，n，$j=1$，2，…，m）来表示。若 n 个待测对象关于某个指标的取值都相差无几，那么不论该指标的重要程度如何，都应该按照高内聚—低耦合原则将其删除，保持待测对象间的相对独立性，同时也便于计算。通过最小均方差法计算各测度对象间的差异，令 O_j、$\bar{x}$ 分别表示测度指标 x_j 关于 n 个待测对象的观测样本均方和均值。则有相关计算公式：$O_j = \left[\frac{1}{n}\sum_{ij=1}^{n}(x_{ij}-\bar{x})^2\right]^2$，若存在 k_0（$1 \leqslant k_0 \leqslant m$），使 $S_{k_0} = \min\limits_{1 \leqslant j \leqslant m}\{S_j\}$ 且 $S_{k_0} \approx 0$，那么，与 S_{k_0} 相对应的指标项 x_{k_0} 则是冗余指标，应该被剔除。

3. 极小极大离差法。首先求出各个测度指标 x_j 关于 n 个待测对象的观测样本的最大离差值 $D_j = \max\limits_{1 \leqslant i,k \leqslant n}\{|x_{ij}-x_{kj}|\}$，根据公式找出 D_j 的最小值，记 $D_0 = \min\limits_{1 \leqslant j \leqslant m}\{D_j\}$；当 D_0 接近零时，说明与 D_0 相对应的指标为冗余指标，应该尽量筛除。

一般情况下，有关产业自主创新能力评测指标体系的研究主要涵盖了产品市场和企业资源两个方面（Barney，1991）。一般产业的自主创新能力评测指标体系主要通过企业的直接指标和间接指标来反映产业的自主创新能力。战略性新兴产业不仅具有一般产业发展的特征，而且还具有自身发展的特殊性和转型国家产业创新环境的特殊性。这些特殊性既能成为提升产业自主创新能力的内部动力，又可能是提升产业自主创新能力的外部障碍（Reddy，1998）。第一，自主创新要素市场的非均衡现象表现得尤为突出，这就意味着我国可以根据战略性新兴产业发展的需要，通过减少产业升级的瓶颈制约，再分配资源于战略性新兴产业，加速提升战略性新兴产业的自主创新能力（李晓华、吕铁，2010）。第二，战略性新兴产业的发展处在大规模产业化的前期，技术和市场前景等的不确定导致企业内生动力不足（朱瑞博、刘芸，2011）。技术的不确定性使战略性新兴产业中企业自主创新的核心技术和前沿技术没有既定的创新路径可供遵循模仿，自主创新支撑体系的不完善和产学研配套机制的不成熟制约了核心技术和前沿技术的发展与应用（刘洪昌，2011）。技术的不确定性导致了企业创新能力的不足，同时企业创新能力的不足使战略性新兴产业的发展脱离了传统产业的比较优势和后发优势，不利于发挥技术产业化的经济效应。第三，市场的不确定性决定了战略性新兴产业的市场空间面临着巨大风险。战略性新兴产业的资本与技术密集型的行业特征决定了产业的进入壁垒较高，而战略性新兴产业所固有的高投入、高产出的特点意味着投资回报周期较长，难以提升企业的创新能力（郭晓丹、宋维佳，2011）。战略性新兴产业从自身发展的特殊性来看，还应遵循市场主导下的产业内生发展路径，进一步将体现企业创新主体地位的内生指标纳入战略性新兴产业自主创新能力评测指标体系。按照 Chakrabarti 和 Lester（2002）的看法，一个科学有效的产业自主创新评测指标体系一般应能够充分反映产业的 R&D 投入、专利引用、产权保护、创新外溢、市场占有率和劳动生产率的变化。战略性新兴产业除具有一般产业的本质属性外，产业自主创新还具有投入巨大、不确定性高的特点。特别是对于像中国这样一个转型中的发展中大国而言，体制环境、政府产业政策的目标及实施过程都是影响战略性新兴产业自主创新能力提升的重要因素。也就是说，一个科学、有效的战略性新兴产业自主创新能力评测指标体系既要能充分体现一般产业创新的本质属性（一般性），又要充分考虑一国经济社会发展水平及相应的体制政策环境的影响（特殊性）。

战略性新兴产业自主技术创新能力评价指标的选择及其关系确定，不仅需要考虑产业自身特征，突出自主技术创新的自主性，同时也要充分考虑系统外部环境的影响作用，所以，必须要用系统思想来分析和归纳战略性新兴产业自主技术创新能力的影响因素，按照指标设计原则挑选评价指标，再根据专家与调研资料的反馈意见，对评价指标体系进行二次筛选。

一个完善的评价指标体系不仅能够准确反映待评事物在特定时期内各方面的发展状况和趋势，以及事物发展所需各方面的协调程度，还要具备“解释”和“调控”两项基本功能。评价需要了解事物的成因与结果，解释不足和问题产生的原因，为决策者提供解决问题的线索，故评价指标体系应该具有这种说明含义、原因和理由的解释功能；评价也是一个信息反馈的过程，是对事物本身实际状况及其所处政策环境的客观评定。根据评价结果得到的信息，社会各界一方面可以预防阻碍事物发展的情况产生，另一方面可以督促政策的高效执行，协助政府对其政策目标进行适时评估和修改。这就要求评价指标体系应具有相应的调控功能。

战略性新兴产业这个整体的基本组成单位是企业，对于企业而言，创新活动是一段完整的历程，它包括创新选择和决策阶段、财力物力和人力投入阶段、技术研发阶段和生产销售阶段。所以，产业创新能力的评价有必要涵盖产业创新基础、产业创新环境、创新要素投入能力和生产、制造、销售能力这四大方面。故本书将战略性新兴产业创新能力评价指标体系的设计建立在上述四个方面之上。

三、战略性新兴产业自主创新能力赋权方法

（一）指标赋权方法综述

指标赋权通常运用主观、客观相结合的组合方法对某一指标进行综合度量。不同的权数分配会产生不同的评价结果，指标权数的合理性决定了评价结果的科学性。因此，必须要采用恰当的指标赋权方法，确保权数的有效性。指标赋权方法主要分为主观赋权法和客观赋权法。主观赋权法权数的确定主要采用专家评分的方式，即为估价权重。这种方法确定的权重能够综合反映专家以及研究人员对于指标的主观认识，包含专家和研究人员长期研究的经验性信息，得出的权重信息是可以被认可的，但是其完全由主观确定，权重的准确性会受到主观因素的影响而导致偏差，这是其存在的一个最大的问题。客观赋权法确定权数的依据是指标之间的相关关系或者指标的变异程度，即信息权重。客观赋权方法不受人为主观判断因素的影响，但是指标本身的重要程度被忽略掉了，有时确定的指标权数与预期的可能会存在不一致情况。另外，即使是同一个指标体系，对于选取的样本不同其权数也是不完全一样的。

1. 指标赋权的一般原则。指标权数确定的一般原则可分为以下几点：

（1）导向性。因为各个指标权数的大小影响着企业对技术创新能力的测度评价结果，关系技术创新各方面的重视程度和努力程度，所以，要根据当前工作重点确定并突出相应指标，给以相应权重，以引导该方面工作取得成效。

（2）突出重点，兼顾一般。企业技术创新能力评价的主要功能是对企业技术创新能力的现状及发展趋势进行测评，因此，应把反映企业技术创新能力的

核心指标作为重点，给予较大权数，反映其他侧面或次要方面的指标给予较小权数。这样既突出了重点，又兼顾了一般，具有全面性。

（3）指标数值准确可靠。数据来源明确且准确度高的指标，权重应该适当地加大，而对数据可靠性不高或者存在一些误差的指标权数，应该相应地减少权重，这样可以使评价结果更准确可靠。

（4）多种方法结合运用。多层次框架结构的技术创新能力评价指标体系，可以结合运用多层次分析方法和德尔菲法确定其权重。为保证权重系数的科学合理，采用主观赋权和客观赋权结合的方式确定指标权重是目前关于权重确定采用的有效方式，根据具体问题采用多方法结合的形式确定指标权重有时是十分必要的。

2. 主观赋权法与客观赋权法的具体特点。主观赋权法是研究人员根据自己的知识、经验、信息和价值观（也可征求有关专家意见）直接、主观地赋予各项指标权重。这种方法要求研究人员具备丰富的理论知识和长期实践经验。该方法主要有专家法和层次分析法。专家法又称为德尔菲法，是最常用的一种方法。层次分析法是在专家法基础上对主观判断作数学处理，使之更科学的方法。采用主观赋权法来进行企业技术创新能力评价在许多测度方法上都有应用。评价企业技术创新能力，其本身作为一种定性的方法来测度技术创新能力的大小，在指标的赋权上自然也是采用德尔菲法这样一种主观的形式来确定各个指标的权重，其权重是直接由德尔菲法给定的。用层次分析法评价企业技术创新能力时，它的指标权重是根据层次分析法的原理给出指标的权重，首先由德尔菲法确定每层指标的判断矩阵，然后根据判断矩阵的最大特征根对应的特征向量求出指标的权重。目前大多数采用主观赋权法进行企业技术创新能力测度的方法基本上都是利用层次分析法或改进后的层次分析法进行的，如二次相对评价法、弱势指标倍数法、模糊综合评判法都是采用层次分析法来进行主观赋权的。尽管主观赋权法不需要具备样本数据，而是根据专家的主观看法确定权数，但由于这种主观看法是建立在经过严格挑选的专家们经验基础上，这种经验的获得又是专家们对被评价事物深入研究的结果，并且，不同专家的主观看法还要采用适当的数学方法进行处理，以保证赋权的客观性，因此这种方法适用范围较广，特别是对一些定性的模糊指标的赋权优势更加明显。但该方法由于过分依赖专家的主观看法导致其也存在一些不足之处，如专家经验积累不同、对指标认识有差距，对问题的理解难免会出现偏差。

客观赋权法是直接根据各个指标的原始信息经过一定数学处理后获得权数的一种方法。采用客观赋权法来进行企业技术创新能力评价在许多测度方法上都有应用。常见的方法有多元统计分析方法，主要包括主成分分析法和因子分析法，还有熵值法赋权。采用主成分分析法和因子分析法来评价企业技术创新能力时，各个主成分和各个因子的权重是以它们的方差贡献率作为其权重，然后给出企业技术创新能力的综合评价值。

采用熵值法对企业技术创新能力指标进行客观赋权是根据信息论中信息熵原理。熵值法是通过分析指标间的相关程度和各个指标所提供的信息量来客观地决定指标的权重。熵是物理学中有关于热力学方面的一个专有名词。它所表达的物理含义是对能量可有效利用的程度。熵值大，能量可有效利用的程度低，反之则能量可有效利用的程度高。热力学中熵的概念引入信息论中被称为信息熵，用信息熵的大小来确定指标的权重，信息熵越大，其信息的效用价值越小，指标的权重就小，反之则指标的权重就大。

客观赋权法主要根据各个指标提供的分辨信息量的大小或各指标间的相互关系来确定权数，在一定程度上可以弥补主观赋权法的不足。但客观赋权法也有一些缺陷，如对同一评价指标体系的两组不同评价对象即使用同一方法确定的权数也会有差异，且有时客观赋权法确定的指标权数可能会与评价者的主观认识完全不同，使评价者感到困惑，再加上这种方法要求有较完整的样本数据，因此应用上受到很大限制。

主观赋权法和客观赋权法各有各的优缺点，主观赋权法对原始数据的要求不是很高，使用起来也比较方便，评价者可以适时地对评价指标的权重进行有效的调整，但是极其容易受到主观因素的影响，甚至会出现主客观不相符的情况。客观赋权法则不同，它不受主观因素的影响，但是对数据的要求非常高，一般要求是大样本，而且原始数据要分布均匀。多元统计分析法和熵值法是客观赋权方法运用较为广泛的。以多元统计分析法中的主成分分析法和因子分析来说，也存在一些不足之处：（1）要求研究的问题服从正态分布；（2）为了保证权重系数的精确度，选取的样本是大样本，否则偏差会很大；（3）计算繁琐复杂，容易产生计算错误；（4）分析原理不直观。

目前国内外关于创新能力测度的指标赋权一般分为数理、统计和计算机模拟三大类。这三种方法依据不同的理论基础和机制，具体可以概括为表3-4。

表 3 – 4　　指标赋权方法分类

指标赋权方法类型	指标赋权方法特点	具体的指标赋权方法方法
以数理为基础的赋权方法	在一定的假设条件下，以数学理论对评价系统进行定量描述和计算	模糊综合评价法、数据包络分析法、灰色关联度综合分析法、变异系数法等
以统计为基础的赋权方法	把统计样本数据作为随机数据处理，对指标数据进行转化，所得到的期望、方差、协方差来反映指标潜在的规律，运用统计方法对测度指标体系进行分析，得到样本数据下对测度目标的综合认识	德尔菲法、熵值法、主成分分析法、层次分析法等
以计算机模拟为主的赋权方法	以计算机模拟仿真为主，通过研究如何使计算机系统的运行与人类的目标相一致，进而得出分析结果	向量机测度方法、蒙特卡罗综合测度法

（二）战略性新兴产业自主创新能力两步赋权方法

本书将借鉴上述指标赋权方法思路，采取客观赋权与主观赋权相结合方法对指标体系进行赋权。

第一步：运用回归统计测度各二级指标客观权重。

根据战略性新兴产业自主创新能力形成模型，重点是模型中 $H_{j,t}^{A}$、$A_{j,t}$、X^{INF}、Y^{CLUS}、Z^{LINK}和 Y_t等变量的系数估计。

研究将重点搜集七个新兴产业对应的二级指标数据（时间序列数据、横向数据或面板数据），对战略新兴产业自主创新能力形成模型进行参数估计，检验模型的准确性（模型的假设检验），检验来自模型的假设（模型确立后，进行假设检验，验证估计的模型是否具有经济含义，并验证用模型估计的结果是否与经济理论相符），最终确定各二级指标客观权重。

第二步：综合运用德尔菲法、层次分析法和主成分分析法测度各三级指标主观权重。

德尔菲法的本质是利用专家的知识和经验等模糊性的信息，通过通信的方式在专家之间进行信息交换，并进行统计，逐步使专家取得一致意见，从而达到预定目标。

德尔菲法的基本过程：把测度指标赋权的问卷咨询表发给专家，对专家填写后寄回的咨询表进行汇总整理，归并同类询问问题，排除次要询问问题，提出一个咨询问题一览表，并作为第二轮的咨询表发给每个专家；根据第一轮的统计资料，补充材料与专家提出的理由，专家对第二轮咨询表所列的每个问题做出评价，并说明理由，对专家意见进行统计处理；根据第二轮的统计材料，专家再一次进行判断，并充分阐明理由；在第三轮的统计结果基础上，专家再次进行预测。直到专家达成一致意见为止。

如针对联系质量涉及的各三级指标，可以设计问卷对重点企业进行调研，调研对象对企业间的互动，企业、大学和公共研究机构的互动，知识和技术面向企业的扩散，人员的流动这四个方面进行主观打分，再运用层次分析法和主成分分析法对权重进行排序和确定。

对于主观权重和客观权重，必须进行综合处理，得到某个指标的最终权重。具体步骤：先将指标的主观、客观权重分别进行排序；如果各指标的重要性相同，那么按客观赋权法得到的权重，各指标的重要性不一样，但是主观、客观权重的排序一样，也按客观赋权法得到的权重；如果各指标的重要性不一样而且主观、客观权重的排序也不一样，那么取主观、客观权重法得到的权重的平均值。

四、战略性新兴产业自主创新能力测度结果应用

创新能力的重新概念化以及建立在概念化基础上的测度指标体系，对丰富和发展创新理论很有意义，有利于我国创新能力理论的完善，有利于我国创新能力指标体系的构建，有助于发展新的创新观念，对科学评价创新能力也很有帮助。而且有助于科学测度区域创新能力和潜力，为决策提供支持，有助于厘清创新的核心驱动因素，并发展政策建议，有助于对创新进程进行动态跟踪和评价。

（一）单项指标比较

主要是比较创新产出能力指标。包括当年特定产业申请专利数量占全国专利申请量比例、特定产业产值占全国 GDP 比重。

由于战略性新兴产业在各国发展战略和发展重点领域不尽相同，在测度体系建立初期难以进行同口径比较，本书研究拟重点对一国范围内不同战略新兴产业进行横向和纵向比较，重点关注战略性新兴产业自主创新能力各形成要素的权重和变化。

（二）二级指标权重的测度与应用

各二级指标客观权重构成了本测度方案的核心应用，通过各二级指标权重系数的估计，分析公共基础设施、集群本身发展以及联系质量对于战略新兴产业自主创新能力形成的重要性，以及这种重要性变化的趋势，对于战略新兴产业自主创新能力内在机制把握和提升自主创新能力路径具有重要意义。详见表3－5。

表3－5　一次测度核心指标的经济含义和应用

核心指标	经济含义	应用
&1（研发人力资源权重）	研发人力资源增长带来的自主创新能力增长	横向对比找出不同产业差距；纵向对比分析该因素对自主创新能力形成的重要程度变化
&2（技术存量资源权重）	技术存量资源增长带来的自主创新能力增长	横向对比找出不同产业差距；纵向对比分析该因素对自主创新能力形成的重要程度变化
&3（公共基础设施权重）	政府研究开发投入带来的自主创新能力增长	横向对比找出不同产业差距；纵向对比分析该因素对自主创新能力形成的重要程度变化
&4（产业集群发展权重）	企业研究开发投入带来的自主创新能力增长	横向对比找出不同产业差距；纵向对比分析该因素对自主创新能力形成的重要程度变化
&5（联系质量权重）	金融机构融资增长带来的自主创新能力增长	横向对比找出不同产业差距；纵向对比分析该因素对自主创新能力形成的重要程度变化
&6（创新产出权重）	产业产值提升带来的自主创新能力增长（也可以用于估计自主创新能力提升对产值提升带来的影响）	横向对比找出不同产业差距；纵向对比分析该因素对自主创新能力形成的重要程度变化

（三）三级指标权重的测度与应用

通过二级指标的一次测度确定客观权重，便于找出影响自主创新能力提升的主要因素以及影响程度，结合一次测度结果和对具体战略性新兴产业的分析，设计二次测度三级指标权重的方案，从而找出影响二级指标变化的因素，并对这些因素进行权重分析，有针对性提出改进建议。详见表3－6。

表3-6 二次测度核心指标的含义与应用

核心指标	含义	应用
财税政策选择	针对产业的特定财税政策选择占公共基础设施指标权重	横向对比找出不同产业差距；纵向对比分析该因素对自主创新能力形成的重要程度变化
知识产权战略	知识产权战略选择占公共基础设施指标权重	横向对比找出不同产业差距；纵向对比分析该因素对自主创新能力形成的重要程度变化
需求条件	产业需求条件变化占产业集群发展指标权重	横向对比找出不同产业差距；纵向对比分析该因素对自主创新能力形成的重要程度变化
竞争结构	产业竞争结构变化占产业集群发展指标权重	横向对比找出不同产业差距；纵向对比分析该因素对自主创新能力形成的重要程度变化
支撑产业	支撑产业变化占产业集群发展指标权重	横向对比找出不同产业差距；纵向对比分析该因素对自主创新能力形成的重要程度变化
科技金融服务体系	创业投资、担保体系等发展程度占联系质量指标权重	横向对比找出不同产业差距；纵向对比分析该因素对自主创新能力形成的重要程度变化
产学研结合	产学研结合程度占联系质量指标权重	横向对比找出不同产业差距；纵向对比分析该因素对自主创新能力形成的重要程度变化
产业联盟	产业联盟深度与广度占联系质量指标权重	横向对比找出不同产业差距；纵向对比分析该因素对自主创新能力形成的重要程度变化

对战略性新兴产业创新能力进行评价，建立合适的指标体系，可以让我们对战略新兴产业创新能力进行科学、客观的评价，对评价结果的深度数据分析也能使我们更准确地反映战略新兴产业创新对战略新兴产业发展及社会经济的影响，有利于在未来的经济发展趋势上给出合理的政策建议。

第二篇
测度篇

第四章　节能环保产业自主创新能力测度

第一节　节能环保产业特征分析

一、节能环保产业简述

节能环保是指经济发展中做到节约资源、保护环境和社会经济可持续发展，主要包括节能、环保和资源循环利用三方面内容。节能就是尽可能地减少能源消耗量，生产出与原来同样数量、同样质量的产品；或者是以原来同样数量的能源消耗量，生产出比原来数量更多或数量相等质量更好的产品。环保问题是由于生产发展导致的环境污染过于严重，首先引起发达国家的重视而产生的。各国利用国家法律法规约束和舆论宣传，环保政策逐步引起全社会重视，发达国家和发展中国家致力于保卫生态环境和有效处理污染问题。节能环保主要通过发展高效节能技术和装备，发展高效节能产品，并发展先进环保技术和装备和发展环保产品和环保服务。节能环保概念在我国，不但顺应了当今世界经济发展趋势，对推动经济发展绿色转型起到积极作用，更为重要的是它从根本上实现了我国发展方式，日益成为我国经济发展的革命性力量。

二、节能环保产业的分类

按照国际上广义的环保产业定义，在此基础上，按照产品生命周期理论以及产品和服务的环境功能，可将环保产业分为自然资源开发与保护型、清洁生产型、污染源控制型和污染治理型环保产业四类。这种定义和分类方法不仅便于同国际接轨，而且还有利于进行投入产出分析，有利于研究我国可持续发展战略面临的形势，制订具备很强针对性和可操作性的发展战略与对策。

美国对节能环保产业的定义居于 OECD 狭义环保产业和广义环保产业定义之间，同样分为三大类：节能环保服务、节能环保设备、环境资源。美国是世界上最大环境技术生产者与消费者，美国节能环保产业目前已成为全球经济中持续增长的重要组成部分。这些环境技术包括有利于可持续发展或环境友好的生产工艺、产品与服务，涉及污染控制、废弃物管理、生态恢复、环境监测和循环利用。具体内容见表 4－1。

表 4－1　　美国节能环保产业的分类及其内容

分类	内　容
第一类：节能环保服务	
环境测试与分析服务	提供“环境样品”（如土壤、水、空气和生物样品）的分析测试服务
废水处理工程	建造收集和处理生活污水、商业和工业废水的公共设施，即（POTWs Owned Treatmem Works）设施
固体废物管理	收集、处理和处置固体废物
危险废物管理	管理危险废物流、医药废物、核废料等
修复服务	受污染地区、建筑物理清扫，运转设施的环境保洁
咨询与设计	方案设计、工程设计、咨询、评估、认证、项目管理、营运管理、监测等
第二类：节能环保设备	
水处理设备与药剂	为水和废水处理提供设备服务，包括生产、供货和维修
仪器与信息系统	生产环境分析仪器以及信息系统和软件
大气污染控制设备	为大气污染控制（包括汽车尾气控制）提供设备和技术
废物管理设备	为危险废物处理、贮存和运输提供设备，包括回收和治理设备
清洁生产和污染预防技术	为生产工艺中的污染预防和废物处理/回收，提供设备和技术
第三类：环境资源	
水资源使用	向用户售水
资源回收	出售来自工业副产品或废旧物品回收或转化的材料
清洁能源	出售能源，提供太阳能、风能、地热、小规模水力发电系统以及提高能源利用率的服务

三、节能环保产业链分析

从产业组织的角度来看，节能环保产业是先进制造业和生产服务业紧密结合的跨行业、涵盖面宽的综合性产业，它表现出来的产业链和价值创造关系显得尤为复杂。产业链是围绕某类产品或服务，以各种产业联系为基础而形成的涉及多个产业环节的链式结构。图4-1简明地概括了目前节能环保产业中比较典型的一些企业类型和这些企业所呈现出来的上下游关系。

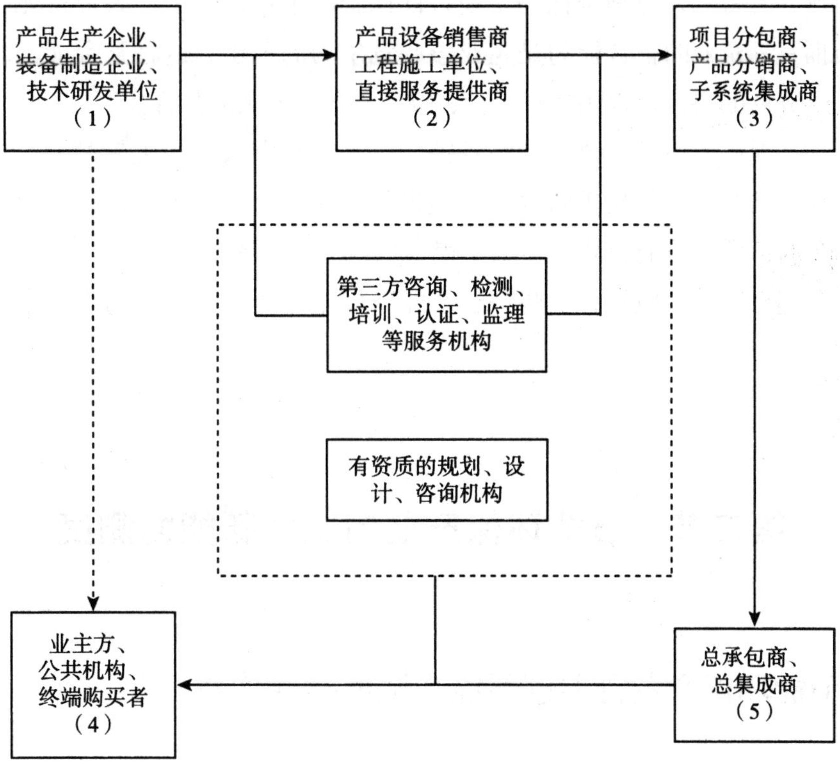

图4-1　节能环保产业链分析图

节能环保产业的上游是以装备制造产品生产企业和技术研发机构形成的以产品供应为主的单位，它所面对的市场是一些经销商工程实施单位和服务提供商。在产业链的中游，是一个以项目或工程分包为主要形式的市场，一些第三方服务机构参与其中。在产业链的下游，是以业主和公共机构向总集成总承包商发包项目为主的市场，是整个产业链形成的最终目标，也是价值增值最为关键的环节。

节能环保产业是一个典型的政策驱动型产业，其终端需求是由国家节能减排和环境保护的目标强制产生的，基于政策法规的强制性所产生的需求是间接的、派生的，因而是一种被动的需求创造。这决定了整个产业发展的决定力量在于政府和法律法规的强制力，市场关系上是一种由下至上的拉动式消费，下游产业的拉动力越强，上游产业的发展环境就越好。

节能环保产业上游是一个接近充分竞争的市场，市场上存在大量的中小型供应商和服务机构，企业之间围绕价格产品和服务质量开展竞争在产业链的下游，是一个兼有买方垄断势力又有卖方垄断势力的市场，也就说买卖双方都有向对方施压的筹码，特别是在一个地方性保护的市场，这一点表现得尤为明显对卖方而言，企业的整合能力是企业核心竞争力的关键，这种整合能力既包括对上游供应商的整合，也包括对资金、技术等各种要素的整合。

节能环保产业不是一个单纯的以销售产品和提供服务为主的产业，商业活动往往伴随着产品销售技术研发服务提供工程施工等一系列工作，商业模式也在不断创新，例如节能领域、环境工程领域的（建设移交、建设运营移交）等大量在节能环保领域应用，这些都给节能环保企业在产业链上的定位带来一定难度。

第二节　节能环保产业自主创新能力测度

一、节能环保产业自主创新能力测度指标体系

根据战略新兴产业自主创新能力通用模型及指标库建立方法，结合上述节能环保产业现状分析，我们建立了节能环保产业自主创新能力指标体系，如表4－2所示。

表 4－2　　节能环保产业自主创新能力测度指标体系

指标类别	一级指标	二级指标	三级指标	数据获取方法
A	潜在技术创新资源指标	A1：节能环保产业工程技术人员数占全国比重（$H^A_{j,t}$）		《中国高技术产业统计年鉴》及相关公开资料
		A2：节能环保产业拥有发明专利数量占全国比重（$A_{j,t}$）		《中国高技术产业统计年鉴》及相关公开资料
B	公共基础设施评价指标	B1：节能环保产业政府研发投入占特定产业产值比重（X^{INF}）		公开资料
		B2：节能环保产业公共基础设施评价指标	财税政策	调查研究
			知识产权制度	
			地方政策	
			政府采购	
C	产业集群评价指标	C1：节能环保产业企业研发投入占特定产业产值比重（Y^{CLUS}）		《中国高技术产业统计年鉴》
		C2：节能环保产业环境评价指标	需求条件	调查研究
			竞争结构	
			支撑产业	
D	联系质量评价指标	D1：金融机构贷款在科技活动经费筹集额中的比重（Z^{LINK}）		《中国高技术产业统计年鉴》
		D2：节能环保产业联系质量评价指标	科技金融服务体系	调查研究
			产学研结合	
			产业联盟数量	

续表

指标类别	一级指标	二级指标	三级指标	数据获取方法
E	创新产出能力指标	E1：节能环保产业申请专利数量占全国专利申请量比例（$\dot{A}_{j,t}$）		《中国高技术产业统计年鉴》
		E2：节能环保产业产值占全国 GDP 比重（Y_t）		《中国高技术产业统计年鉴》

注：公开资料含 OECD 数据库、《国际统计年鉴》《中国统计年鉴》《中国科技统计年鉴》《中国科技论文统计与分析》《中国人口和就业统计年鉴》《中国高技术产业统计年鉴》等。

二、数据来源与基础数据

（一）数据来源

1. 定量数据。二级指标需要数据源以公开资料获取为主。对有关企业研发现状方面的数据，可以通过中国国家知识产权检索工具对企业获得相关技术专利授权的进行专利检索。由于节能环保产业涉及领域较多，检索过程中确定的关键词是各个公司名称的主词和国际分类号为标准。对有关创新环境和宏观政策扶持方面的数据，可以通过政府相关公开文件进行调查统计。

2. 定性数据。三级指标需要数据源以样本企业调研获取为主。根据企业提供的信息，成立评审小组，由政府主管部门权威人士和企业界、学术界专家组成，最好通过各成员打分加权获得相关数据。

（二）部分基础数据

部分基础数据见表 4－3。

三、节能环保产业自主创新能力分次测度

（一）一次测度过程及结果

1. 模型形式。

$$L\dot{A}_{j,t} = \delta_{YEAR}Y_t + \delta_{COUNTRY}C_j + \delta_{INF}LX_{j,t}^{INF} + \delta_{CLUS}LY_{j,t}^{CLUS} + \delta_{LINK}LZ_{j,t}^{LINK} + \lambda LH_{j,t}^{A} + \phi LA_{j,t} + \varepsilon_{j,t}$$

在该实证模型中，j 表示节能环保产业，而 $H_{j,t}^{A}$、$A_{j,t}$、X^{INF}、Y^{CLUS}、Z^{LINK}和 Y_t

表 4-3 节能环保产业自主创新能力测度部分基础数据

二级指标	2006 年	2007 年	2008 年	2009 年	2010 年	2011 年	2012 年	2013 年	2014 年	2015 年	2016 年
A1：节能环保产业工程技术人员数占全国比重（$H^A_{j,t}$）	0.54%	0.69%	0.68%	0.72%	0.77%	0.81%	0.66%	0.58%	0.61%	0.59%	0.65%
A2：节能环保产业拥有发明专利数量占全国比重（$A_{j,t}$）	0.017%	0.021%	0.019%	0.024%	0.019%	0.029%	0.040%	0.036%	0.036%	0.0357%	0.018%
B1：节能环保产业政府研发投入占特定产业产值比重（X^{INF}）	0.050%	0.034%	0.034%	0.029%	0.0324%	0.0318%	0.021%	0.02%	0.021%	0.026%	0.022%
C1：节能环保产业企业研发投入占特定产业产值比重（Y^{CLUS}）	3.64111%	2.94338%	2.82630%	2.34533%	3.06468%	2.19592%	1.95466%	1.88319%	1.52961%	1.61618%	1.53627%
D1：金融机构贷款在科技活动经费筹集额中的比重（Z^{LINK}）	2.87948%	3.35531%	3.62134%	3.37688%	3.10450%	3.32016%	3.03615%	3.18296%	2.29457%	3.93281%	3.87417%
E1：节能环保产业申请专利数量占全国专利申请量比例（$\dot{A}_{j,t}$）	0.05487%	0.06998%	0.05060%	0.05214%	0.03943%	0.04959%	0.05974%	0.05371%	0.10639%	0.05686%	0.04164%
E2：节能环保产业产值占全国 GDP 比重（Y_t）	0.90712%	1.52204%	1.64295%	2.12777%	2.03655%	2.48733%	2.77374%	2.87519%	2.78951%	2.64005%	2.74176%

等变量分别表示：

第 t 年节能环保产业工程技术人员数占全国比重（$H_{j,t}^{A}$）；

第 t 年节能环保产业拥有发明专利数量占全国比重（$A_{j,t}$）

第 t 年节能环保产业政府研发投入占特定产业产值比重（X^{INF}）

第 t 年节能环保产业企业研发投入占特定产业产值比重（Y^{CLUS}）

第 t 年金融机构贷款在科技活动经费筹集额中的比重（Z^{LINK}）

第 t 年节能环保产业申请专利数量占全国专利申请量比例（$\dot{A}_{j,t}$）

第 t 年节能环保产业产值占全国 GDP 比重（Y_t）

C_j为常数项。

2. 模型估计结果。运用 SPSS 对模型进行估计，回归结果详见表 4－4。

表 4－4　　模型估计结果

	估计结果	系数	重要性排序
常数项	1.858306 (1.663297)		
$H_{j,t}^{A}$	0.07689 (2.706409)	&1	5
$A_{j,t}$	0.13567 (4.821212)	&2	3
X^{INF}	0.397808 (2.706953)	&3	1
Y^{CLUS}	0.261742 (5.407852)	&4	2
Z^{LINK}	0.101934 (4.528672)	&5	4
Y_t	0.030560 (2.887024)	&6	6
R^2	0.961745		
F－statistic	16.76022		
Prob.（F）	0.008339		

注：括号内为该变量的 t 统计值。

根据模型估计结果，节能环保产业自主创新能力形成过程中因素重要性排序为：公共基础设施影响、产业集群发展环境、技术存量、联系质量、研发人力资源投入和产业产值增长。

（二）二次测度结果

对公共基础设施、产业集群创新环境和联系质量三个定性指标和驱动要素，拟采取如下步骤进行二次测度。

第一步，问卷设计。来源包括：采用内容分析法对企业管理者所描述的关键事件进行编码和分析；现有文献对上述指标关注的问题；相关学者撰写的语句等。

第二步，第一轮调查和问题初步筛选。主要采用探索性因子分析进行信度检验，并结合内容效度分析进行。

第三步，用精简后的量表进行第二轮调查和进一步筛选。

第四步，用新量表进行第三轮调查。包括验证性因子分析，确认量表语句和格式，进一步验证前述的分类方法。

第五步，用新量表进行第四轮数据收集。此轮数据收集还将涉及对相关构建的测量，以验证量表判别效度、收敛效度。

通过上述步骤，最后形成能体现上述定性指标各个维度的量表，如表4－5所示。

表4－5　　二次测度核心指标的测度结果

二级指标	三级指标	权重计算结果	权重排序
公共基础设施	税收减免政策	32%	1
	政府采购	28%	2
	地方财政奖励	23%	3
	知识产权保护	17%	4
产业集群创新环境	合同能源管理的发展	38%	1
	节能环保市场结构	36%	2
	节能环保服务业发展	26%	3
联系质量	科技金融服务体系	42%	1
	产学研结合	34%	2
	产业联盟发展	24%	3

第五章　新一代信息技术产业自主创新能力测度

第一节　新一代信息技术产业特征分析

我国“十二五”规划中明确了战略新兴产业是国家未来重点扶持的对象，其中信息技术被确立为七大战略性新兴产业之一，被重点推进。新一代信息技术产业分为6个方面，分别是下一代通信网络、物联网、三网融合、新型平板显示、高性能集成电路和以云计算为代表的高端软件。

一、下一代通信网络

我国电信网络发展迅速，取得了巨大成就，综合通信能力显著增强。但随着业务需求量与业务种类的增加，网络面临的负荷不断增大，传统的网络模式已经无法满足人们的需求，下一代通信网络应运而生。

下一代通信网络，缩写为NGN，是以软交换为核心的，能够提供包括语音、数据、视频和多媒体业务的基于分组技术的综合开放的网络架构。NGN是描述未来电信网共同使用的一个新概念，涵盖了固定网、互联网、移动网、核心网、城域网、接入网、用户驻地网、家庭网络等许多内容。基于软交换技术构造的NGN网络从功能上可以分为4个层面：接入层、传送层、控制层和业务层，如图5－1所示。

接入层包括各种接入网关、中继网关、无线接入网关、智能终端以及与处理媒体有关的媒体服务器和多点处理器（MP）。各类网关和智能终端主要实现媒体流格式的转换和传送，实现语音分组在分组网的承载和传输。媒体资源服务器用于向用户提供丰富的信号音资源以及多方会话功能。MP是一种能实现混音和视频混合等多媒体会议媒体处理功能的设备，能够提供视频会议业务；传

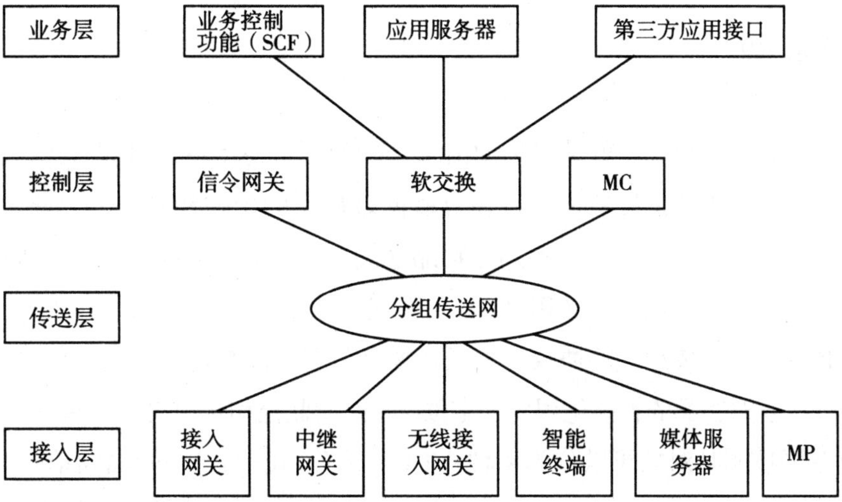

图5－1　NGN网络分层模型

送层即包括提供IP包转发的各种承载网功能实体；控制层是NGN网络的核心，主要包括软交换设备、信令网关和多点处理器。软交换设备是呼叫控制的核心，主要完成呼叫连接的建立和释放，以及媒体网关接入功能、媒体网关资源管理、带宽管理、选路、信令互通和安全管理等功能；业务层主要包括应用服务器、第三方应用接口和传统智能网功能。该业务层通过开放的业务层接口向用户提供传统智能网业务、多样化的第三方业务和增值业务。

NGN产业的上游是芯片制造行业与网络测试行业，中游是网络设备制造行业、终端制造行业、应用软件开发行业等，而下游则是电信运营服务行业，如中国电信、中国移动、中国联通等。图5－2显示了NGN产业链。

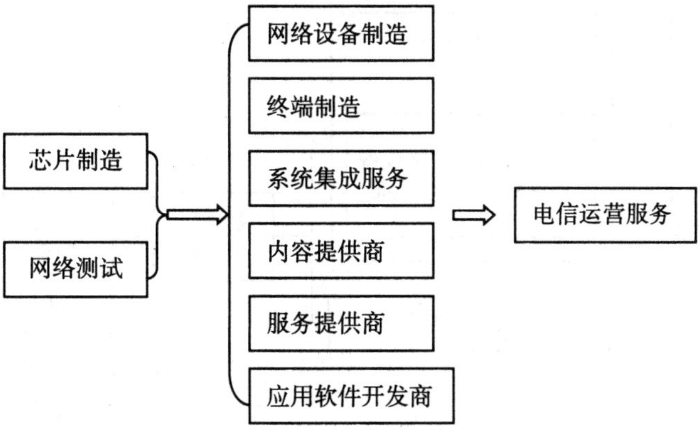

图5－2　NGN产业链结构图

二、物联网

物联网，顾名思义，就是“物物相连的互联网”。这有两层意思：第一，物联网的核心和基础仍然是互联网，是在互联网基础上的延伸和扩展的网络；第二，其用户端延伸和扩展到了任何物品与物品之间，进行信息交换和通信。因此，物联网的定义是通过射频识别（RFID）、红外感应器、全球定位系统、激光扫描器等信息传感设备，按约定的协议，把任何物品与互联网相连接，进行信息交换和通信，以实现对物品的智能化识别、定位、跟踪、监控和管理的一种网络。

物联网按照其对象可以分为4种：（1）私有物联网，一般面向单一机构内部提供服务；（2）公有物联网，基于互联网向公众或大型用户群体提供服务；（3）社区物联网，向一个关联的“社区”或机构群体（如一个城市政府下属的各委办局，包括公安局、交通局、环保局、城管局等）提供服务；（4）混合物联网，是上述的两种或以上的物联网的组合，但后台有统一运维实体。

物联网依托多种信息获取技术，包括传感器、RFID、二维码、多媒体采集技术等，其网络架构包含三方面：一是感知层，主要实现智能感知功能，包括信息的采集、捕获、物体识别等，其关键技术包括RFID、传感器、自组织网络、短距离无线通信等；二是网络层，主要实现信息的传送和通信，网络层可依托公众电信网和互联网，也可以依托行业专业通信网络，也可同时依托公众网和专用网；三是应用层，主要包含各类应用，例如监控服务、智能电网、工业监控、绿色农业、智能家居、环境监控、公共安全等，关于物联网的产业链构成见图5－3。

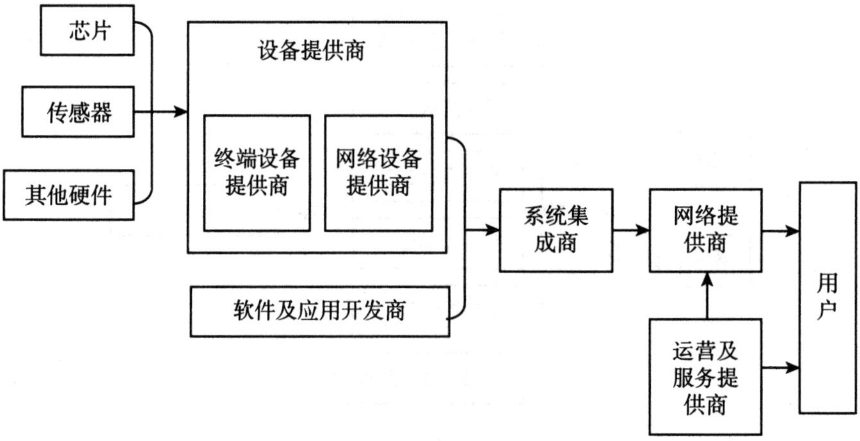

图5－3　物联网产业链结构图

设备提供商中终端设备提供商主要是指提供电子标签、读写器模块、智能卡等的厂商；网络设备提供商是指为物联网网络提供商提供相关网络设备的厂商，主要是通信模块产品；系统集成商是根据客户需求，将实现物联网的硬件和软件集成为一个完整解决方案提供给客户的厂商；运营及服务提供商主要是为客户提供统一的终端设备鉴权、计费等服务，实现终端接入控制、终端管理、行业应用管理、业务运营管理、平台管理等服务；网络提供商是指提供数据的传输承载网络服务商，以通信网为主，包括固网和移动通信网。

总体而言，产业链的上游环节主要是接入层厂商，提供各种设备、元件，包括芯片、传感器和其他接入硬件以及相关配套的元器件厂商，还包括延伸的终端设备厂商；产业链的中游环节主要是网络设备提供商、软件及应用开发商、系统集成商；而下游环节则是网络提供商、网络运营与服务提供商等。

三、三网融合

三网融合是指电信网、广播电视网、互联网在向宽带通信网、数字电视网、下一代互联网演进的过程中，三大网络通过技术改造，技术功能趋于一致，业务范围趋于相同，网络互联相同、资源共享，能为用户提供语音、数据和广播电视等多种服务。三合并不意味着三大网络的物理合一，而主要是指高层业务应用的融合。

三网融合意味着广电网和电信网都可以开展类似的业务，改变了以往的行业边界。对于电信运营商，以往主要从事语音通信、宽带接入等数据业务，而三网融合后则可以开展 IPTV（交互式网络电视）、手机电视等业务。广电部门以往主要从事广播电视业务，而三网融合后则可以从事有线宽带接入、互动数字电视等业务。三网融合促进了传统产业链的扩张、延伸和细化，推动了产业形态创新。

三网融合后，信息的传播从内容到传输平台、承载网络、媒介载体乃至接收终端都得到了巨大丰富，传输渠道的增多使一网传播相当于全网传播，内容资源面向的受众更加广泛，跨平台合作成为整个产业发展的趋势，产业从单兵作战的运作方式向合作共赢的方式转化，致使产业链的分工呈现多元化的趋势，如图 5－4 所示。

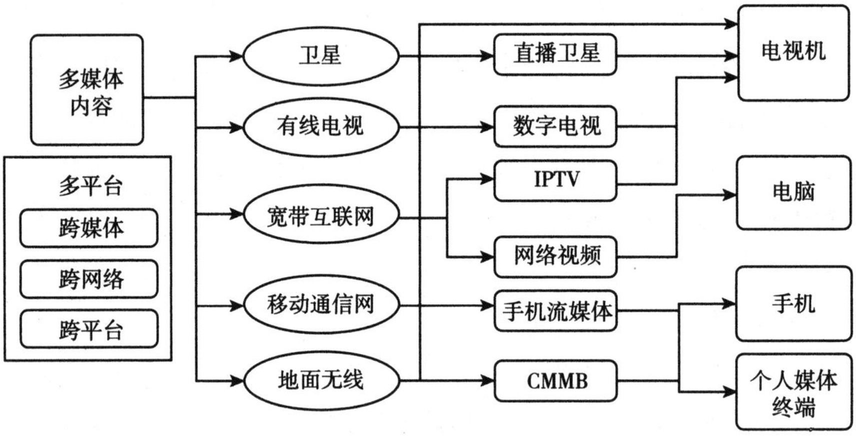

图 5－4　三网融合下的多元化分工

四、新型平板显示

平板显示器是指显示屏对角线的长度与整机厚度之比大于 4∶1 的显示器件，包括液晶显示器、等离子体显示器、电致发光显示器、真空荧光显示器、平板型阴极射线管和发光二极管等。平板显示器具有众多优点，如轻巧便携、辐射小、功耗低、寿命长等，在军事、民用领域都有极其广泛的用途。

当今，全球平板显示产业已进入快速发展的市场成熟期。在平板显示器中，TFT－LCD（即薄膜场效应晶体管 LCD，是液晶平板显示器的一种）面板产值占整体平面显示器的比重达到 87%，主导着平板显示市场。

我国平板显示产业起步较晚，2000 年以后平板显示产业才进入批量生产，由于没有掌握核心技术，技术开发能力较薄弱，产品主要集中在中低端。近年来，我国平板显示产业呈现快速发展的趋势，产业集聚初见端倪，配套产业渐成规模，产业区域集中度大幅提高，形成以长三角、珠三角、北京等为代表的平板显示产业集聚区。但仍然存在着产业总体规模相对弱小、企业竞争力不强，缺乏核心技术、原材料、元器件和专用设备等本地配套能力不足等问题。我国平板显示产业竞争力的优势在于劳动成本低、潜在消费市场巨大、政府政策支持等，而其劣势则在于关键材料及技术受制于人、整体产业链不完善。

对于平板显示产业来说，其产业链的上游为显示材料与元件，如偏光片、ITO 导电玻璃、彩色滤光片、液晶材料等；其中游为显示面板制造与显示模组 LCM 制造，如 IPS 面板、电阻式模块触摸屏、电容式触摸屏、红外模块触摸屏等。LCM 即 LCD 显示模组、液晶模块，是将液晶显示器件、控制与驱动等外围电路、背光源等装配在一起的组件。下游为显示面板的应用产业，包括电脑、通信、仪器、工业、消费类电子等领域。其产业链如图 5－5 所示。

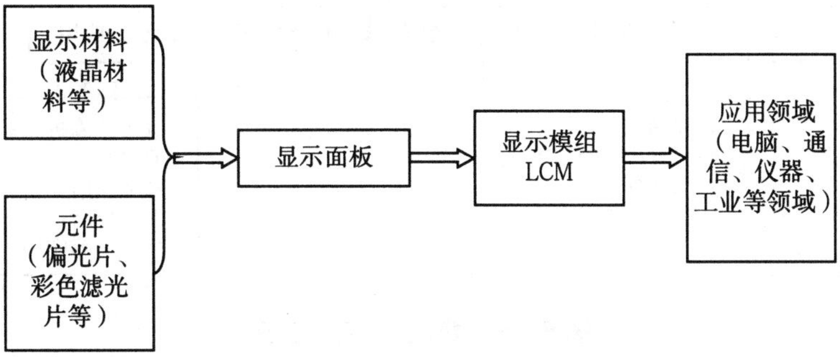

图 5－5　平板显示产业链

五、高性能集成电路

集成电路是一种微型电子器件或部件，采用一定的工艺，将一个电路中所需的晶体管、二极管、电阻、电容和电感等元件及布线互连在一起，制作在一小块或几小块半导体晶片或介质基片上，然后封装在一个管壳内，成为具有所需电路功能的微型结构，在电路中用“IC”来表示。

集成电路具有体积小、寿命长、性能好、成本低等优点，在工用、民用电子设备以及军事、通信等方面都有广泛的应用。电子信息产品中最核心的部件是集成电路，主要的技术含量也体现在其中，可以说集成电路是信息产业的核心。而集成电路技术和产业具有极强的创新力和融合力，已经渗透到工业生产、社会生活以及国防安全和信息安全的方方面面，其战略地位进一步凸显。拥有强大的集成电路技术和产业，是迈向创新型国家的重要标志。

集成电路产业市场可以大致分为 IC 设计业、制造业和封装测试业，三个子产业相互依存，又可以相对独立存在、发展。工业和信息化部发布的《集成电路产业“十二五”发展规划》针对产业链各环节建设，提出了四项发展重点：一是着力发展芯片设计业，开发高性能集成电路产品，作为提升集成电路产业核心竞争力的突破口；二是壮大芯片制造业规模，增强先进和特色工艺能力，作为提升集成电路产业核心竞争力的关键；三是提升封测业层次和能力，发展先进封测技术和产品，作为提升集成电路产业核心竞争力的重要途径；四是完善产业链，在关键专用设备、仪器、材料和EDA（企业数据架构）工具方面取得突破，作为提升集成电路产业核心竞争力的基础和保障。

图5－6描绘了集成电路的产业链。

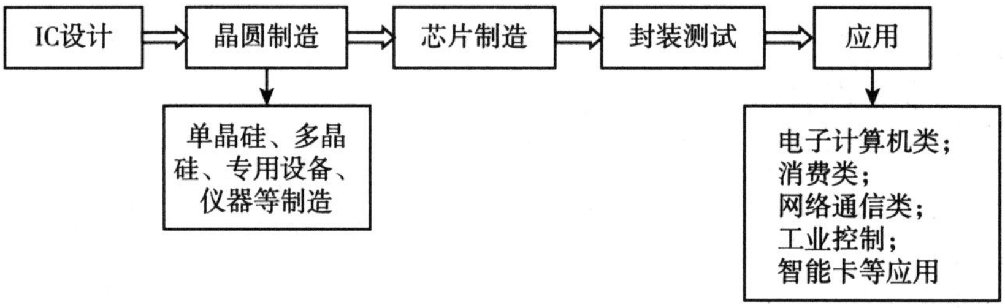

图5－6　集成电路产业链

近年来，我国集成电路产业持续、快速发展，产业规模不断壮大。产业布局相对集中于东部沿海地区、环渤海湾地区、长三角和珠三角地区。但是我国集成电路产业仍以封装测试领域为主，封装测试领域占有整个产业的“半壁江山”。而在产业链的上游芯片设计方面仍然较为薄弱，目前世界集成电路设计的顶尖技术掌握在英特尔（Intel）、德州仪器、摩托罗拉、朗讯等国际知名厂商手中，他们也因此获得了高额的垄断利润。

集成电路的应用相当广泛，包括了计算机（如PC、笔记本电脑、打印机、显示器、键盘、鼠标等电子信息产品在内的OEM制造）、电子消费（如DVD、数码相机、MP3等新兴数字消费类产品；彩电、音响、空调、洗衣机等家电产品）、网络通信（如手机制造）、工业控制等各领域。

因此，发展集成电路产业是至关重要的，也是其他各产业领域发展的基础。我国集成电路产业还面临着严峻的挑战，芯片设计人员极为缺乏，因而发展集成电路产业，人才是关键，特别是管理和技术方面的领军型人才。

六、云计算

随着网络用户的急剧增多并且对计算能力的需求逐渐增加，传统的网络模式已经无法满足用户的要求，云计算便应运而生。继个人计算机变革、互联网变革后，云计算被看作第三次IT浪潮。

云计算是一种IT资源的交付和使用模式，通过网络（包括互联网Internet和企业内部网Intranet）以按需、易扩展的方式获得所需的硬件、平台、软件及服务等资源。而提供资源的网络被称为“云”。“云”中的资源在用户端看来是可以无限扩展的，并且可以随时获取，按需使用，按使用付费。对于云计算的概念，首先从技术方面来看，云计算是通过提供虚拟化、容错和并行处理的软件将传统的计算、网络、存储资源转化成可以弹性伸缩的服务；其次从业务模式方面来看，云计算提供一种按用量付费的服务提供模式；最后从经济方面来看，云计算的一个鲜明特点是通过采用廉价服务器而不是高性能服务器来构建提供大规模服务的基础设施资源。简而言之，云计算就是把廉价硬件软件化，软件服务化，服务运营化，运营规模化的一套技术和业务模式。

云计算主要包括以下几个层次的服务：基础设施即服务（IaaS）、平台即服务（PaaS）和软件即服务（SaaS）。IaaS 指消费者通过 Internet 可以从完善的计算机基础设施获得服务；PaaS 指的是将软件研发的平台作为一种服务，以 SaaS 的模式提交给用户；SaaS 指通过 Internet 提供软件的模式，用户无需购买软件，而是向提供商租用基于 Web 的软件，来管理企业经营活动。

图 5－7 为云计算的产业链示意图。

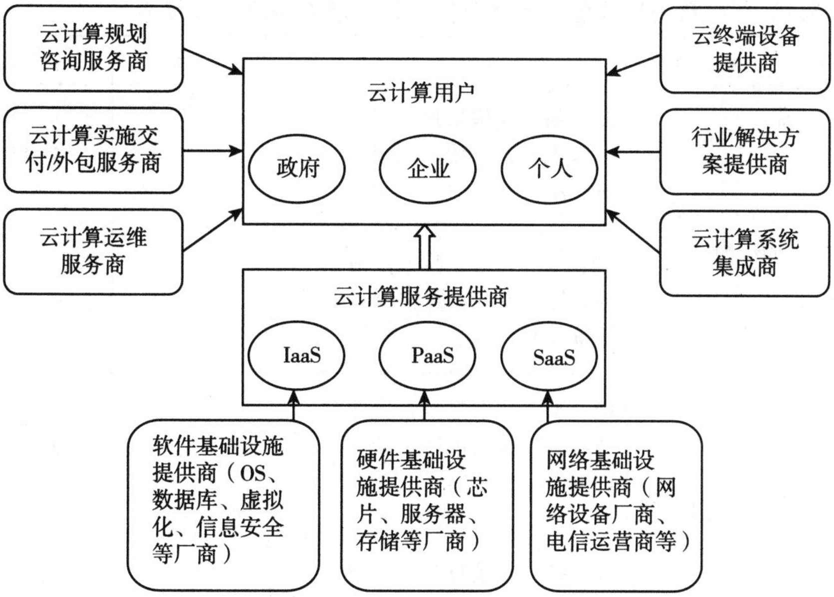

图 5－7 云计算产业链

当前中国云计算产业尚处于成长期，由于对安全的担心和其他顾虑，云计算的使用率仍然低于其他国家。目前，国内更倾向于创建私有云，而不是使用公有云服务。并且，用户认知不足、标准缺失、数据主权争议、可用性与稳定性担忧、服务质量难以规范等问题也成为中国云计算产业快速发展中的障碍，因而，标准与安全以及相关法律法规的完善是目前迫切需要解决的核心问题。

第二节　新一代信息技术产业自主创新能力测度

一、新一代信息技术产业自主创新能力测度指标体系

本书根据战略新兴产业自主创新能力通用模型及指标库建立方法，结合上述新一代信息技术产业现状分析，建立了新一代信息技术产业自主创新能力指标体系，见表5－1。

表5－1　新一代信息技术产业自主创新能力测度指标体系

指标类别	一级指标	二级指标	三级指标	数据获取方法
A	潜在技术创新资源指标	A1：新一代信息技术产业工程技术人员数占全国比重（$H_{j,t}^{A}$）		公开资料
		A2：新一代信息技术产业拥有发明专利数量占全国比重（$A_{j,t}$）		公开资料
B	公共基础设施评价指标	B1：新一代信息技术产业政府研发投入占特定产业产值比重（X^{INF}）		公开资料
		B2：新一代信息技术产业公共基础设施评价指标	财税政策	调查研究
			知识产权政策	
			研发政策	
C	产业集群评价指标	C1：新一代信息技术产业企业研发投入占特定产业产值比重（Y^{CLUS}）		公开资料

续表

指标类别	一级指标	二级指标	三级指标	数据获取方法
C	产业集群评价指标	C2：新一代信息技术产业环境评价指标	需求条件	调查研究
			竞争结构	
D	联系质量评价指标	D1：金融机构贷款在科技活动经费筹集额中的比重（Z^{LINK}）		公开资料
		D2：新一代信息技术产业联系质量评价指标	科技金融服务体系	调查研究
			产学研结合	
			产业联盟	
E	创新产出能力指标	E1：新一代信息技术产业申请专利数量占全国专利申请量比例（$\dot{A}_{j,t}$）		公开资料
		E2：新一代信息技术产业产值占全国 GDP 比重（Y_t）		公开资料

二、数据来源与基础数据

（一）数据来源

1. 定量数据。二级指标需要数据源以公开资料获取为主。有关企业研发现状方面的数据，可以通过中国国家知识产权检索工具对企业获得相关技术专利授权的进行专利检索。由于新一代信息技术涉及的领域较多，检索过程中确定的关键词是各个公司名称的主词 + 国际分类号为标准。对有关创新环境和宏观政策扶持方面的数据，可以通过政府相关公开文件进行调查统计。

2. 定性数据。三级指标需要数据源以样本企业调研获取为主。根据企业提供的信息，成立评审小组，由政府主管部门权威人士和企业界、学术界专家组成，最好通过各成员打分加权获得相关数据。

（二）部分基础数据

部分基础数据见表 5 – 2。

表 5－2　　新一代信息技术产业自主创新能力测度部分基础数据

二级指标	2006 年	2007 年	2008 年	2009 年	2010 年	2011 年	2012 年	2013 年	2014 年	2015 年	2016 年
A1：新一代信息技术产业工程技术人员数占全国比重（$H^A_{j,t}$）	3.97191%	5.14898%	4.79905%	5.63053%	5.25022%	6.96739%	6.51022%	8.20228%	8.76310%	7.98944%	8.28225%
A2：新一代信息技术产业拥有发明专利数量占全国比重（$A_{j,t}$）	0.61846%	0.83402%	0.95270%	1.40386%	1.62098%	2.48690%	1.70062%	2.16555%	4.37507%	4.89492%	4.54714%
B1：新一代信息技术产业政府研发投入占特定产业产值比重（X^{INF}）	0.07240%	0.06616%	0.08460%	0.05016%	0.05238%	0.06902%	0.05742%	0.06569%	0.07501%	0.07178%	0.08060%
C1：新一代信息技术产业企业研发投入占特定产业产值比重（Y^{CLUS}）	1.83710%	2.05240%	1.93249%	1.86373%	2.03866%	2.00183%	1.82240%	1.94360%	1.98357%	1.61590%	1.46531%
D1：金融机构贷款在科技活动经费筹集额中的比重（Z^{LINK}）	8.30935%	9.14850%	12.16035%	13.70075%	9.29053%	6.36803%	9.87487%	8.66979%	9.79724%	9.25955%	9.24243%
E1：新一代信息技术产业申请专利数量占全国专利申请量比例（$\dot{A}_{j,t}$）	0.78310%	1.01283%	1.43813%	1.94636%	2.50445%	2.87663%	3.55231%	4.20803%	3.61280%	4.61469%	3.20661%
E2：新一代信息技术产业产值占全国 GDP 比重（Y_t）	6.03077%	6.29286%	6.60501%	7.52242%	8.76085%	9.12044%	9.80870%	9.43831%	8.96412%	8.49131%	8.95554%

三、新一代信息技术产业自主创新能力分次测度结果

（一）一次测度过程及结果

1. 模型形式。

$$L\dot{A}_{j,t} = \delta_{YEAR}Y_t + \delta_{COUNTRY}C_j + \delta_{INF}LX_{j,t}^{INF} + \delta_{CLUS}LY_{j,t}^{CLUS} + \delta_{LINK}LZ_{j,t}^{LINK} + \lambda LH_{j,t}^{A} + \phi LA_{j,t} + \varepsilon_{j,t}$$

在该实证模型中，j 表示新一代信息技术产业，而 $H_{j,t}^{A}$、$A_{j,t}$、X^{INF}、Y^{CLUS}、Z^{LINK}和 Y_t 等变量分别表示：

第 t 年新一代信息技术产业工程技术人员数占全国比重（$H_{j,t}^{A}$）

第 t 年新一代信息技术产业拥有发明专利数量占全国比重（$A_{j,t}$）

第 t 年新一代信息技术产业政府研发投入占特定产业产值比重（X^{INF}）

第 t 年新一代信息技术产业企业研发投入占特定产业产值比重（Y^{CLUS}）

第 t 年金融机构贷款在科技活动经费筹集额中的比重（Z^{LINK}）

第 t 年新一代信息技术产业申请专利数量占全国专利申请量比例（$\dot{A}_{j,t}$）

第 t 年新一代信息技术产业产值占全国 GDP 比重（Y_t）

C_j为常数项。

2. 模型估计结果。运用 SPSS 对模型进行估计，回归结果详见表 5－3。

表 5－3　　　　　　　　模型估计结果

	估计结果	系数	重要性排序
常数项	－2.260606 （－0.400161）		
$H_{j,t}^{A}$	0.323492 （0.401469）	&1	1
$A_{j,t}$	0.286643 （0.991550）	&2	2
X^{INF}	0.112265 （0.004153）	&3	5
Y^{CLUS}	0.104467 （0.212270）	&4	6

续表

	估计结果	系数	重要性排序
Z^{LINK}	0. 146597 (1. 007122)	&5	4
Y_t	0. 15615 (2. 460609)	&6	3
R^2	0. 951317		
F – statistic	13. 02744		
Prob. (F)	0. 013314		

注：括号内为该变量的 t 统计值。

根据模型估计结果，新一代信息技术产业自主创新能力形成过程中因素重要性排序为：研发人力资源投入、技术存量、产业产值增长、联系质量、公共基础设施影响和产业集群发展环境。

（二）二次测度结果及应用

按照联系质量、公共基础设施影响和产业集群发展环境等重要驱动要素，对企业进行实际调研和专家打分，确定三级指标分值并按照分数进行权重计算和排序，结果如表 5 – 4 所示。

表 5 – 4　　二次测度核心指标的测度结果

二级指标	三级指标	权重计算结果	权重排序
联系质量	产学研结合程度	36%	1
	产业联盟发展	34%	2
	科技金融服务体系	30%	3
公共基础设施	知识产权政策	39%	1
	财税政策	38%	2
	研发政策	23%	3
产业集群环境	需求条件	67%	1
	市场结构	33%	2

第六章　生物产业自主创新能力测度

第一节　生物产业特征分析

一、生物产业简述

生物产业从广义定义上是指以生命科学理论和生物技术为基础，结合信息学、系统科学、工程控制等理论和技术手段，通过对生物体及其细胞、亚细胞和分子的组分、结构、功能与作用机理开展研究并制造产品，或改造动物、植物、微生物等并使其具有所期望的品质特性，为社会提供商品和服务的行业的统称，其包括生物医药（服务产业）、生物农业（资源产业）、生物能源、生物环保以及生物工业（生物制造产业）等。依据《国务院关于加快培育和发展战略性新兴产业的决定》，本章中的生物产业仅重点包括生物农业、生物医药制造、医疗器械及生物医疗流通等四方面的内容。

二、生物医药产业链分析

生物医药产业链围绕着医药制造、流通展开，从为生物医药研发所需的上游原材料及技术领域开始，逐步延伸至生物医药的临床试验及批量生产，直到生物医药产品的流通、营销销售环节，如图 6－1 所示。

通过对生物医药产业产业链分析，可知其各环节分别是原材料及技术、研发及临床试验、生物制药及生物医药流通四大环节，其中各环节的发展现状、关键成功因素及我国典型代表企业详见表 6－1。

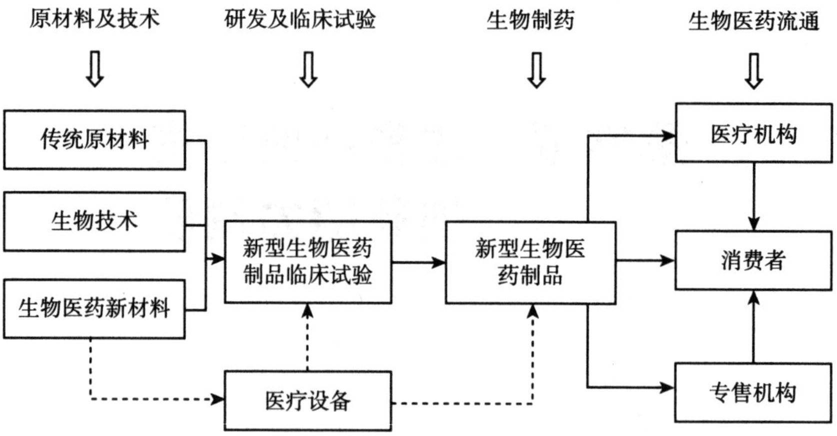

图 6－1　生物医药产业链结构图

表 6－1　生物医药产业链各环节发展现状及关键成功因素

产业链各环节	发展现状	关键成功要素	代表企业
原材料及技术	我国医药研发所需的技术大多掌握在政府的研究机构、大学实验室	政策、研发人员	
研发及临床试验	我国医药的研发工作大多集中在政府的研究机构、大学研究所及拥有 R&D 实验室的传统国有大型医药企业	资金、研发人员、研发技术及设备	金城医药
生物制药	我国生物医药制造企业现阶段共 5000 多家，供给大于需求，其集中度有待进一步提高	生产能力	东北制药、华北制药
生物医药流通	我国生物医药流通企业现阶段共 2000 多家，供给大于需求，其集中度有待进一步提高	营销、渠道资源	九州通、广州医药

从表 6－1 中可知，生物产业最核心的环节在医药研发环节，其次则是生物制药及流通环节。

其中，生物医药发展的根本及源头在于研发，虽然我国生物医药经过“七五”“八五”“九五”“十五”“十一五”规划及“863”计划、“973”计划、“火炬计划”“攀登计划”等政策资金的扶持，在生物医药研发方面得到了长足的发展，然而与发达国家相比，我国产业规模仍较小、聚集效应不明显，尤其是科研人员及资金与技术的结合方面仍存在差距，而且我国生物医药研发主集中在高校，医药研发应用程度较低。

第二节　生物产业自主创新能力测度

一、生物产业自主创新能力测度指标体系

本书根据战略新兴产业自主创新能力通用模型及指标库建立方法，结合上述生物产业现状分析，建立了生物产业自主创新能力指标体系，见表6-2。

表6-2　　生物产业自主创新能力测度指标体系

指标类别	一级指标	二级指标	三级指标	数据获取方法
A	潜在技术创新资源指标	A1：生物产业工程技术人员数占全国比重（$H_{j,t}^{A}$）		《中国高技术产业统计年鉴》及相关公开资料
		A2：生物产业拥有发明专利数量占全国比重（$A_{j,t}$）		《中国高技术产业统计年鉴》及相关公开资料
B	公共基础设施评价指标	B1：生物产业政府研发投入占特定产业产值比重（X^{INF}）		公开资料
		B2：生物产业公共基础设施评价指标	财税政策	调查研究
			知识产权	
C	产业集群评价指标	C1：生物产业企业研发投入占特定产业产值比重（Y^{CLUS}）		《中国高技术产业统计年鉴》
		C2：生物产业环境评价指标	需求条件	调查研究
			竞争结构	
			支撑产业	

续表

指标类别	一级指标	二级指标	三级指标	数据获取方法
D	联系质量评价指标	D1：金融机构贷款在科技活动经费筹集额中的比重（Z^{LINK}）		《中国高技术产业统计年鉴》
		D2：生物产业联系质量评价指标	科技金融服务体系	调查研究
			产学研结合	
			产业联盟数量	
E	创新产出能力指标	E1：生物产业申请专利数量占全国专利申请量比例（$\dot{A}_{j,t}$）		《中国高技术产业统计年鉴》
		E2：生物产业产值占全国GDP比重（Y_t）		《中国高技术产业统计年鉴》

二、数据来源与基础数据

（一）数据来源

1. 定量数据。二级指标需要数据源以公开资料获取为主。有关企业研发现状方面的数据，可以通过中国国家知识产权检索工具对企业获得相关技术专利授权的进行专利检索。由于生物医药制品涉及的领域较多，检索过程中确定的关键词是各个公司名称的主词 + 国际分类号为标准。有关创新环境和宏观政策扶持方面的数据，可以通过政府相关公开文件进行调查统计。

2. 定性数据。三级指标需要数据源以样本企业调研获取为主。根据企业提供的信息，成立评审小组，由政府主管部门权威人士和企业界、学术界专家组成，最好通过各成员打分加权获得相关数据。

（二）部分基础数据

部分基础数据见表6－3。

表 6-3　　生物产业自主创新能力测度部分基础数据

二级指标	2006 年	2007 年	2008 年	2009 年	2010 年	2011 年	2012 年	2013 年	2014 年	2015 年	2016 年
A1：生物产业工程技术人员数占全国比重（$H^{A}_{j,t}$）	0. 01316	0. 01592	0. 01760	0. 01600	0. 01209	0. 01435	0. 01689	0. 01773	0. 02045	0. 02231	0. 02163
A2：生物产业拥有发明专利数量占全国比重（$A_{j,t}$）	0. 00435	0. 00310	0. 00432	0. 00307	0. 00596	0. 00661	0. 00878	0. 00823	0. 00899	0. 01199	0. 00766
B1：生物产业政府研发投入占特定产业产值比重（X^{INF}）	0. 00066	0. 00056	0. 00086	0. 00065	0. 00108	0. 00080	0. 00079	0. 00087	0. 00087	0. 00088	0. 00076
C1：生物产业企业研发投入占特定产业产值比重（Y^{CLUS}）	0. 01757	0. 01761	0. 01918	0. 01896	0. 01866	0. 01733	0. 01783	0. 01809	0. 01567	0. 01304	0. 00945
D1：金融机构贷款在科技活动经费筹集额中的比重（Z^{LINK}）	0. 11467	0. 08509	0. 08548	0. 08359	0. 08015	0. 05986	0. 06911	0. 04786	0. 05775	0. 05823	0. 06516
E1：生物产业申请专利数量占全国专利申请量比例（$\dot{A}_{j,t}$）	0. 00389	0. 00443	0. 00486	0. 00519	0. 00608	0. 00707	0. 00507	0. 00521	0. 00546	0. 00981	0. 00519
E2：生物产业产值占全国 GDP 比重（Y_t）	0. 01796	0. 01861	0. 01977	0. 02128	0. 02027	0. 02298	0. 02320	0. 02393	0. 02508	0. 02770	0. 02927

三、生物产业自主创新能力分次测度结果

（一）一次测度过程及结果

1. 模型形式。

$$L\dot{A}_{j,t} = \delta_{YEAR}Y_t + \delta_{COUNTRY}C_j + \delta_{INF}LX_{j,t}^{INF} + \delta_{CLUS}LY_{j,t}^{CLUS} + \delta_{LINK}LZ_{j,t}^{LINK} + \lambda LH_{j,t}^{A} + \phi LA_{j,t} + \varepsilon_{j,t}$$

在该实证模型中，j 表示生物产业，而 $H_{j,t}^{A}$、$A_{j,t}$、X^{INF}、Y^{CLUS}、Z^{LINK}和 Y_t 等变量分别表示：

第 t 年生物产业工程技术人员数占全国比重（$H_{j,t}^{A}$）

第 t 年生物产业拥有发明专利数量占全国比重（$A_{j,t}$）

第 t 年生物产业政府研发投入占特定产业产值比重（X^{INF}）

第 t 年生物产业企业研发投入占特定产业产值比重（Y^{CLUS}）

第 t 年金融机构贷款在科技活动经费筹集额中的比重（Z^{LINK}）

第 t 年生物产业申请专利数量占全国专利申请量比例（$\dot{A}_{j,t}$）

第 t 年生物产业产值占全国 GDP 比重（Y_t）

C_j为常数项。

2. 模型估计结果。我们运用 SPSS 对模型进行估计，回归结果详见表 6－4。

表 6－4　　　　　　　　模型估计结果

	估计结果	系数	重要性排序
常数项	－3.447150 （－0.450306）		
$H_{j,t}^{A}$	0.242641 （0.303108）	&1	2
$A_{j,t}$	0.333071 （0.079867）	&2	1
X^{INF}	0.023701 （0.341015）	&3	6

续表

	估计结果	系数	重要性排序
Y^{CLUS}	0. 037976 (0. 448271)	&4	5
Z^{LINK}	0. 093383 (0. 113280)	&5	4
Y_t	0. 13307 (0. 654949)	&6	3
R^2	0. 502584		
F - statistic	0. 673593		
Prob. (F)	0. 683614		

注：括号内为该变量的 t 统计值。

根据模型估计结果，生物产业自主创新能力形成过程中因素重要性排序为：技术存量、研发人力资源投入、产业产值增长、联系质量、产业集群发展环境、公共基础设施影响。

（二）二次测度结果及应用

对联系质量、产业集群创新环境和公共基础设施三个定性指标，拟采取如下步骤进行二次测度。

第一步，问卷设计，来源包括采用内容分析法对企业管理者所描述的关键事件进行分析，现有文献对上述指标关注的问题等。

第二步，第一轮调查和问题初步筛选。主要采用探索性因子分析进行信度检验，并结合内容效度分析进行。

第三步，用精简后的量表进行第二轮调查和进一步筛选。

第四步，用新量表进行第三轮调查。包括验证性因子分析，确认量表语句和格式，进一步验证前述的分类方法。

第五步，用新量表进行第四轮数据收集。此轮数据收集还将涉及对相关构建的测量，以验证量表判别效度、收敛效度。

通过上述步骤，最后形成能体现上述定性指标各个维度的量表（见表 6 - 5）。

表6－5　　二次测度核心指标的测度结果

二级指标	三级指标	权重计算结果	权重排序
联系质量	产学研结合程度	42%	1
	产业联盟发展	35%	2
	科技金融服务体系	23%	3
产业集群创新环境	市场结构	36%	1
	需求条件	34%	2
	支撑条件	30%	3
公共基础设施	财税政策	57%	1
	知识产权保护	43%	2

第七章　高端装备制造产业自主创新能力测度

第一节　高端装备制造产业特征分析

高端制造产业既包括传统制造业的高端部分，也包括新兴产业的高端部分。高端装备制造产业必然成为带动整个装备制造产业升级的重要引擎，成为战略性新兴产业发展的重要支撑。高端装配制造业包括航空装备制造、核电装备制造、卫星装备制造、物联网相关装备、海洋工程装备和轨道交通装备六大子行业。

一、航空装备制造

国务院关于加快培育和发展战略性新兴产业的决定指出："重点发展以干支线飞机和通用飞机为主的航空装备，做大做强航空产业。"研制和发展大型飞机，是《国家中长期科学和技术发展规划纲要（2006—2020年）》确定的重大科技专项，是建设创新型国家，提高我国自主创新能力和增强国家核心竞争力的重大战略举措。

通用航空装备上游是航空材料、导航通讯系统，下游是通用航空的运营包括飞机培训、机场设施、气象服务、航油，在往下延伸有飞机维修、航材租赁等等。通用航空设备产业的发展不但将极大提高中国航空制造能力，而且还将带动新材料、电子、通讯、能源、精密制造等一系列相关高新技术产业的发展。通用航空产业的关联产业的产业链可见图7－1。

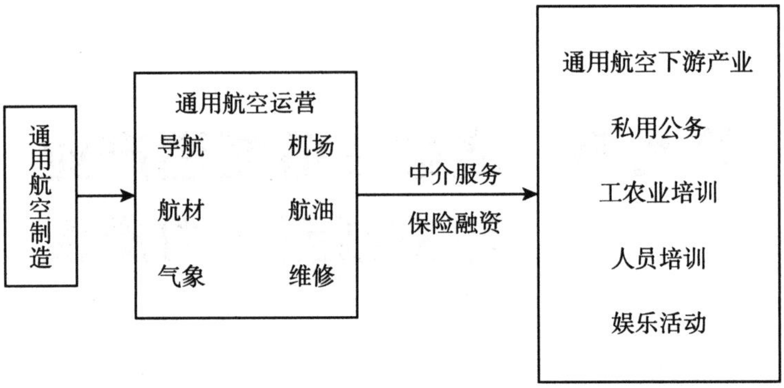

图 7－1　通用航空产业的关联产业的产业链

二、核电装备制造业

从 1982 年国家批准建设大亚湾核电站开始，我国核电事业已经历了近 30 年的发展。1991 年 12 月 15 日，我国自行设计建造的秦山核电站成功并网发电，成为世界上第七个能够自行设计、建造核电站的国家。截至 2010 年 9 月，我国已有秦山一期核电站、大亚湾核电站、岭澳核电站一期、秦山二期核电站、秦山三期核电站、田湾核电站共 7 座核电站 13 台核电机组建成投产，总装机容量为 1023.4 万千瓦。

核能发电的产业链简单来说可以分为三个部分，即上游核燃料铀的供应，中游核电设备生产制造以及下游的核能发电运营商。其中核电设备投资全部投资的 50% 左右，是核电投资最主要的环节。核电设备包括核岛、常规岛和辅助设备三部分，核岛设备、常规岛设备和配套辅助设备的大致比例分别为 40%、30% 和 30%，分别占电站总投资的 23%、15% 和 12%。

核电设备主要分成三大组成部分：核岛、常规岛和辅助设备系统。核岛部分主要包括压力容器、蒸汽发生器、稳压器、冷却剂泵、堆内构件及控制棒、硼注箱和安注箱、主管道和电力电源等；常规岛部分包括汽轮机、发电机、汽水分离再热器、管道、冷凝器等；辅助设备系统包括阀门及 HVAC 通风系统等。其产业链如图 7－2 所示。

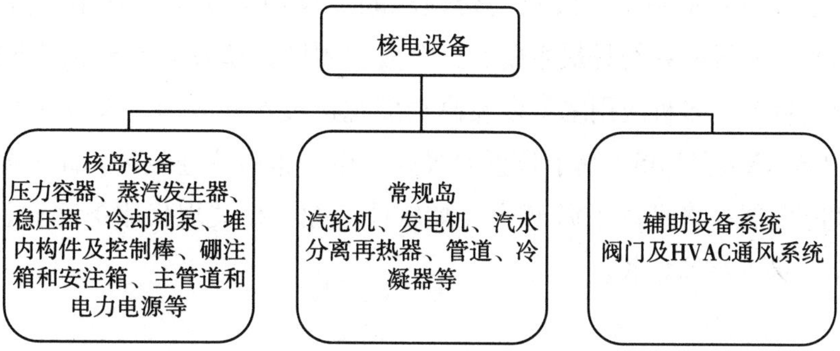

图 7－2　核电设备产业链

三、卫星装备制造

对自主卫星导航系统的建设，中国其实早在 20 世纪八九十年代就已提出，具体是自主研制实施北斗卫星导航系统建设的“三步走”规划。按照该规划，第一步是试验阶段，以少量卫星利用地球同步静止轨道来完成试验任务，为北斗卫星导航系统的建设积累技术经验、培养人才，研制一些地面应用基础设施设备等；第二步是到 2012 年，计划发射 10 多颗卫星，建成覆盖亚太区域的北斗卫星导航系统；第三步是到 2020 年，建成由 5 颗静止轨道和 30 颗非静止轨道卫星组网而成的全球卫星导航系统。卫星产业链主要分为卫星制造、卫星发射、卫星运营和地面设备制造四个方面。卫星应用主要有三个方向：卫星通信、卫星导航、卫星遥感。

目前我国已成功发射六颗北斗二号卫星，进入北斗二号高速组网期。显而易见，北斗二号建设的提速，必将给我国包括卫星制造、卫星发射、卫星运营和地面设备制造在内的整个卫星产业链带来巨大的发展机会。下面将北斗卫星系统产业链列示如图 7－3。

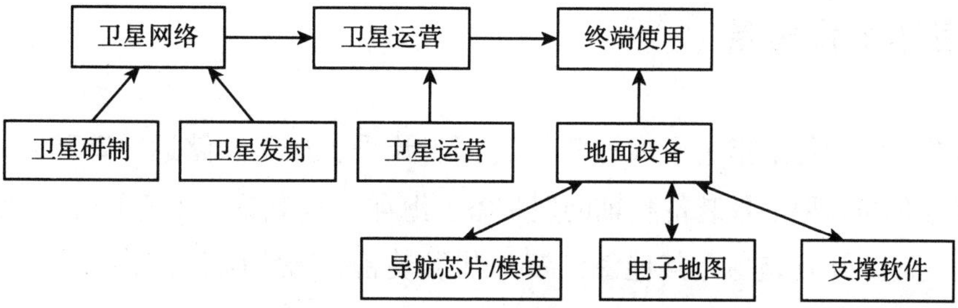

图 7－3　北斗卫星系统产业链

在卫星导航的应用中，大众消费领域的发展最为快速，其中，信息服务、车辆跟踪和车载导航系统是最主要的三个应用领域。随着卫星导航产业的发展、智能手机的普及，多种应用融入以及高精度定位技术的应用，未来国内的 Location Based Services（LBS，基于位置的服务）市场也将快速发展。未来随着导航装备产业的发展，将带动下游产业（如软件产业、相关现代服务产业、综合数据业务等）步入高速增长。

四、轨道交通装备

随着我国城市化的快速发展，城市居住人口不断增多，交通拥堵问题日益严重，城市圈的辐射区域也日益扩散，在我国现有的特大城市对周边人口的集聚效应较强的国情下，以高速轨道交通为代表的公共交通建设需求将进入一个快速发展时期。轨道交通装备是高端装备制造业得重要组成部分。

轨道交通装备主要指高速铁路以及地铁、轻轨和磁悬浮为主的城市轨道交通的整车及关键零部件、轨道专业设备及器材、配件，包括相关供电、通信、控制等设备。轨道交通装备的相关产业链见图 7－4。

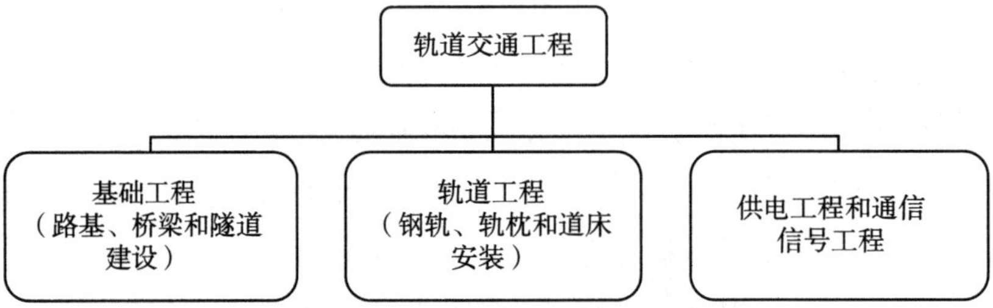

图 7－4　轨道交通装备的相关产业链

五、海洋工程装备

海洋工程装备是指用于海洋资源勘探、开采、加工、储运、管理以及后勤服务等方面的大型工程装备和辅助型装备。海洋工程装备主要有以下三大类别：海洋油气资源开发装备；其他海洋资源开发装备；海洋附体结构物。依据工业和信息化部正式印发的《海洋工程装备科研项目指南（第一批）》，海洋移动钻井平台（船舶）、浮式生产系统、海洋工程作业船和辅助船等三类装备及其关键配套设备和系统等可以称为高端海洋工程装备。

海上石油开采行业是多行业交叉的行业，其产业链涵盖了海洋石油勘探、油井建设、钻采、运输、提炼等整个过程。在这个产业链条中，各种不同专业背景的企业需要紧密合作，运用大量的先进技术和装备才能以最低的成本成功开采出海洋石油。其中海洋工程装备是油井建设环节中不可或缺的技术装备。海洋工程产业链描述可见图7－5。

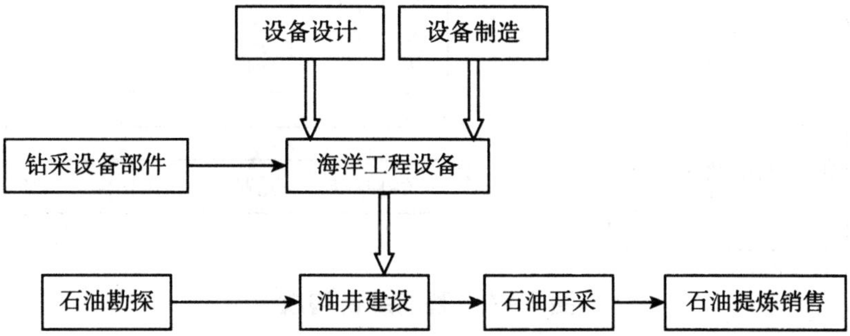

图7－5　海洋工程产业链

在上面这个产业链条中，石油勘探和石油开采由油田服务公司负责，他们提供测井固井、数据分析、船舶等服务；然后海洋工程承包商负责油井建设，这个环节涵盖承接合同、工程设计、部分钻井设备建造和维修等内容；最后由大型石油公司负责石油的提炼和销售。海洋工程装备制造企业则是负责相关装备的设计和制造工作。海洋装备工程的发展可以带动这一系列产业的发展。

六、高端智能装备

高端智能装备指具有感知、分析、推理、决策和控制功能的制造装备，它是先进制造技术、新兴技术和智能技术在装备产品上的继承和融合，体现了制造业的智能化、数字化和网络化的发展要求、智能制造装备的水平已成为当今衡量一个国家工业化水平的重要标志。智能装备构成如图7－6所示。

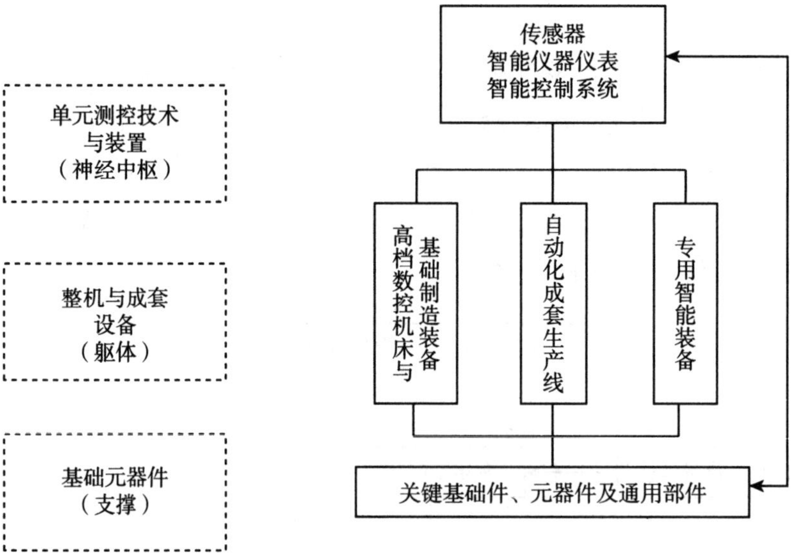

图7－6　智能装备构成

资料来源：工业和信息业化部装备司。

第二节　高端装备制造产业自主创新能力测度

一、高端装备制造产业自主创新能力测度指标体系

本章根据战略新兴产业自主创新能力通用模型及指标库建立方法，结合上述高端装备制造产业现状分析，建立高端装备制造产业自主创新能力指标体系，如表7－1所示。

表7－1　　高端装备制造产业自主创新能力测度指标体系

指标类别	一级指标	二级指标	三级指标	数据获取方法
A	潜在技术创新资源指标	A1：高端装备制造产业工程技术人员数占全国比重（$H_{j,t}^{A}$）		《中国高技术产业统计年鉴》及相关公开资料
		A2：高端装备制造产业拥有发明专利数量占全国比重（$A_{j,t}$）		《中国高技术产业统计年鉴》及相关公开资料

续表

指标类别	一级指标	二级指标	三级指标	数据获取方法
B	公共基础设施评价指标	B1：高端装备制造产业政府研发投入占特定产业产值比重（X^{INF}）		公开资料
		B2：高端装备制造产业公共基础设施评价指标	财税政策	调查研究
			产业政策	
C	产业集群评价指标	C1：高端装备制造产业企业研发投入占特定产业产值比重（Y^{CLUS}）		《中国高技术产业统计年鉴》
		C2：高端装备制造产业环境评价指标	需求条件	调查研究
			竞争结构	
			支撑产业	
D	联系质量评价指标	D1：金融机构贷款在科技活动经费筹集额中的比重（Z^{LINK}）		《中国高技术产业统计年鉴》
		D2：高端装备制造产业联系质量评价指标	科技金融服务体系	调查研究
			产学研结合	
			产业联盟数量	
E	创新产出能力指标	E1：高端装备制造产业申请专利数量占全国专利申请量比例（$\dot{A}_{j,t}$）		《中国高技术产业统计年鉴》
		E2：高端装备制造产业产值占全国 GDP 比重（Y_t）		《中国高技术产业统计年鉴》

二、数据来源与基础数据

（一）数据来源

1. 定量数据。二级指标需要数据源以公开资料获取为主。有关企业研发现状方面的数据，可以通过中国国家知识产权检索工具对企业获得相关技术专利授权的进行专利检索，检索过程中确定的关键词是各个公司名称的主词 + 国际分类号为标准。有关创新环境和宏观政策扶持方面的数据，可以通过政府相关公开文件进行调查统计。

2. 定性数据：三级指标需要数据源以样本企业调研获取为主。根据企业提供的信息，成立评审小组，由政府主管部门权威人士和企业界、学术界专家组成，最好通过各成员打分加权获得相关数据。

（二）部分基础数据

部分基础数据见表 7 – 2。

三、高端装备制造产业自主创新能力分次测度结果

（一）一次测度过程及结果

1. 模型形式。

$$L\dot{A}_{j,t} = \delta_{YEAR}Y_t + \delta_{COUNTRY}C_j + \delta_{INF}LX_{j,t}^{INF} + \delta_{CLUS}LY_{j,t}^{CLUS} + \delta_{LINK}LZ_{j,t}^{LINK} + \lambda LH_{j,t}^{A} + \phi LA_{j,t} + \varepsilon_{j,t}$$

在该实证模型中，j 表示高端装备制造产业，而 $H_{j,t}^{A}$、$A_{j,t}$、X^{INF}、Y^{CLUS}、Z^{LINK} 和 Y_t 等变量分别表示：

第 t 年高端装备制造产业工程技术人员数占全国比重（$H_{j,t}^{A}$）

第 t 年高端装备制造产业拥有发明专利数量占全国比重（$A_{j,t}$）

第 t 年高端装备制造产业政府研发投入占特定产业产值比重（X^{INF}）

第 t 年高端装备制造产业企业研发投入占特定产业产值比重（Y^{CLUS}）

第 t 年金融机构贷款在科技活动经费筹集额中的比重（Z^{LINK}）

第 t 年高端装备制造产业申请专利数量占全国专利申请量比例（$\dot{A}_{j,t}$）

第 t 年高端装备制造产业产值占全国 GDP 比重（Y_t）

C_j为常数项。

表 7-2　高端装备制造产业自主创新能力测度部分基础数据

二级指标	2006 年	2007 年	2008 年	2009 年	2010 年	2011 年	2012 年	2013 年	2014 年	2015 年	2016 年
A1：高端装备制造产业工程技术人员数占全国比重（$H_{j,t}^{A}$）	0.344%	0.489%	0.085%	0.822%	0.984%	1.106%	1.356%	1.573%	1.189%	1.566%	1.615%
A2：高端装备制造产业拥有发明专利数量占全国比重（$A_{j,t}$）	0.146%	0.112%	0.048%	0.102%	0.114%	0.095%	0.106%	0.094%	0.112%	0.090%	0.124%
B1：高端装备制造产业政府研发投入占特定产业产值比重（X^{INF}）	0.267%	0.291%	0.302%	0.238%	0.424%	0.217%	0.190%	0.253%	0.201%	0.364%	0.226%
C1：高端装备制造产业企业研发投入占特定产业产值比重（Y^{CLUS}）	0.209%	0.279%	0.391%	0.288%	0.273%	0.336%	0.246%	0.291%	0.287%	0.266%	0.255%
D1：金融机构贷款在科技活动经费筹集额中的比重（Z^{LINK}）	3.386%	3.411%	2.240%	5.039%	4.783%	4.271%	6.790%	6.959%	4.205%	3.603%	6.916%
E1：高端装备制造产业申请专利数量占全国专利申请量比例（$\dot{A}_{j,t}$）	0.056%	0.086%	0.056%	0.108%	0.144%	0.196%	0.060%	0.112%	0.086%	0.138%	0.183%
E2：高端装备制造产业产值占全国 GDP 比重（Y_{t}）	0.391%	0.445%	0.314%	0.383%	0.382%	0.398%	0.428%	0.406%	0.431%	0.385%	0.397%

2. 模型估计结果。

我们运用 SPSS 对模型进行估计，回归结果详见表 7-3。

表 7-3　　模型估计结果

	估计结果	系数	重要性排序
常数项	-2.794250 (-0.520870)		
$H_{j,t}^{A}$	0.035734 (2.710385)	&1	3
$A_{j,t}$	0.005681 (0.127296)	&2	6
X^{INF}	0.014770 (0.622875)	&3	5
Y^{CLUS}	0.583356 (0.395652)	&4	1
Z^{LINK}	0.218959 (0.625056)	&5	2
Y_t	0.029911 (1.096751)	&6	4
R^2	0.871605		
F - statistic	4.525632		
Prob. (F)	0.082794		

注：括号内为该变量的 t 统计值。

根据模型估计结果，高端装备制造产业自主创新能力形成过程中因素重要性排序为：产业集群发展环境、联系质量、研发人力资源投入、产业产值增长、公共基础设施影响、技术存量。

(二) 二次测度结果及应用

按照产业集群发展环境、联系质量、公共基础设施影响等重要驱动要素，对企业进行实际调研和专家打分，确定三级指标分值并按照分数进行权重计算和排序，结果如表 7-4 所示。

表7-4 二次测度核心指标的测度结果

影响因素	三级指标	权重计算结果	权重排序
产业集群环境	需求条件（用户风险承担）	42%	1
	市场结构	35%	2
	支撑产业	23%	3
联系质量	产业联盟发展	37%	1
	产学研结合程度	35%	2
	科技金融服务体系	28%	3
基础设施	财税政策	56%	1
	产业政策	44%	2

第八章 新能源产业自主创新能力测度

第一节 新能源产业特征分析

新能源产业主要是源于新能源的发现和应用。新能源指刚开始开发利用或正在积极研究、有待推广的能源，如太阳能、地热能、风能、海洋能、生物质能和核聚变能等。开发新能源的单位和企业所从事的工作的一系列过程，叫新能源产业。

新能源按其形成和来源分类可以分为：来自太阳辐射的能量，如太阳能、水能、风能、生物能等；来自地球内部的能量，如核能、地热能等；天体引力能，如潮汐能等。按开发利用状况分类：常规能源，如水能、核能；新能源，如生物能、地热、海洋能、太阳能、风能。按属性分类：可再生能源，如太阳能、地热、水能、风能、生物能、海洋能；非可再生能源，如核能。按转换传递过程分类：一次能源，直接来自自然界的能源，如水能、风能、核能、海洋能、生物能；二次能源，如沼气、蒸汽、火电、水电、核电、太阳能发电、潮汐发电、波浪发电等。

一、太阳能光伏产业分析

太阳能是新能源产业一个重点组成部分，中国是世界上第一大太阳能电池生产国。太阳能光伏电池是太阳能光伏发电的核心部分，根据所用原材料的不同，太阳能光伏电池可以分为晶体硅光伏电池、薄膜光伏电池和聚光电池等种类。太阳能光伏产业的产业链如图 8 - 1 所示。

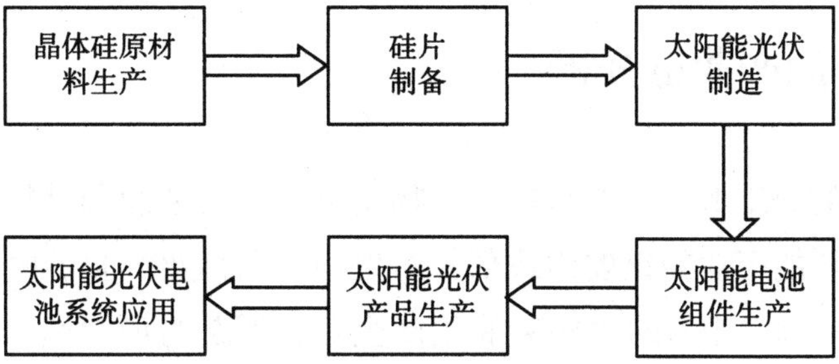

图 8-1　太阳能光伏产业的产业链

二、风电产业链分析

据估算，地球上的风能资源是水能资源的 10 倍，高达每年 53 万亿千瓦时，目前被开发的只是很小的一部分。风电是目前最具成本优势的可再生能源，风力资源较好的地区的风力发电成本与燃油或燃气发电相比，已经具备成本竞争力。风力发电是目前中国最有可能发展和最有前景的新能源发电，受“十一五”规划的大力推广，风电设备产业率先受益。中国风电设备技术比较落后，在小型风力发电机组的技术上有一定的优势，但大型并网风力发电设备制造技术与国外先进水平比较有较大差距。国内风场发电机组多为外国进口，增加了风力发电成本。风电产业链如图 8-2 所示。

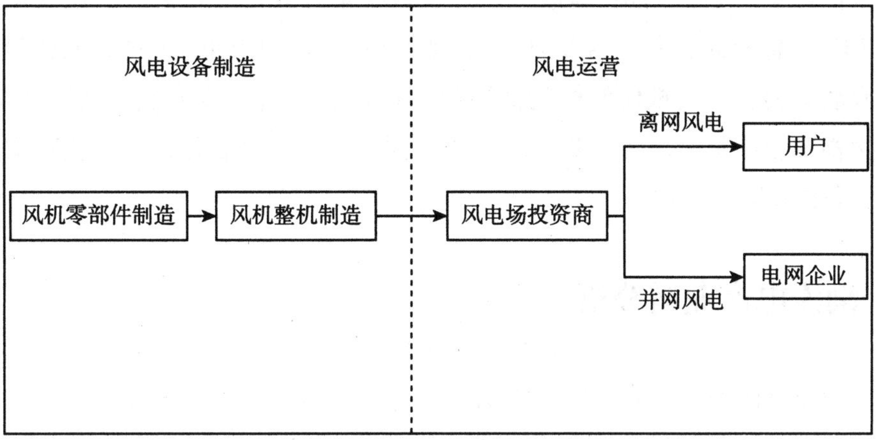

图 8-2　风电产业链

三、生物柴油产业链分析

生物质能的利用形式主要包括：生物发电、生物柴油和燃料乙醇。生物柴油行业是生物质能产业的重要组成部分。生物柴油行业产业链由上游的原料和技术、设备供应商、中游的生物柴油生产企业、下游的加油站、发电厂、炼油厂、运输公司、化工企业等客户组成。生物柴油产业链如图8－3所示。

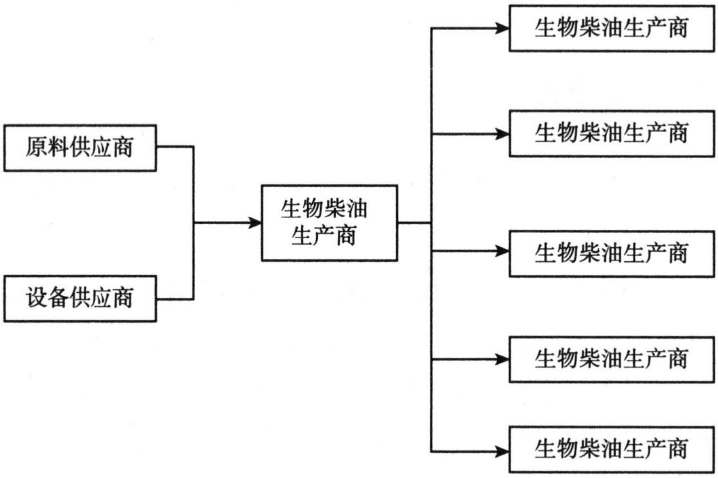

图8－3　生物柴油产业链

全球看来，生物柴油目前最主要的原料是菜籽油，占84%，其次是葵花籽油占13%，棕榈油、大豆油占1%，其他原料15%。中国的生物柴油原料主要以废弃油脂为主，大规模的植物油原料应用还有待进一步发展。从目前来看，我国生物柴油行业的发展主要面临三个问题：一是原料制约；二是销售渠道匮乏；三是扶持政策缺位。

四、潮汐电产业链分析

潮汐能是由潮汐现象产生的能源，它与天体引力有关，地球－月亮－太阳系统的吸引力和热能是潮汐能的来源。潮汐能是一种不消耗燃料、没有污染、不受洪水或枯水影响、用之不竭的再生能源。在海洋各种能源中，潮汐能的开发利用最为现实、最为简便。中国早在20世纪50年代就已开始利用潮汐能，在这一方面是起步较早的国家，潮汐能利用的主要方式是发电。由于常规电站廉价电的竞争，建成投产的商业用潮汐电站不多。然而，由于潮汐能蕴藏量的巨大和潮汐发电的许多优点，人们还是非常重视对潮汐发电的研究和试验。潮汐能发电的产业链见图 8 –4。

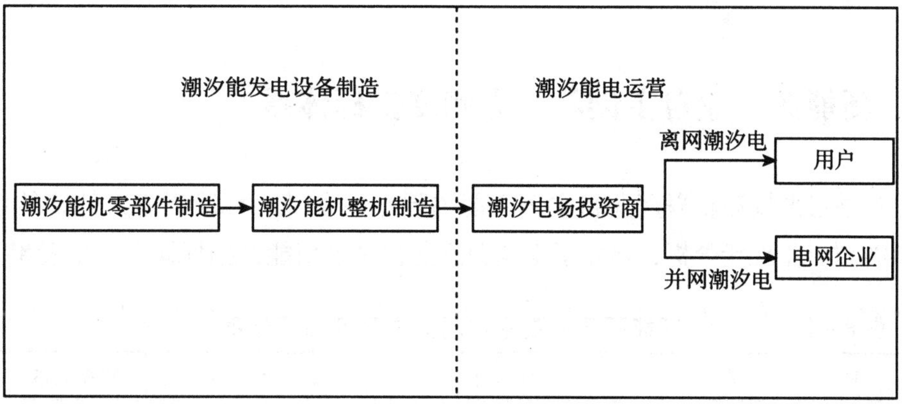

图 8 –4 潮汐能发电的产业链

按照产业链分析，新能源产业可以大致分为上游的技术开发和产品设计、中游的产品制造和下游的产品应用三个大环节。其中，重要环节是新能源产品的生产制造。在制造业领域，不管是太阳能、风能还是生物质能领域，民营企业都是中国新能源产业发展的主要带动力量。在终端的应用市场，由于行业壁垒较高，大部分由国有企业开发。在新能源领域，打通产业链上下游的企业联合越来越普遍。

在产业链建设中，政府的引导起到很关键的作用，关键要围绕建设可持续发展的大工业体系制定产业链和产业群发展方向，要研究政策，引导和鼓励企业参与产业链发展，鼓励外地企业投资发展。要规范市场秩序、引导产业链企业合理的市场定位，建立竞争与合作的机制，走专业化发展道路，避免单打独斗和恶性竞争，从重点扶持部分企业发展，转向不同企业，改善企业环境，促进企业创新和产业的升级。

第二节　新能源产业自主创新能力测度

一、新能源产业自主创新能力测度指标体系

本书根据战略新兴产业自主创新能力通用模型及指标库建立方法，结合上述新能源产业现状分析，建立了新能源产业自主创新能力指标体系，见表8－1。

表8－1　　　　新能源产业自主创新能力测度指标体系

指标类别	一级指标	二级指标	三级指标	数据获取方法
A	潜在技术创新资源指标	A1：新能源产业工程技术人员数占全国比重（$H_{j,t}^{A}$）		《中国高技术产业统计年鉴》及相关公开资料
		A2：新能源产业拥有发明专利数量占全国比重（$A_{j,t}$）		《中国高技术产业统计年鉴》及相关公开资料
B	公共基础设施评价指标	B1：新能源产业政府研发投入占特定产业产值比重（X^{INF}）		公开资料
		B2：新能源产业公共基础设施评价指标	能源价格支持政策	调查研究
			财税政策	
			知识产权制度	
C	产业集群评价指标	C1：新能源产业企业研发投入占特定产业产值比重（Y^{CLUS}）		《中国高技术产业统计年鉴》
		C2：新能源产业环境评价指标	需求条件	调查研究
			竞争结构	
			支撑产业	

续表

指标类别	一级指标	二级指标	三级指标	数据获取方法
D	联系质量评价指标	D1：金融机构贷款在科技活动经费筹集额中的比重（Z^{LINK}）		《中国高技术产业统计年鉴》
		D2：新能源产业联系质量评价指标	科技金融服务体系	调查研究
			产学研结合	
			产业联盟	
E	创新产出能力指标	E1：新能源产业申请专利数量占全国专利申请量比例（$\dot{A}_{j,t}$）		《中国高技术产业统计年鉴》
		E2：新能源产业产值占全国 GDP 比重（Y_t）		《中国高技术产业统计年鉴》

二、数据来源与基础数据

（一）数据来源

1. 定量数据。二级指标需要数据源以公开资料获取为主。有关企业研发现状方面的数据，可以通过中国国家知识产权检索工具对企业获得相关技术专利授权的进行专利检索。由于新能源涉及的领域较多，检索过程中确定的关键词是各个公司名称的主词 + 国际分类号为标准。有关创新环境和宏观政策扶持方面的数据，可以通过政府相关公开文件进行调查统计。

2. 定性数据。三级指标需要数据源以样本企业调研获取为主。根据企业提供的信息，成立评审小组，由政府主管部门权威人士和企业界、学术界专家组成，最好通过各成员打分加权获得相关数据。

（二）部分基础数据

新能源产业自主创新能力测度部分基础数据见表 8 – 2。

表 8-2 新能源产业自主创新能力测度部分基础数据

二级指标	2006 年	2007 年	2008 年	2009 年	2010 年	2011 年	2012 年	2013 年	2014 年	2015 年	2016 年
A1：新能源产业工程技术人员数占全国比重（$H^{A}_{j,t}$）	1.674%	1.380%	1.167%	1.619%	2.564%	2.154%	3.592%	3.224%	2.696%	2.732%	2.020%
A2：新能源产业拥有发明专利数量占全国比重（$A_{j,t}$）	0.003%	0.008%	0.016%	0.092%	0.093%	0.052%	0.004%	0.012%	0.040%	0.072%	0.060%
B1：新能源产业政府研发投入占特定产业产值比重（X^{INF}）	0.010%	0.005%	0.003%	0.002%	0.002%	0.003%	0.009%	0.008%	0.005%	0.023%	0.002%
C1：新能源产业企业研发投入占特定产业产值比重（Y^{CLUS}）	0.727%	0.509%	0.217%	0.125%	0.149%	0.088%	0.743%	0.183%	0.339%	1.218%	0.068%
D1：金融机构贷款在科技活动经费筹集额中的比重（Z^{LINK}）	8.212%	1.381%	3.673%	4.922%	4.408%	0.494%	4.736%	3.871%	3.631%	3.794%	2.061%
E1：新能源产业申请专利数量占全国专利申请量比例（$\dot{A}_{j,t}$）	0.004%	0.006%	0.014%	0.059%	0.079%	0.082%	0.004%	0.009%	0.023%	0.053%	0.072%
E2：新能源产业产值占全国 GDP 比重（Y_t）	10.314%	9.027%	15.472%	16.424%	17.818%	16.476%	8.705%	9.774%	12.726%	16.450%	16.314%

三、新能源产业自主创新能力分次测度结果

（一）一次测度过程及结果

1. 模型形式。

$$L\dot{A}_{j,t}=\delta_{YEAR}Y_t+\delta_{COUNTRY}C_j+\delta_{INF}LX_{j,t}^{INF}+\delta_{CLUS}LY_{j,t}^{CLUS}+\delta_{LINK}LZ_{j,t}^{LINK}$$
$$+\lambda LH_{j,t}^{A}+\phi LA_{j,t}+\varepsilon_{j,t}$$

在该实证模型中，j 表示新能源产业，而 $H_{j,t}^{A}$、$A_{j,t}$、X^{INF}、Y^{CLUS}、Z^{LINK}和 Y_t 等变量分别表示：

第 t 年新能源产业工程技术人员数占全国比重（$H_{j,t}^{A}$）

第 t 年新能源产业拥有发明专利数量占全国比重（$A_{j,t}$）

第 t 年新能源产业政府研发投入占特定产业产值比重（X^{INF}）

第 t 年新能源产业企业研发投入占特定产业产值比重（Y^{CLUS}）

第 t 年金融机构贷款在科技活动经费筹集额中的比重（Z^{LINK}）

第 t 年新能源产业申请专利数量占全国专利申请量比例（$\dot{A}_{j,t}$）

第 t 年新能源产业产值占全国 GDP 比重（Y_t）

C_j为常数项。

2. 模型估计结果。运用 SPSS 对模型进行估计，回归结果详见表 8－3。

表 8－3　　模型估计结果

	估计结果	系数	重要性排序
常数项	－0. 992638 （－0. 893444）		
$H_{j,t}^{A}$	0. 075044 （2. 003825）	&1	3
$A_{j,t}$	0. 05764 （4. 204085）	&2	4
X^{INF}	0. 448484 （0. 327127）	&3	1
Y^{CLUS}	0. 031311 （0. 072153）	&4	5

续表

	估计结果	系数	重要性排序
Z^{LINK}	0. 291039 (0. 0908322)	&5	2
Y_t	0. 024585 (2. 264272)	&6	6
R^2	0. 991576		
F - statistic	78. 47421		
Prob. (F)	0. 000421		

注：括号内为该变量的 t 统计值。

根据模型估计结果，新能源产业自主创新能力形成过程中因素重要性排序为：公共基础设施影响、联系质量、研发人力资源投入、技术存量、产业集群发展环境、产业产值增长。

（二）二次测度结果及应用

按照公共基础设施影响、联系质量、产业集群发展环境等重要驱动要素，对企业进行实际调研和专家打分，确定三级指标分值并按照分数进行权重计算和排序，结果见表8-4。

表8-4　　二次测度核心指标的测度结果

影响因素	三级指标	权重计算结果	权重排序
公共基础设施	能源价格支持政策	43%	1
	财税政策	36%	2
	知识产权保护与激励	21%	3
联系质量	产业联盟发展	39%	1
	产学研结合程度	38%	2
	科技金融服务体系	23%	3
产业集群环境	需求条件	42%	1
	市场结构	36%	2
	支撑产业	22%	3

第九章　新材料产业自主创新能力测度

第一节　新材料产业特征分析

一、新材料产业的定义

欧共体的“科技预测评价”FAST项目曾把信息技术称为今天的技术，把新材料技术称为明天的技术，把生物技术称为后天的技术。新材料是现代高技术发展的先导和基石，世界各国历来重视材料，特别是新材料的发展。科技部在《新材料及新材料产业界定标准（2004年）》中对新材料进行了较严格的界定，新材料指满足以下条件之一的材料：新出现或正在发展中的具有传统材料所不具备的优异性能的材料；高技术发展需要，具有特殊性能的材料；由于采用新技术（工艺、装备），使材料性能比原有性能有明显提高，或出现新的功能的材料。而根据国家发展和改革委员会高新技术司编写的《中国新材料产业发展报告（2009）》对于新材料的定义为：新材料是指新出现的或已在发展中、具有传统材料所不具备的优异性能和特殊功能的材料。

新材料的发展包括两方面的内容：一是研发新的成型技术和加工方法，合成或制备出具有高性能或具有特殊功能的新材料；二是对传统材料的再开发，使性能获得重大的改进和提高。新材料产业除了包括本身形成的产业之外，还应包括与之配套的新材料制造技术及其装备制造产业、传统材料技术的产业、质量保证与验证体系及其他服务产业等。

二、新材料产业的分类

新材料产业属于基础性产业，是许多高新技术的基础，门类复杂而且学科交叉性强，对于新材料产业的分类并无严格的界定，一些研究机构都会根据研究热点的不同制定不同的分类标准，本书根据《中国新材料产业发展报告(2009)》的标准，结合现在研究的热点，把新材料行业分为六大类，分别为新能源材料、新型交通运输材料、电子信息材料、生物医用材料、新型化工材料和环保节能材料，具体分类见图9-1。

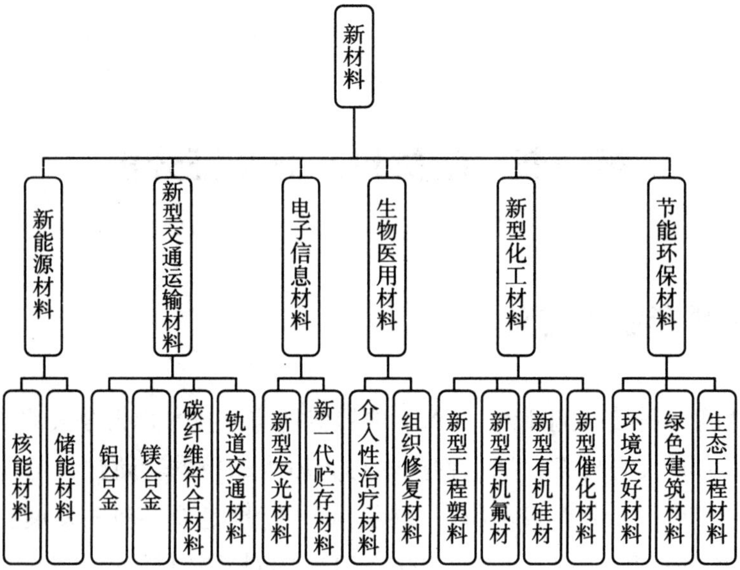

图9-1 新材料行业分类

新能源材料，是指实现新能源的转化和利用以及发展新能源技术中所要用到的关键材料。主要包括储氢电极合金材料为代表的镍氢电池材料、嵌锂碳负极和LiCoO2正极为代表的锂离子电池材料、燃料电池材料、Si半导体材料为代表的太阳能电池材料以及铀、氘、氚为代表的反应堆核能材料等。

新型交通运输材料是指以铝合金、镁合金以及碳纤维复合材料等为代表的在交通运输设备中有重要运用的材料，普遍具有高质，轻量化等特点。

电子信息材料，是指在微电子、光电子技术和新型元器件基础产品领域中所用的材料，主要包括：单晶硅为代表的半导体微电子材料；激光晶体为代表的光电子材料；介质陶瓷和热敏陶瓷为代表的电子陶瓷材料等。

生物医用材料，是一类用于诊断、治疗或替换人体组织、器官或增进其功能的新型高技术材料，是材料科学技术中的一个正在发展的新领域，不仅技术含量和经济价值高，而且与患者生命和健康密切相关。十多年以来，生物医用材料及制品的市场一直保持20%左右的增长率。

新型化工材料，是应用在化工、石油等领域的基础原材料，主要包括有机氟材料、有机硅材料、高性能纤维、纳米化工材料、无机功能材料等。纳米化工材料和特种化工涂料是近年来的研究热点。

环保节能材料，研究热点和发展方向包括再生聚合物（塑料）的设计、材料性评价的理论体系、降低材料环境负荷的新工艺、新技术和新方法等，包括环境友好材料、绿色建筑材料以及生态工程材料等。

第二节　新材料产业自主创新能力测度

一、新材料产业自主创新能力测度指标体系

本书根据战略新兴产业自主创新能力通用模型及指标库建立方法，结合上述新材料产业现状分析，建立了新材料产业自主创新能力指标体系，如表9－1所示。

表9－1　　新材料产业自主创新能力测度指标体系

指标类别	一级指标	二级指标	三级指标	数据获取方法
A	潜在技术创新资源指标	A1：新材料产业工程技术人员数占全国比重（$H_{j,t}^{A}$）		《中国高技术产业统计年鉴》及相关公开资料
		A2：新材料产业拥有发明专利数量占全国比重（$A_{j,t}$）		《中国高技术产业统计年鉴》及相关公开资料
B	公共基础设施评价指标	B1：新材料产业政府研发投入占特定产业产值比重（X^{INF}）		公开资料
		B2：新材料产业公共基础设施评价指标	财税政策	调查研究
			B22：知识产权制度	

续表

指标类别	一级指标	二级指标	三级指标	数据获取方法
C	产业集群评价指标	C1：新材料产业企业研发投入占特定产业产值比重（Y^{CLUS}）		《中国高技术产业统计年鉴》
		C2：新材料产业环境评价指标	需求条件	调查研究
			竞争结构	
			支撑产业	
D	联系质量评价指标	D1：金融机构贷款在科技活动经费筹集额中的比重（Z^{LINK}）		《中国高技术产业统计年鉴》
		D2：新材料产业联系质量评价指标	科技金融服务体系	调查研究
			产学研结合	
			产业联盟数量	
E	创新产出能力指标	E1：新材料产业申请专利数量占全国专利申请量比例（$\dot{A}_{j,t}$）		《中国高技术产业统计年鉴》
		E2：新材料产业产值占全国 GDP 比重（Y_t）		《中国高技术产业统计年鉴》

二、数据来源与基础数据

（一）数据来源

1. 定量数据。二级指标需要数据源以公开资料获取为主。有关企业研发现状方面的数据，可以通过中国国家知识产权检索工具对企业获得相关技术专利授权的进行专利检索。由于新材料医药制品涉及的领域较多，检索过程中确定的关键词是各个公司名称的主词 + 国际分类号为标准。有关创新环境和宏观政策扶持方面的数据，可以通过政府相关公开文件进行调查统计。

2. 定性数据。三级指标需要数据源以样本企业调研获取为主。根据企业提供的信息，成立评审小组，由政府主管部门权威人士和企业界、学术界专家组成，最好通过各成员打分加权获得相关数据。

（二）部分基础数据

新材料产业自主创新能力测度部分基础数据见表 9 – 2。

表 9-2　新材料产业自主创新能力测度部分基础数据

二级指标	2006 年	2007 年	2008 年	2009 年	2010 年	2011 年	2012 年	2013 年	2014 年	2015 年	2016 年
A1：新材料产业工程技术人员数占全国比重（$H_{j,t}^{A}$）	0. 36222%	0. 38453%	0. 37552%	0. 52959%	0. 54971%	0. 51934%	0. 49631%	0. 46521%	0. 45670%	0. 41326%	0. 45266%
A2：新材料产业拥有发明专利数量占全国比重（$A_{j,t}$）	0. 00525%	0. 01309%	0. 01070%	0. 01604%	0. 00859%	0. 01457%	0. 01340%	0. 01194%	0. 00823%	0. 00678%	0. 00284%
B1：新材料产业政府研发投入占特定产业产值比重（X^{INF}）	0. 43893%	0. 46791%	0. 49449%	0. 57906%	0. 45480%	0. 61857%	0. 34211%	0. 35991%	0. 33676%	0. 31412%	0. 36817%
C1：新材料产业企业研发投入占特定产业产值比重（Y^{CLUS}）	4. 84187%	4. 19036%	3. 90364%	4. 43630%	3. 03032%	4. 66812%	3. 21368%	2. 59108%	2. 94937%	3. 06437%	3. 05032%
D1：金融机构贷款在科技活动经费筹集额中的比重（Z^{LINK}）	5. 84657%	5. 46162%	7. 62484%	7. 63356%	9. 96144%	8. 49814%	8. 25872%	7. 00804%	6. 97404%	6. 81404%	7. 17452%
E1：新材料产业申请专利数量占全国专利申请量比例（$\dot{A}_{j,t}$）	0. 00641%	0. 01086%	0. 00681%	0. 01035%	0. 00538%	0. 00705%	0. 00680%	0. 00665%	0. 00432%	0. 00422%	0. 00216%
E2：新材料产业产值占全国 GDP 比重（Y_t）	0. 09943%	0. 09706%	0. 10625%	0. 09587%	0. 11265%	0. 10422%	0. 15810%	0. 16956%	0. 17860%	0. 19891%	0. 20531%

三、新材料产业自主创新能力分次测度结果

（一）一次测度过程及结果

1. 模型形式。

$$L\dot{A}_{j,t} = \delta_{YEAR} Y_t + \delta_{COUNTRY} C_j + \delta_{INF} LX_{j,t}^{INF} + \delta_{CLUS} LY_{j,t}^{CLUS} + \delta_{LINK} LZ_{j,t}^{LINK} + \lambda LH_{j,t}^{A} + \phi LA_{j,t} + \varepsilon_{j,t}$$

在该实证模型中，j 表示新材料产业，而 $H_{j,t}^{A}$、$A_{j,t}$、X^{INF}、Y^{CLUS}、Z^{LINK}和 Y_t 等变量分别表示：

第 t 年新材料产业工程技术人员数占全国比重（$H_{j,t}^{A}$）

第 t 年新材料产业拥有发明专利数量占全国比重（$A_{j,t}$）

第 t 年新材料产业政府研发投入占特定产业产值比重（X^{INF}）

第 t 年新材料产业企业研发投入占特定产业产值比重（Y^{CLUS}）

第 t 年金融机构贷款在科技活动经费筹集额中的比重（Z^{LINK}）

第 t 年新材料产业申请专利数量占全国专利申请量比例（$\dot{A}_{j,t}$）

第 t 年新材料产业产值占全国 GDP 比重（Y_t）

C_j为常数项。

2. 模型估计结果。下面运用 SPSS 对模型进行估计，回归结果详见表 9 - 3。

表 9 - 3　　模型估计结果

	估计结果	系数	重要性排序
常数项	-0.017627 (-0.014982)		
$H_{j,t}^{A}$	0.151285 (0.852426)	&1	3
$A_{j,t}$	0.060631 (6.774209)	&2	4
X^{INF}	0.005267 (1.356449)	&3	6
Y^{CLUS}	0.322749 (0.068558)	&4	1

续表

	估计结果	系数	重要性排序
Z^{LINK}	0.260266 (2.576680)	&5	2
Y_t	0.050785 (3.792186)	&6	5
R^2	0.980720		
F - statistic	33.91072		
Prob.（F）	0.002173		

注：括号内为该变量的 t 统计值。

根据模型估计结果，新材料产业自主创新能力形成过程中因素重要性排序为：产业集群发展环境、联系质量、研发人力资源投入、技术存量、产业产值增长、公共基础设施影响。

（二）二次测度结果及应用

按照产业集群发展环境、联系质量、公共基础设施影响等重要驱动要素，对企业进行实际调研和专家打分，确定三级指标分值并按照分数进行权重计算和排序，结果见表 9－4。

表 9－4　　　　二次测度核心指标的测度结果

影响因素	三级指标	权重计算结果	权重排序
产业集群创新环境	下游应用	45%	1
	军用新材料技术转移	38%	2
	市场结构	27%	3
联系质量	产业联盟发展	43%	1
	产学研结合程度	35%	2
	科技金融服务体系	22%	3
公共基础设施	财税政策	68%	1
	知识产权	32%	2

第十章　新能源汽车产业自主创新能力测度

第一节　新能源汽车产业特征分析

一、新能源汽车简述

新能源汽车从广义定义上是指除汽油、柴油发动机之外所有其他能源汽车。根据我国工业和信息化部最新发布的《新能源汽车生产企业及产品准入管理规则》，新能源汽车的定义被明确为“采用非常规的车用燃料作为动力来源（或使用常规的车用燃料、采用新型车载动力装置），综合车辆的动力控制和驱动方面的先进技术，形成的技术原理先进、具有新技术、新结构的汽车”。它包括燃料电池汽车、混合动力汽车、氢能源动力汽车和太阳能汽车等。目前，基于低碳经济逐步发展的新能源汽车是对社会现有交通和能源使用方式的系统性革命，这也必将带来汽车产业的技术革命，新能源汽车代表着世界汽车产业的发展方向，在世界汽车制造业范围内，新能源汽车产业化的进程也正在持续加速。

进入21世纪，全球汽车工业可持续发展面临着能源和环境的巨大挑战，节能与环保已经成为当今汽车工业发展的主题。包括我国在内的世界主要汽车生产国近年来都把大力发展节能与新能源汽车作为提高产业竞争能力、保持经济社会可持续发展的重大战略举措，纷纷制定出节能与新能源汽车的发展战略规划。

二、新能源汽车的种类

新能源汽车是在传统汽车的基础上进行了延伸，涉及动力和控制系统的改变，增加了动力电池、驱动电机以及与其关联的电子控制系统等组件，并在此基础上进行整合。根据动力类型和驱动方式的不同，新能源汽车可分为混合动力汽车（HEV）、纯电动汽车（EV）、燃料电池电动汽车（FCEV）、氢发动机汽车以及其他新能源（如高效储能器、二甲醚）汽车等各类别产品。从目前新能源汽车的发展现状及趋势来看，在技术上前三种汽车是最有可能先行实现大众化的。

混合动力车是指那些采用传统燃料的，同时配以电动机/发动机来改善低速动力输出和燃油消耗的车型。按照燃料种类的不同，主要又可以分为汽油混合动力和柴油混合动力两种。

电动汽车是指主要采用电力驱动的汽车，大部分车辆直接采用电机驱动，有一部分车辆把电动机装在发动机舱内，也有一部分直接以车轮作为四台电动机的转子，其难点在于电力储存技术。燃料电池汽车是指以氢气、甲醇等为燃料，通过化学反应产生电流，依靠电机驱动的汽车。其电池的能量来自氢气和氧气的化学作用而不是经过燃烧，直接变成电能。燃料电池的化学反应过程不会产生有害产物，是一种理想的车辆。以上三种新能源汽车的具体工作原理和发展现状差别如表 10－1 所示。

表 10－1　　新能源汽车动力类型与驱动方式

动力类型	驱动方式	工作原理	发展现状
混合动力车（HEV）	内燃机＋电机驱动（普通 HEV）	动力以内燃机为主，无外接电源，电机在汽车启动时单独工作，加速、上坡时辅助内燃机工作。	技术已较为成熟，具备商业化条件，是当前各国发展的主流新能源车型。
	内燃机＋电机驱动（插座式混合动力，PHEV）	外接电源为电池充电，电池电量充足时单独驱动汽车行驶，然后启动内燃机进入 HEV 工作模式。	

续表

动力类型	驱动方式	工作原理	发展现状
纯电动车（EV）	电机驱动	依赖自身携带的储能电池为动力来源，储能电池依靠外接电源充电。	目前在大型客车领域应用较多，其他领域技术尚不成熟，但代表了新能源汽车的最终发展方向。
燃料电池车（FCEV）	电机驱动	依靠自身携带的氢、甲醇、天然气等燃料，通过电极反应发电，驱动车辆行驶。	技术最不成熟，制造工艺复杂，成本极高，但也可能发展成新能源汽车的另一代表。

三、新能源汽车产业链的具体分析

新能源汽车产业链围绕着动力电池业务展开，从为生产制造关键零部件的上游原材料（正负极材料、电解质、质子交换膜，半导体等）领域开始，逐步延伸至新能源汽车最为关键的动力和控制系统（动力电池、驱动电机、控制系统），直到整车（乘用车、客车等）的制造环节，最后到新能源汽车使用过程中的后续电力供应等领域，如图 10－1 所示。

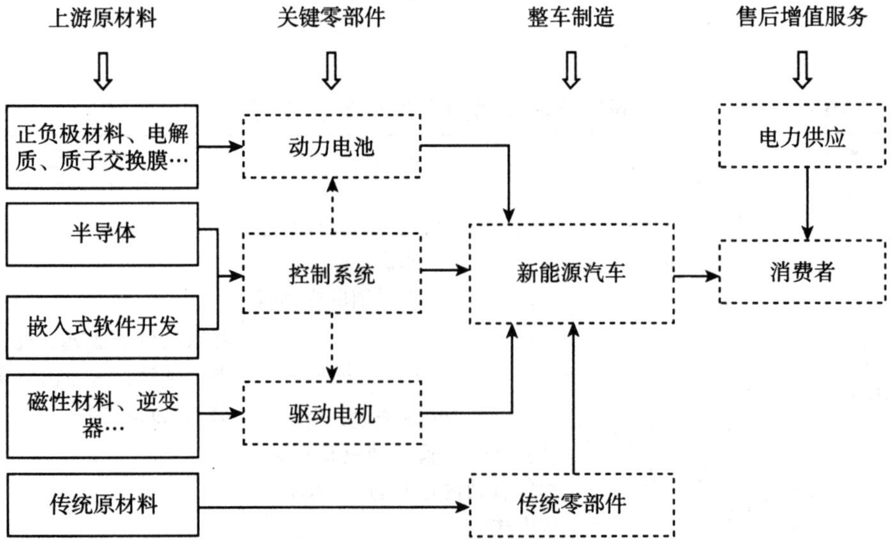

图 10－1　新能源汽车产业链结构图

整个新能源汽车产业链中，动力电池研发、生产是最为关键、最为核心的环节。新能源汽车对电池要求很高，必须具有高比能量、高比功率、快速充电和深度放电的性能，而且要求成本尽量低、使用寿尽量长。在新能源汽车新增组件中，电池系统所占比最高，是新增成本中的绝大部分。在纯电动车的成本构成中，动力电池所占比例甚至高达60%。同时，动力电池要实现快速充电、安全等高性能，也是目前新能源汽车技术研发中技术门槛最高、利润最集中的部分。在市场上，目前主要的动力电池包括铅酸、镍氢、锂电池和燃料电池等。它们涉及多种新材料的应用，主要包括正极锂、负极、电解质量、质子交换膜等以及电池、电机所需的稀土金属。

动力电池，虽然在新能源汽车产业链中不是最为关键和核心的，但是控制系统和驱动电机也有着很重要的地位。控制系统和驱动电机是由两部分组成：电机和控制器，控制器是电机驱动及控制系统核心部分。控制器是由电力电子器件（如IGBT功率模块）构成的逆变器、逆变驱动器、电源模块、中央控制模块、信号检测模块、软启动模块、保护模块、机械结构、散热系统等构成。在产业链原材料上，控制系统需要半导体、嵌入式软件开发；驱动电机需要的稀土、钕铁硼永磁体磁性材料以及逆变器等上游原材料。目前，新能源汽车用驱动电机系统主要分为交流异步电动机、永磁同步电动机和开关磁阻电动机三种。我国新能源汽车产业正处于产业化初期，未来使用哪种技术仍存在不确定性，大功率永磁同步电机驱动系统由于具有高功率密度和高效率的特点，是未来的发展方向。

整个产业链的末端是由整车制造以及售后增值服务构成的。整车制造包括上面所述的动力电池、控制系统以及驱动电机，同时也包括了传统汽车零部件的整合（如车身、底盘等）。此外，新能源汽车在售后使用中，动力的来源由传统汽车所需要的燃料替换成为电池，所以在产业链的最末端，还涉及充电站的供给，动力电池的供应、租赁和回收等环节。以上这些构成了整个新能源汽车产业链。

第二节　新能源汽车产业自主创新能力测度

一、新能源汽车产业自主创新能力测度指标体系

本书根据战略新兴产业自主创新能力通用模型及指标库建立方法，结合上述新能源汽车产业现状分析，建立了新能源汽车产业自主创新能力指标体系见表 10－2。

表 10－2　　新能源汽车产业自主创新能力测度指标体系

指标类别	一级指标	二级指标	三级指标	数据获取方法
A	潜在技术创新资源指标	A1：新能源汽车产业工程技术人员数占全国比重（$H_{j,t}^{A}$）		《中国高技术产业统计年鉴》及相关公开资料
		A2：新能源汽车产业拥有发明专利数量占全国比重（$A_{j,t}$）		《中国高技术产业统计年鉴》及相关公开资料
B	公共基础设施评价指标	B1：新能源汽车产业政府研发投入占特定产业产值比重（X^{INF}）		公开资料
		B2：新能源汽车产业公共基础设施评价指标	财税政策	调查研究
			知识产权制度	
			产业政策	
C	产业集群评价指标	C1：新能源汽车产业企业研发投入占特定产业产值比重（Y^{CLUS}）		《中国高技术产业统计年鉴》
		C2：新能源汽车产业环境评价指标	需求条件	调查研究
			竞争结构	
			支撑产业	

续表

指标类别	一级指标	二级指标	三级指标	数据获取方法
D	联系质量评价指标	D1：金融机构贷款在科技活动经费筹集额中的比重（Z^{LINK}）		《中国高技术产业统计年鉴》
		D2：新能源汽车产业联系质量评价指标	科技金融服务体系	调查研究
			产学研结合	
			产业联盟数量	
E	创新产出能力指标	E1：新能源汽车产业申请专利数量占全国专利申请量比例（$\dot{A}_{j,t}$）		《中国高技术产业统计年鉴》
		E2：新能源汽车产业产值占全国 GDP 比重（Y_t）		《中国高技术产业统计年鉴》

二、数据来源与基础数据

（一）数据来源

1. 定量数据。二级指标需要数据源以公开资料获取为主。有关企业研发现状方面的数据，可以通过中国国家知识产权检索工具对企业获得相关技术专利授权的进行专利检索。由于新能源汽车医药制品涉及的领域较多，检索过程中确定的关键词是各个公司名称的主词 + 国际分类号为标准。有关创新环境和宏观政策扶持方面的数据，可以通过政府相关公开文件进行调查统计。

2. 定性数据。三级指标需要数据源以样本企业调研获取为主。根据企业提供的信息，成立评审小组，由政府主管部门权威人士和企业界、学术界专家组成，最好通过各成员打分加权获得相关数据。

（二）部分基础数据

新能源汽车产业自主创新能力测度部分基础数据见表 10－3。

表 10－3　新能源汽车产业自主创新能力测度部分基础数据

二级指标	2006 年	2007 年	2008 年	2009 年	2010 年	2011 年	2012 年	2013 年	2014 年	2015 年	2016 年
A1：新能源汽车产业工程技术人员数占全国比重（$H_{j,t}^{A}$）	4.193%	5.540%	5.986%	6.190%	6.751%	6.928%	4.757%	6.247%	6.127%	6.503%	6.274%
A2：新能源汽车产业拥有发明专利数量占全国比重（$A_{j,t}$）	0.005%	0.005%	0.031%	0.032%	0.024%	0.003%	0.012%	0.015%	0.030%	0.027%	0.020%
B1：新能源汽车产业政府研发投入占特定产业产值比重（X^{INF}）	0.376%	0.331%	0.201%	0.216%	0.262%	0.120%	0.261%	0.169%	0.197%	0.239%	0.145%
C1：新能源汽车产业企业研发投入占特定产业产值比重（Y^{CLUS}）	1.829%	2.207%	2.077%	2.420%	2.533%	1.192%	1.910%	1.262%	2.689%	2.190%	1.247%
D1：金融机构贷款在科技活动经费筹集额中的比重（Z^{LINK}）	8.004%	3.602%	4.567%	5.730%	4.640%	1.214%	12.199%	12.608%	4.599%	5.607%	1.335%
E1：新能源汽车产业申请专利数量占全国专利申请量比例（$\dot{A}_{j,t}$）	0.004%	0.012%	0.014%	0.025%	0.023%	0.027%	0.004%	0.008%	0.019%	0.024%	0.024%
E2：新能源汽车产业产值占全国 GDP 比重（Y_t）	3.959%	5.421%	6.937%	7.512%	8.289%	10.796%	4.586%	6.786%	6.967%	8.136%	9.490%

三、新能源汽车产业自主创新能力分次测度结果

（一）一次测度过程及结果

1. 模型形式。

$$L\dot{A}_{j,t} = \delta_{YEAR}Y_t + \delta_{COUNTRY}C_j + \delta_{INF}LX_{j,t}^{INF} + \delta_{CLUS}LY_{j,t}^{CLUS} + \delta_{LINK}LZ_{j,t}^{LINK} + \lambda LH_{j,t}^{A} + \phi LA_{j,t} + \varepsilon_{j,t}$$

在该实证模型中，j 表示新能源汽车产业，而 $H_{j,t}^{A}$、$A_{j,t}$、X^{INF}、Y^{CLUS}、Z^{LINK} 和 Y_t 等变量分别表示：

第 t 年新能源汽车产业工程技术人员数占全国比重（$H_{j,t}^{A}$）

第 t 年新能源汽车产业拥有发明专利数量占全国比重（$A_{j,t}$）

第 t 年新能源汽车产业政府研发投入占特定产业产值比重（X^{INF}）

第 t 年新能源汽车产业企业研发投入占特定产业产值比重（Y^{CLUS}）

第 t 年金融机构贷款在科技活动经费筹集额中的比重（Z^{LINK}）

第 t 年新能源汽车产业申请专利数量占全国专利申请量比例（$\dot{A}_{j,t}$）

第 t 年新能源汽车产业产值占全国 GDP 比重（Y_t）

C_j 为常数项。

2. 模型估计结果。运用 SPSS 对模型进行估计，回归结果详见表 10－4。

表 10－4　模型估计结果

	估计结果	系数	重要性排序
常数项	－4.154170 （－1.772411）		
$H_{j,t}^{A}$	0.294270 （1.639879）	&1	2
$A_{j,t}$	0.033078 （2.115473）	&2	4
X^{INF}	0.368593 （1.061592）	&3	1
Y^{CLUS}	0.223901 （0.527345）	&4	3

续表

	估计结果	系数	重要性排序
Z^{LINK}	0.029773 (0.725397)	&6	5
Y_t	0.015936 (0.302973)	&6	6
R^2	0.980465		
F - statistic	33.45951		
Prob. (F)	0.002231		

注：括号内为该变量的 t 统计值。

根据模型估计结果，新能源汽车产业自主创新能力形成过程中因素重要性排序为：公共基础设施影响、研发人力资源投入、产业集群发展环境、技术存量、联系质量、产业产值增长。

（二）二次测度结果及应用

按照公共基础设施影响、产业集群发展环境、联系质量等重要驱动要素，对企业进行实际调研和专家打分，确定三级指标分值并按照分数进行权重计算和排序，结果见表 10 - 5。

表 10 - 5　　　　二次测度核心指标的测度结果

影响因素	三级指标	权重计算结果	权重排序
公共基础设施	产业培育政策	46%	1
	财税政策	43%	2
	知识产权保护和激励	11%	3
产业集群创新环境	市场结构	39%	1
	支撑产业	33%	2
	需求条件	28%	3
联系质量	科技金融支撑	43%	1
	产学研结合程度	42%	2
	产业联盟发展	15%	3

第三篇 对策篇

第十一章　战略性新兴产业自主创新能力提升机制

第一节　战略新兴产业自主创新能力测度结果的比较和分析

一、创新能力单项指标的国际比较

创新能力是基于内外资源整合的基础上，通过应用新技术或新方法取得预期创新绩效的能力，通常可分为企业创新能力、产业创新能力、区域创新能力和国家创新能力。目前，关于创新能力的研究，大多数文献基于企业层面开展研究（王鹏、曹兴、龙凤珍，2011），也有文献深入研究了区域创新能力（岳鹄、康继军，2009；王锐淇、张宗益，2010；王建民、王艳涛，2015）和国家创新能力（刘凤朝、孙涛，2008；刘凤朝、冯婷婷，2011；张治河、冯陈澄、李斌、华瑛，2014）。在产业层面上，学者们根据研究需要，对产业创新能力进行了界定。吴秀娟、吴诗禾和黄和亮（2009）认为产业创新能力是将知识转化为新产品或新工艺并获得经济社会效益、推动产业发展的能力，由创新投入能力、成果产出能力、制造能力和支撑能力等构成。杨楠（2012）认为产业创新能力是产业基于自身的经济技术实力以及专利技术的获取，通过强化核心技术并获得竞争力的综合能力，由实施能力、投入能力、产出能力和核心能力等构成。包英群（2016）认为产业创新能力是产业通过技术创新提升产业竞争力的综合能力，由创新投入能力、产出能力和支撑能力等构成。此外，有学者以高技术产业为研究对象，对其创新能力进行界定。廖湘岳和刘敏（2014）基于知识和技术角度，认为高技术产业创新能力是产业利用自身的知识和技术优势，将其转化为新工艺或新产品的能力，由知识创新能力、技术创新能力和市场能力等构成。李丹和王欣（2016）认为高技术产业创新能力是高技术企业通过与其他创新主体的合作，进而提高产业竞争力的能力，由投入能力、获取能力、产出能力和支撑能力等构成。董慧梅和李月等（2016）认为高技术产业创新能力是基于企业创新主体，产业通过投入创新资源，最终产出所能达到的最大边界。范德成和杜明月（2017）认为高技术产业创新能力是将知识和技术转化为新产品或新工艺，促进自身可持续发展的能力，由创新投入、创新产出和创新环境等能力要素构成。

上述文献多以高技术产业为研究对象，基于过程视角对产业创新能力进行界定，但并未形成统一的观点。在产业创新能力构成要素研究方面，包英群（2016）将其可归纳为三种观点：一是认为产业创新能力包括自主创新能力、模仿创新能力和引进消化吸收再创新能力；二是认为产业创新能力包括管理创新能力、技术创新能力和制度创新能力；三是认为产业创新能力包括创新投入能力、产出能力、转化能力和环境支撑能力。

现有文献主要基于创新投入、创新产出和创新支撑等三个方面构建评价指标体系，并在此基础上对产业创新能力进行评价。张倩男和赵玉林（2007）基于创新投入能力、产出能力和支撑能力构建了高技术产业创新能力评价体系。陈萍、贾志永和龚小欢（2009）基于创新投入能力和创新产出能力构建了高技术产业创新能力评价体系，采用层次分析法对高技术产业技术创新能力进行了实证研究。高达宏（2010）基于创新基础、投入和产出构建了高技术产业创新能力评价体系，并运用灰色关联分析法对我国高技术产业创新能力进行评价。徐廷廷、徐长乐、司桂霞和刘洋（2013）基于创新投入能力和创新产出能力构建了高技术产业创新能力评价体系，并运用熵值法、层次分析法及变异系数对上海高技术产业创新能力评价。吴忠涛、张丹和龚艳（2014）基于创新投入能力、创新产出能力和创新支撑能力构建了战略性新兴产业创新能力评价体系，并运用因子分析和聚类分析对西安高新区战略性新兴产业创新能力进行了评价。范德成和杜明月（2017）基于创新投入、创新产出和创新环境三个方面构建了高技术产业创新能力评价指标体系，运用 TOPSIS 灰色关联投影法对京津冀地区高技术产业技术创新能力进行了动态综合评价。王洪庆和侯毅（2017）基于创新投入能力和产出能力构建了高技术产业创新能力评价体系，运用改进的熵值法对高技术产业中的不同行业创新能力进行评价。

上述文献主要针对高技术产业创新能力进行了评价分析，也有学者针对其他产业创新能力进行了评价分析。王章豹和孙陈（2007）基于资源投入能力、成果转化能力、产出能力、支撑能力、环保能力等构建了产业创新能力评价指标体系，并运用主成分分析法对装备制造业创新能力进行评价。李美娟、陈国宏和陈国龙（2008）基于创新投入能力、制造能力、创新环境、创新产出能力、创新扩散能力等构建了产业创新能力评价体系，并运用灰色关联度对中国制造业产业创新能力进行评价。刘春香和章丽萍（2010）基于创新资源、创新开发能力和创新环境构建了传统优势产业创新能力评价体系。杨屹和薛惠娟（2010）基于投入能力、产出能力、配置能力和支撑能力构建了产业创新能力评价体系，并运用因子分析法对我国28个省区市的产业创新能力进行评价。乔虹（2016）基于创新投入能力和产出能力构建了产业创新能力评价体系，运用因子分析法对河南省20个产业创新能力进行评价。康灿华和阮飞（2008）基于原始创新能力、集成创新能力和二次创新能力构建了电子信息产业创新能力评价体系，运用层次分析法对中国电子信息产业创新能力进行评价。李金兰和郑淑蓉（2010）基于产业共性视角构建了高新技术产业创新能力评价体系，并运用主成分分析法对泉州市高新技术产业创新能力进行了评价。温晓慧、黄海洋、王晓珍和高伟（2016）基于国家层创新能力、区域层创新能力、产业层创新能力和企业层创新能力构建了生物医药产业创新能力评价体系。吴海江（2016）基于产业科研基础、经济基础、创新成果转化率、相关产业之间的协同度以及政府制度完善度构建了信息产业创新能力评价体系，运用三参数区间灰数对产业创新能力进行评价。梁晓捷和王兵（2017）基于创新方向、创新效率和创新质量构建了产业创新能力评价体系，并运用密切值法对钢铁行业创新能力进行综合评价。

综上所述，关于产业创新能力评价研究，学者们重点关注了评价指标体系的构建和评价方法的选择，并取得了大量丰富的研究成果。在评价指标体系构建方面，主要基于创新投入能力、创新产出能力和创新环境三个维度来进行设计，但受主观因素影响较大，各级指标体系的系统性不强、科学性不足、难以应用，甚至部分文献未对指标体系进行实证检验，因而如何建立更加科学合理的评价体系仍然是一个亟待解决的问题。评价方法的选择，主要集中在主成分分析法、因子分析法、层次分析法，也有学者采用了模糊评价法、熵值法、变异系数和灰色关联分析法，但方法选择和应用比较单一，每种评价方法各有优缺点，因此如何综合运用相关评价方法对产业创新能力进行评价有待进一步深入研究。

由于战略性新兴产业在各国发展战略和发展重点领域不尽相同，在测度体系建立初期难以进行同口径比较。为了更好地了解中国在国家创新能力方面与世界领先者的差距，下面我们将选取一级指标体系中的潜在技术创新资源单项指标和创新产出能力单项指标，对中国与美国、日本和全体 OECD 成员国等进行比较。

本节均采用 Source OECD 的数据，采取的办法是比较从 R&D 经费投入、R&D 占 GDP 的比重、三方专利数、每万人中 R&D 人员数以及每千名 R&D 人员发明专利授权数等五个方面，分析比较中、美、日和 OECD 在 1991—2007 年的创新能力。图 11－1、图 11－2、图 11－3、图 11－4、图 11－5 显示了这五方面的数据。

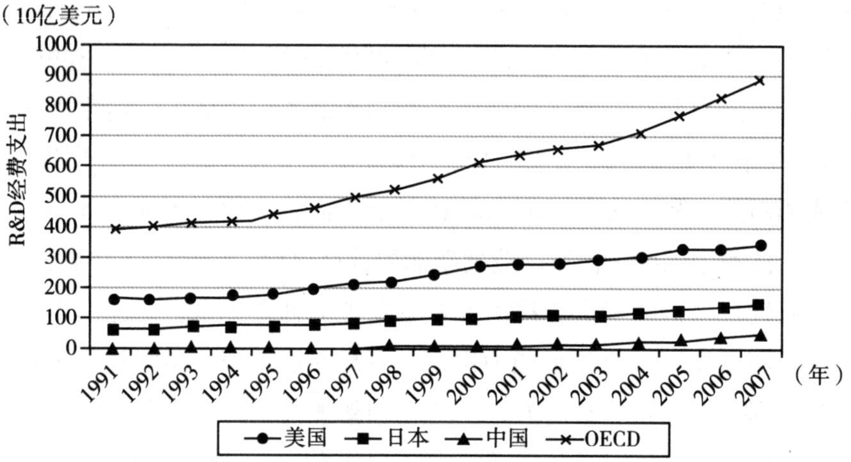

图 11－1　1991—2007 年美、日、中及全体 OECD 成员国的 R&D 经费支出

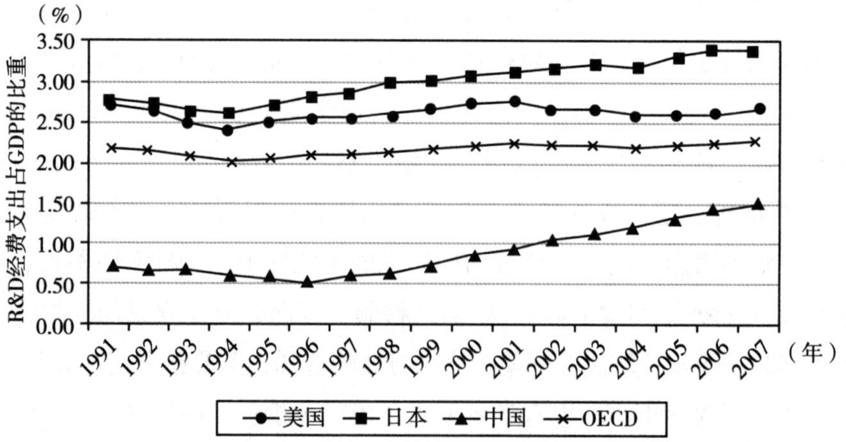

图 11－2　1991—2007 年美、日、中及全体 OECD 成员国的 R&D 经费占 GDP 比重

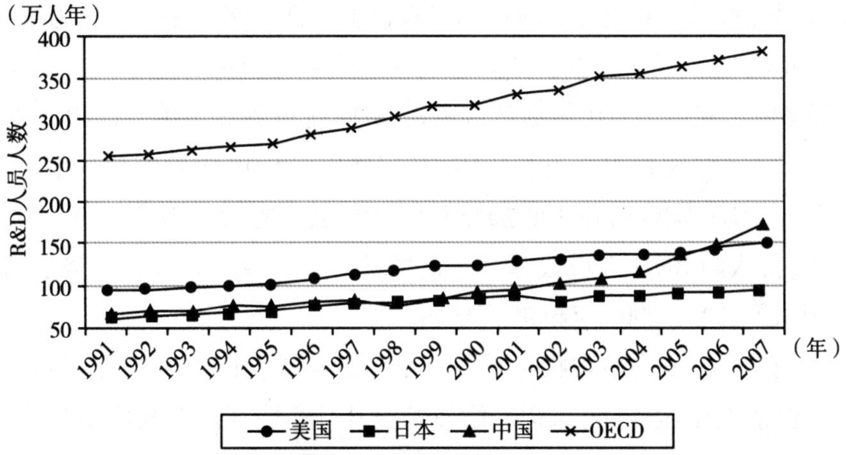

图 11－3　1991—2007 年美、日、中及全体 OECD 成员国的每万人中 R&D 人员数

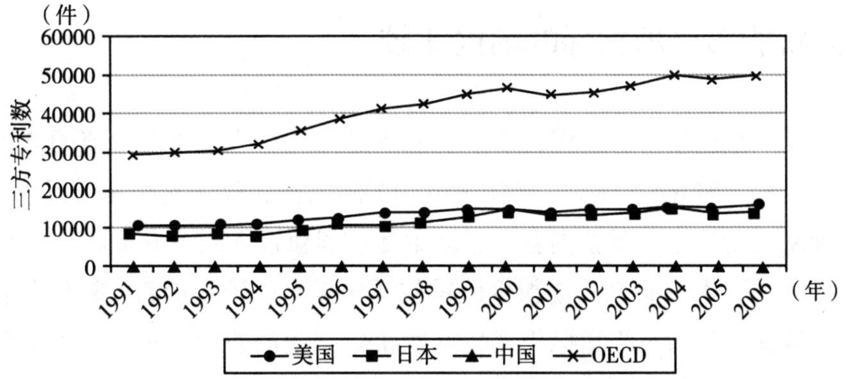

图 11－4　1991—2007 年美、日、中及全体 OECD 成员国的三方专利数

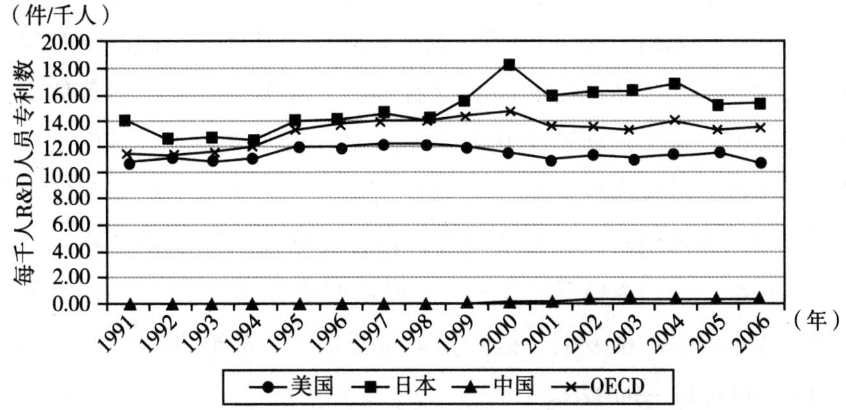

图 11－5　1991—2007 年美、日、中及全体 OECD 成员国每千名 R&D 人员的发明专利授权数

1. 从潜在技术创新资源单项指标来看，中国近年来在创新投入方面力度在加大：在 R&D 经费投入方面，中国远远落后于发达国家，其中美国是 R&D 经费投入最多的国家。虽然中国研发经费占 GDP 比重落后于美、日和全体 OECD 成员国，但是大约从 1999 年开始，中国的 R&D 占 GDP 比重的增长率明显高于其他三方，说明我国政府在不断加强对研发和创新的投入力度。中、美、日和 OECD 的每万人中 R&D 人员数都有一定增长，其中中国的增长趋势最为明显，1999 年超越了日本，2005 年超越了美国。

2. 从创新产出能力单项指标来看，虽然近年来我国大幅增加了研发投入，但从专利数等产出指标来看，创新绩效的提升并不明显。专利申请和认定一直是中国发展过程中的弱项。从图 11－4 中也可以看出，近几年来中国的三方专利数几乎没有明显变化，总量较少，增长缓慢。

二、创新能力单项指标的国内比较

创新是一个连续动态过程，创新价值链是指从产生到创造价值的流程（刘建国，2016），包括研发创新、转化创新、产品创新、载体支撑等创新过程。不同于以前从创新产出、创新内容、创新主体、创新投入四个角度构建“四三结构”评价体系，本书研究从创新价值链层面出发，以研发创新、转化创新、产品创新、载体创新为一级指标构建战略性新兴产业创新评价体系，整个创新环节形成一个完整链条，同时更能体现战略性新兴产业的新兴性（研发和产品创新）和战略性（转化和载体创新）。战略性新兴产业创新体系分为双重导向、三个环节、四大转化共三个层级，即研发创新源头推动、产品创新层次拓展的“新兴化”导向，载体创新支撑互动、转化创新渠道转换的“战略性”导向；研发创新、转化创新、产品创新的创新价值链三大环节；研发创新载体支撑、载体创新转化渠道、转化创新产品升级、产品创新研发推动四大转化关系。遵循客观性、科学性、可操作性原则，本书研究从研发创新能力、转化创新能力、产品创新能力、载体创新能力四个维度，设计战略性新兴产业创新能力评价指标体系，每一维度分别由相互关联的 3 个模块组成，共有 12 个模块。模块相互链接，推动四个维度均衡发展，提升整体创新能力。战略性新兴产业创新能力“四三结构”如图 11－6 所示。

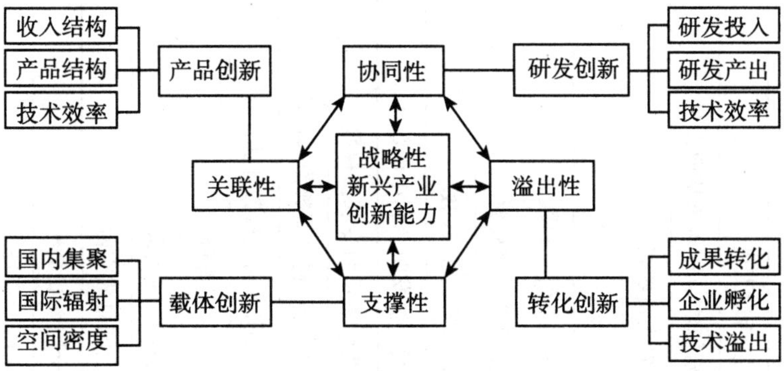

图 11－6　战略性新兴产业创新能力“四三结构”

“四三结构”既要有涵盖区域各类科技孵化空间、创新型产业集群、国家高新区等创新载体的容量优势，又要体现技术交易市场、研发各项投入等流量优势，以及专利申请授权量、新产品销售额等增量优势。创新价值链前端流量、中端容量、后端增量对应于战略性新兴产业的高端、高新、高效。本书研究将创新价值链创新能力与创新效率相结合，以此作为指标筛选原则，基于“四三结构”构建战略性新兴产业创新能力指标体系，如表 11－1 所示。

为了更加直观地表现我国内地 30 个省份战略性新兴产业创新能力间的均衡性，我们根据评价结果计算得到各省域创新能力的落差值，并绘制成折线图，如图 11－7 所示。

在图 11－7 中，折线点的值越小且越靠近时，就表明该省域战略性新兴产业创新能力越均衡，反之即为非均衡。由于折线表中左侧省域战略性新兴产业综合创新能力高于右侧，因此本书选取广东、北京、江苏、陕西、上海、浙江、山东、湖北、河南、天津、四川、安徽、重庆、山西、福建等 15 个省域作为研究对象，测算其 WT 指数。

从图 11－7 可以看出，广东、北京、江苏战略性新兴产业综合创新能力较强，且四个维度相对比较均衡，战略性新兴产业成为经济发展的新动能。具体而言，广东省战略性新兴产业研发创新能力、产品创新能力、载体创新能力较突出，R&D 人才投入占比 60.36%，R&D 经费投入占营业总收入的比重达到 3.24%，专利申请数量和专利授权数量全国领先；产品销售收入占营业总收入的比重达到 88.22%，新产品开发项目近两万项；产业基地辐射带动占比 17.73%，产业集群出口创汇规模高达 2243.98 亿元，而珠三角也获批成为国家首批战略性新兴产业区域集聚发展试点。北京市战略性新兴产业转化创新能力

表 11-1　战略性新兴产业创新能力“四三结构”指标体系

一级指标	二级指标	三级指标	指标计算公式
研发创新能力（新兴导向）B_1（0.178）	研发投入 C_1（0.105）	R&D 经费投入强度 D_1（0.032）	R&D 经费投入/营业总收入
		R&D 人才投入结构 D_2（0.004）	R&D 人员数量/科技活动人员
		科技人员投入结构 D_3（0.006）	高新技术企业科技活动人员/年末从业人员
		研发人员人均 R&D 经费 D_4（0.02）	R&D 经费投入/研发人员数量
		新产品开发经费 D_5（0.043）	内资企业新产品开发经费
	研发产出 C_2（0.064）	人均专利申请量 D_6（0.01）	每万名 R&D 人员申请发明专利数
		人均专利授权量 D_7（0.011）	每万名 R&D 人员发明专利授权数
		专利加权量 D_8（0.026）	0.7531×申请数+0.2469×授权数
		发明专利申请成效 D_9（0.009）	每百万元 R&D 经费产生发明专利申请数
	研发效率 C_3（0.008）	发明专利授权成效 D_{10}（0.008）	每百万元 R&D 经费产生发明专利授权数
		专利申请效率 D_{11}（0.003）	经费、人员投入，发明专利申请数作为产出
		专利授权效率 D_{12}（0.005）	经费、人员投入，发明专利授权数作为产出
转化创新能力（战略导向）B_2（0.266）	成果转化 C_4（0.146）	技术交易活跃程度 D_{13}（0.028）	输出技术与吸纳技术合同数量
		技术交易规模比重 D_{14}（0.041）	技术交易额占区域 GDP 的比重
		输出技术成交额比重 D_{15}（0.043）	输出技术成交额/全国总成交额
		吸纳技术成交额比重 D_{16}（0.019）	吸纳技术成交额/全国总成交额
	企业孵化 C_5（0.043）	技术输出输入比 D_{17}（0.015）	技术输出总量/技术吸纳总量
		科技孵化器密度 D_{18}（0.008）	在孵企业数量/孵化器总量
		孵化基金投入比重 D_{19}（0.01）	孵化基金与孵化器总收入的比例

续表

一级指标	二级指标	三级指标	指标计算公式
转化创新能力（战略导向）B_2（0.266）	企业孵化 C_5（0.043）	在孵企业人员结构 D_{20}（0.008）	管理机构从业人员占在孵企业人员比重
		企业孵化规模 D_{21}（0.014）	在孵企业总收入/在孵企业数量
		企业孵化效益 D_{22}（0.003）	在孵企业净利润占在孵企业总收入的比重
	技术转移 C_6（0.078）	技术转移活跃程度 D_{23}（0.032）	战略性新兴产业技术转移项目成交数量
		技术转移成交规模 D_{24}（0.046）	战略性新兴产业技术转移项目成交金额
产品创新能力（新兴导向）B_3（0.232）	收入结构 C_7（0.087）	技术收入结构 D_{25}（0.018）	技术性收入/营业总收入
		单位经费的技术收入 D_{26}（0.025）	技术性收入/R&D 经费支出
		产品销售收入结构 D_{27}（0.002）	产品销售收入/营业总收入
		高新技术产出比重 D_{28}（0.023）	高新技术产业产值/工业总产值
		国家高新区产出比重 D_{29}（0.019）	高新区工业增加值/区域 GDP
	产品结构 C_8（0.138）	新产品开发项目规模 D_{30}（0.027）	新产品开发项目数量
		新产品开发项目强度 D_{31}（0.03）	每百家企业新产品开发项目数
		新产品销售收入占比 D_{32}（0.019）	新产品销售收入/产品销售总收入
		新产品销售增长率 D_{33}（0.042）	当年新产品销售额/上年度新产品销售额 - 1
	技术效率 C_9（0.007）	新产品出口率 D_{34}（0.02）	新产品出口额/新产品销售收入
		技术产出效率 D_{35}（0.004）	经费、人员投入、技术性收入作产出
		新产品产出效率 D_{36}（0.003）	经费、人员投入、新产品销售收入作产出

续表

一级指标	二级指标	三级指标	指标计算公式
载体创新能力（战略导向）B_4（0.324）	国内集聚 C_{10}（0.127）	生产力中心服务能力 D_{37}（0.031）	生产力促进中心服务收入
		创新型产业集群协同 D_{38}（0.021）	创新型产业集群产业联盟组织数量
		特色产业基地带动力 D_{39}（0.022）	火炬特色产业基地工业总产值/区域 GDP
		大学科技园孵化能力 D_{40}（0.026）	国家大学科技园孵化基金总额
		国家高新区吸纳能力 D_{41}（0.027）	国家高新区留学归国人员数量
	国际辐射 C_{11}（0.174）	产业出口带动能力 D_{42}（0.016）	高技术产业出口交货值/主营业务收入
		高新区出口创汇规模 D_{43}（0.032）	高新区出口创汇额
		基地出口创汇规模 D_{44}（0.063）	火炬特色产业基地出口创汇总额
		集群出口创汇规模 D_{45}（0.048）	创新型产业集群出口创汇额
		高新区出口依存度 D_{46}（0.015）	高新区出口创汇额/工业生产总值
	空间密度 C_{12}（0.023）	高新技术聚集密度 D_{47}（0.02）	高新区高新技术企业数量占区域企业比重
		国家高新区企业密度 D_{48}（0.003）	高新技术企业数量/国家高新区企业总量

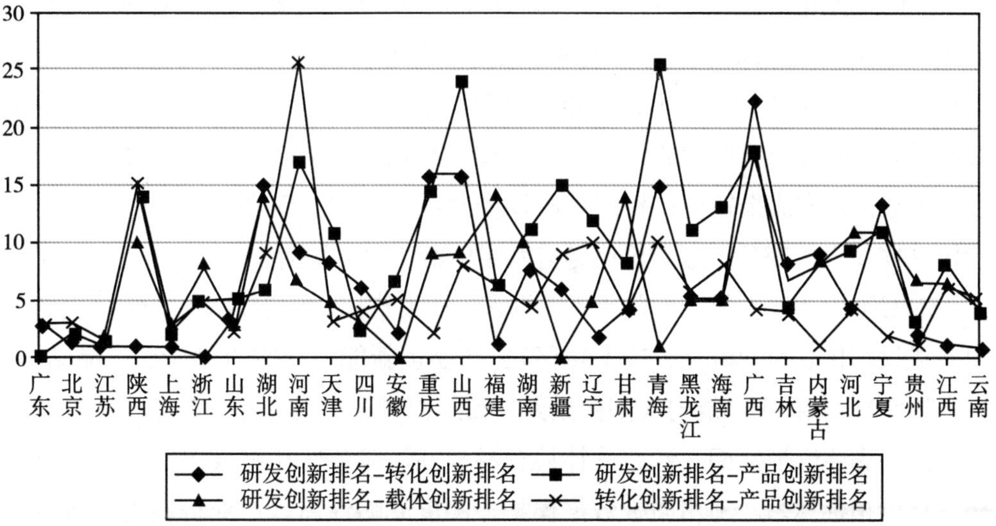

图 11－7　30 个省份战略性新兴产业创新能力非均衡性判别

表现突出，技术交易额占区域 GDP 的比重超过 15%，战略性新兴产业技术转移项目成交规模超过百亿元，且技术输出规模是技术吸纳规模的 2.6 倍，是战略性新兴产业技术市场策源地。江苏省战略性新兴产业载体创新能力较突出，全省高新技术企业超过 1 万家，战略性新兴产业销售收入 2016 年突破 4.89 万亿元，占规模以上工业总产值的比重为 30.2%，产业集聚效应明显；高技术产业出口交货值占主营业务收入的比重超过 45%，国际辐射带动能力显著。

创新能力均衡区域筛选结果表明，陕西、上海、浙江、山东、湖北也是战略性新兴产业重点发展对象，但创新能力发展相对不均衡。陕西省作为西部科技大省，研发创新能力、转化创新能力较突出，但产品创新能力与载体创新能力薄弱。R&D 经费投入占营业收入的比重接近 15%，高功率激光器、飞机飞行模拟器等转化创新快速推进，但新产品销售收入结构不到 1%。由于陕西地处西部，高新区出口依存度偏低。上海战略性新兴产业创新能力四个维度较均衡，但数值偏低。技术成果转化率不高，技术交易额占区域 GDP 比重未超过 3%，新产品销售收入平均增长率为 7.38%，产品创新能力有待提升。浙江省战略性新兴产业成果转化效率较低，战略性新兴产业技术转移成交项目金额明显低于广东、江苏，技术交易规模仅为 0.28%。浙江省高新区作为战略性新兴产业核心载体，高新区出口创汇额占工业生产总值的比重接近 8%，国际辐射作用显著。山东省创新能力不断提升，山东半岛国家自主创新示范区对战略性新兴产业发展的支撑作用显著，但转化创新和产品创新能力较弱，技术交易规模仅为0.5%，新产品销售收入占产品销售总收入的1.47%，高端产品比重较小。湖北省高新技术产业产值占GDP的比重超过30%，武汉光谷成为战略性新兴产业集聚发展的重要标志。但湖北省研发创新和产品创新能力较弱，研发经费和人才投入不够，专利成果较少；新产品研发经费投入较少。新产品销售收入占产品销售总收入的0.78%，创新价值链前后端创新能力不均衡。

本书研究从研发创新能力（研发投入、研发产出、研发效率）、转化创新能力（成果转化、企业孵化、技术转移）、产品创新能力（收入结构、产品结构、技术效率）、载体创新能力（国内集聚、国际辐射、空间密度）四个维度，利用相关分析法评价指标相关性，设计具有科学性、客观性和可操作性的“四三结构”评价指标体系。利用面板数据模型，测度战略性新兴产业创新能力各维度对盈利能力的非均衡影响。检验结果表明，四个维度影响程度不均衡，仅载体创新具有显著影响，同时转化创新与载体创新协同作用影响显著。采用均衡判别模型和威弗组合指数建立创新能力均衡筛选模型，充分反映指标数值差异变化情况。结果表明，省域战略性新兴产业创新能力呈现非均衡性特征，进一步筛选出广东、北京、江苏、陕西、上海、浙江、山东、湖北作为创新能力均衡推进重点发展区域，提出相关发展建议。

为进一步促进各省域战略性新兴产业创新发展，弱化创新价值链不均衡分布，本小节研究提出如下建议。第一，推动创新价值链前端研发创新优势向中末端扩散。由研发导向转向创新链导向，完善研发人员激励机制，充分激发研发人才创新活力。第二，发挥创新价值链的转化创新优势，提升创新价值链薄弱环节创新能力，推动战略性新兴产业创新价值链各环节均衡发展。不断完善创新成果转化机制，加强重大科技成果转化应用支持力度，促进科技成果在区域内有效转化和规模化应用，跨越“达尔文海”，推动关键核心技术和产品实现产业化。第三，强化战略性新兴产业产品创新对创新价值链的牵引作用，完善产业产品技术创新体系和创新型企业培育政策措施，引导创新要素向企业集聚。第四，深化载体创新功能，发挥载体创新对战略性新兴产业创新价值链各环节的支撑作用和协同作用，整合建立行业协同创新平台、成果转移转化平台、企业孵化平台，完善产业创新平台体系。

战略性新兴产业创新能力非均衡评价局限于我国内地30个省份，并未分析城市间的非均衡性，我的后续研究将扩展样本范围，同时研究创新能力四个维度间的相互作用关系，探究战略性新兴产业创新价值链各环节创新能力作用机制及创新能力协同提升路径。

三、战略性新兴产业自主创新能力测度结果的比较

（一）一次测度结果的比较分析

各二级指标客观权重构成了本测度方案的核心应用（见表 11－2），通过各二级指标权重系数的估计，我们可以分析公共基础设施、集群本身发展以及联系质量对于战略新兴产业自主创新能力形成的重要性，以及这种重要性变化的趋势，对于战略新兴产业自主创新能力内在机制把握和提升自主创新能力路径具有重要意义。

表 11－2　　　　各二级指标的经济含义和应用

核心指标	经济含义	应用
&1（研发人力资源权重）	研发人力资源增长带来的自主创新能力增长	横向对比找出不同产业差距；纵向对比分析该因素对自主创新能力形成的重要程度变化
&2（技术存量资源权重）	技术存量资源增长带来的自主创新能力增长	横向对比找出不同产业差距；纵向对比分析该因素对自主创新能力形成的重要程度变化
&3（公共基础设施权重）	政府研究开发投入带来的自主创新能力增长	横向对比找出不同产业差距；纵向对比分析该因素对自主创新能力形成的重要程度变化
&4（产业集群发展权重）	企业研究开发投入带来的自主创新能力增长	横向对比找出不同产业差距；纵向对比分析该因素对自主创新能力形成的重要程度变化
&5（联系质量权重）	金融机构融资增长带来的自主创新能力增长	横向对比找出不同产业差距；纵向对比分析该因素对自主创新能力形成的重要程度变化
&6（创新产出权重）	产业产值提升带来的自主创新能力增长（也可以用于估计自主创新能力提升对产值提升带来的影响）	横向对比找出不同产业差距；纵向对比分析该因素对自主创新能力形成的重要程度变化

从一次测度结果来看（见表11－3），尽管每个战略性新兴产业情况有所不同，但整体来说公共基础设施、产业集群环境、联系质量三个指标权重之和超过研发人力资源、技术存量和创新产出。这说明在提升战略性新兴产业自主创新能力过程中必须关注上述核心二级指标，在加大创新资源投入的同时注重体制机制创新，注重市场环境培育和创新网络的建立。每个产业的具体权重排序见第十二章相关部分。

表11－3　　　　各二级指标的测度结果

	&1	&2	&3	&4	&5	&6
节能环保	0.07689	0.13567	0.397808	0.261742	0.101934	0.030560
新一代信息技术	0.323492	0.286643	0.112265	0.104467	0.146597	0.15615
生物	0.242641	0.333071	0.023701	0.037976	0.093383	0.13307
高端装备制造	0.035734	0.005681	0.014770	0.583356	0.218959	0.029911
新能源	0.075044	0.05764	0.448484	0.031311	0.291039	0.024585
新材料	0.151285	0.060631	0.005267	0.322749	0.260266	0.050785
新能源汽车	0.294270	0.033078	0.368593	0.223901	0.029773	0.015936

（二）二次测度结果的比较分析

二次测度围绕公共基础设施、产业集群环境、联系质量三个二级指标设置三级指标体系并进行问卷和专家打分，目的是找出影响上述核心二级指标的具体影响因素并进行重要性排序，每个产业的具体权重排序见第十二章相关部分。

四、我国战略性新兴产业自主创新能力现状及存在问题

“十二五”期间，我国节能环保、新一代信息技术、生物、高端装备制造、新能源、新材料和新能源汽车等战略性新兴产业快速发展。2015年，战略性新兴产业增加值占国内生产总值重达到8%左右，产业创新能力和盈利能力明显提升。新一代信息技术、生物、新能源等领域一批企业的竞争力进入国际市场第一方阵，高铁、通信、航天装备、核电设备等国际化发展实现突破，一批产值规模千亿元以上的新兴产业集群有力支撑了区域经济转型升级。大众创业、万众创新蓬勃兴起，战略性新兴产业广泛融合，加快推动了传统产业转型升级，涌现了大批新技术、新产品、新业态、新模式，创造了大量就业岗位，成为稳

增长、促改革、调结构、惠民生的有力支撑。全球进入新一轮科技革命和产业变革从蓄势待发到群体迸发的关键时期。信息革命进程持续快速演进，物联网、云计算、大数据、人工智能等技术广泛渗透于经济社会各个领域，信息经济繁荣程度成为国家实力的重要标志。增材制造（3D 打印）、机器人与智能制造、超材料与纳米材料等领域技术不断取得重大突破，推动传统工业体系分化变革，将重塑制造业国际分工格局。基因组学及其关联技术迅猛发展，精准医学、生物合成、工业化育种等新模式加快演进推广，生物新经济有望引领人类生产生活迈入新天地。应对全球气候变化助推绿色低碳发展大潮，清洁生产技术应用规模持续拓展，新能源革命正在改变现有国际资源能源版图。数字技术与文化创意、设计服务深度融合，数字创意产业逐渐成为促进优质产品和服务有效供给的智力密集型产业，创意经济作为一种新的发展模式正在兴起。创新驱动的新兴产业逐渐成为推动全球经济复苏和增长的主要动力，引发国际分工和国际贸易格局重构，全球创新经济发展进入新时代。

“十三五”时期是我国全面建成小康社会的决胜阶段，也是战略性新兴产业大有可为的战略机遇期。我国创新驱动所需的体制机制环境更加完善，人才、技术、资本等要素配置持续优化，新兴消费升级加快，新兴产业投资需求旺盛，部分领域国际化拓展加速，产业体系渐趋完备，市场空间日益广阔。但也要看到，我国战略性新兴产业整体创新水平还不高，一些领域核心技术受制于人的情况仍然存在，一些改革举措和政策措施落不到位，新兴产业监管方式创新和法规体系建设相对滞后，还不适应经济发展新旧动能加快转换、产业结构加速升级的要求，迫切需要加强统筹规划和政策扶持，全面营造有利于新兴产业蓬勃发展的生态环境，创新发展思路，提升发展质量，加快发展壮大一批新兴支柱产业，推动战略性新兴产业成为促进经济社会发展的强大动力。

在我国，“战略性新兴产业”首先以一个政策名词出现。学者们大多从战略性和新兴两个方面去理解和界定战略性新兴产业。大多数研究认为，技术创新特别是产业关键技术和核心产品的创新是战略性新兴产业成功发展的前提和标志，并从产业技术联盟协同创新、产业集群创新、区域创新系统、国际技术研发合作等角度对如何实现产业的关键和核心技术的突破进行了探讨。一些研究还注意到了战略性新兴产业培育和发展中面临的商业模式创新和组织制度创新等问题。显然，作为后发国家，中国培育和发展战略性新兴产业面临着基础研究支持不够、核心技术和产品创新能力不足、产业组织制度不完善以及市场需求培育相对落后等方面的制约和限制，因而我国的战略性新兴产业的培育和发展必然需要从整个产业创新系统的角度去考虑。产业创新系统这一概念由卡尔森（Carlsson）等在1991年提出。马莱尔巴（Malerba）结合演化和知识学习理论，认为产业创新系统是为在某一组特定产品的创造、生产和销售等活动过程中提供市场和非市场互动的所有部门组成的网络。国内学者张治河等认为产业创新系统由政策系统、技术系统、环境系统和评价系统组成。结合到战略性新兴产业，欧雅捷等讨论了战略性新兴产业创新系统构建的基础，李华军等构建了基于SNM理论的战略性新兴产业创新系统模型，张志彤等以深圳LED产业为例，运用网络分析方法，对"政府扶持型"的战略性新兴产业创新网络系统演化及运行模式进行了研究。从已有研究文献可以看出，尽管一些研究者开始从产业创新系统的角度对战略性新兴产业进行研究，但大多集中于产业创新系统的组成、构建、运行等，缺乏从系统演化的角度对战略性新兴产业创新系统动态变迁进行相应研究。国内战略性新兴产业经过近年来的发展，已经为研究其产业创新系统演化累积了较为丰富的素材。

传统的关于自主创新对于产业升级作用的研究中，Kevin（2006）通过对中国40多个工业部门进行实证分析的结果证明，技术创新改变了这些部门的产业水平，那些产出增长相对较快的行业获得了更高的利润，在产业中的份额也得到提高。Tilman Altenburg和Hubert Schmitz等人（2007）的研究也表明，中国之所以能成为世界上主要的产品提供者，是因为中国通过发展创新系统，迅速提高了技术模仿和原始创新的能力，使产业的竞争力提高，产业结构更加合理。江洪（2008）考察了自主创新对于产业结构优化升级的影响途径和内在机制，发现自主创新一方面提高了劳动生产率，影响了产业相对成本的变动，并通过投资效应，促进生产要素在不同产业之间的流动，推动了产业结构的优化升级，另一方面自主创新不断产生新技术和新产品，改变了需求结构，拉动了产业结构优化升级。李遂（2010）将高技术产业创新能力分解为三个维度（科技创新能力、创新转化波及能力和创新的环境影响支撑能力），分别讨论了它们对于产业结构优化升级的影响机制，高技术产业创新能力以及构成维度（科技创新能力、创新转化和波及能力和创新环境影响支撑能力的提升）都会对产业结构的优化升级产生积极影响。实证研究表明，高技术产业各行业的创新能力的提升都会带动产业结构的优化升级，但是，不同的高技术行业的科技创新能力、创新转化波及能力和创新的环境影响支撑能力优化产业结构的表现是不同的。徐康宁、冯伟（2011）认为影响中国产业升级的主要障碍是缺乏技术创新，企业创新能力不足是一个普遍的现象，没有企业自身的技术创新，并使这种创新能力形成一种企业要素禀赋，中国的产业不可能实现真正的升级，借助于一般的技术引进，只能实现中国产业规模的扩大，而无法实现产业的升级。他们提出可以利用本土市场规模的效应，走技术创新的一条新道路，即内生化合作创新，这种创新的模式内生于本土市场，通过合作的方式，在吸收国外先进技术的基础上，形成中国企业的创新能力，主要适用于大规模制造的现代产业，可作为中国产业升级的一种战略选择。随着市场规模的不断扩大，推进产业升级逐渐成为一种自我循环的演化过程。陈栋（2011）提出以自主创新推动产业结构升级的必要性、可行性，分析自主创新推动我国产业升级的路径与传机制，提出了自主创新的多动力综合驱动模型，提升我国自主创新能力的五大支持系统，从制度和市场五个方面探讨了提升我国自主创新能力支持系统的对策。

通过战略新兴产业的自主创新带动产业升级的研究中，陈柳钦（2011）认为自主创新是发展战略新兴产业的关键，分析了一般情况下，技术创新和战略新兴产业发展的路径，即产业基础研究——产业应用研究——原理样机研制——初步展示和试验方案——中间试验——示范性生产线——市场导入——推广应用——产业化。安果、伍江（2012）以 Spengler 纵向一体化模型为基础，构建了一个拓展的技术圈定模型，提出如果不能消化吸收内化引进技术成果、实现差异化创新，仅通过模仿创新构建战略性新兴产业的技术基础，容易导致重复引进，阻碍战略性新兴产业的持续技术进步。李洪月（2012）从准备度、控制度方面描述了战略新兴产业知识产权状况，分析了战略新兴产业自主创新的模式与创新路径，主要分为技术领先的发展模式和技术追随的发展模式，而具体产业的发展模式应据该产业自身的特点而定。魏后凯、陈耀（2011）等提出选择西部战略性新兴产业应当融合产业转移与产业升级。姜涛（2012）基于产业结构演变的视角研究，发现部门劳动生产率差异、需求结构变动、供给结构变动、国际贸易、技术进步与标准升级等方面与战略性新兴产业发展存在密切联系，为创新战略性新兴产业的发展路径，要加速要素集聚以拉大战略性新兴产业与传统产业的劳动生产率差异，引导消费者对战略性新兴产业产品的需求，坚持创新驱动，加强战略性新兴产业领域的国际合作并针对出口产品给予税收优惠，建立完善科研—标准—产业同步发展的战略性新兴产业发展模式。

“十三五”时期，中国经济不断寻找发展新动能。产业是经济发展的动力之源，创新是产业发展的动力之源。只有打造完善的产业创新生态系统，才能推动产业升级和提高产业国际竞争力，才能有效促进区域经济发展以及国家经济发展。国内对产业创新生态系统的研究始于2005年，仅仅经过十几年的时间，已经取得了较为丰富的研究成果，有关产业创新生态系统的研究已经初步形成体系，对未来国内产业创新有着积极的指导意义。通过对《中国学术期刊网络出版总库（CAJD)》收录的期刊学术论文进行检索发现，2017年前，主题中含有“创新生态系统”的全部中文期刊文献共有547篇，其中CSSCI期刊论文有211篇；主题中含有“产业创新生态系统”的全部中文期刊文献只有32篇，其中CSSCI期刊论文仅有22篇。研究产业创新生态系统中文文献数量仅占研究创新生态系统中文文献数量的6%，这与我国产业创新生态系统在经济社会发展过程中所起到的巨大作用严重不符，也反映出目前对产业创新生态系统的研究并不充分，对产业创新生态系统的重视程度还不够。

1. 我国战略性新兴产业总体技术能力不高，战略专利、技术标准和主导设计受制于人。

从整体上来说，我国新兴产业与发达国家在技术创新方面还有很大差距。具体表现，一是关键技术仍然受制于人，战略专利数目相当缺乏。我国新兴产业技术中的自主知识产权少，我国发明专利中国外授权量达到总量的2/3。其中绝大部分集中在高新技术产业领域。我国新兴产业生产所需的大量技术装备，特别是高端产品主要依赖于进口。二是我国在产业的技术标准和主导规则设计上则长期处于被动的局面，国内产品绝大部分的设计规则为国外企业所制定。我国企业即便是作为模块的集成商也不得不接受掌握关键技术的国外企业的界面设计的安排，被国外企业所主导。

2. 战略性新兴产业原始创新能力差，引进消化再吸收能力和集成创新能力薄弱。

目前我国战略性新兴产业的一些领域在规模上虽然已经跻身世界前列，但组装加工能力强，技术集成能力薄弱，关键核心技术和装备主要依赖进口。比如：风能虽然装机容量已居世界前列，但大型风机的设计能力和关键部件的制造技术较弱；太阳能电池虽然产量世界第一，但未掌握高转换效率的太阳能薄膜电池等新一代光伏电池核心技术；新兴信息产业虽然在系统设备研发方面取得了明显进展，但在集成电路、光电、高性能计算等领域的基础性技术还有待突破；生物医药产业尽管快速发展，但缺乏创新药物和工程化技术与装备；对基因工程开展了大量研究，但工业化的转基因技术不掌握，开发具有知识产权的新品种速度慢；装备制造业虽然规模较大，但大型装备关键核心部件、控制技术和高性能材料严重依赖进口等。由于战略性新兴产业具有未来支柱产业的特性，所以核心关键技术掌握不充分，不利于战略性新兴产业的培育和做大做强，更不利于国家的经济发展和社会稳定。这决定了政府必须充分发挥职能，高度重视原始创新，必须着眼于突破一批关键核心技术，加强前沿性、战略性产业技术集成创新，着力提高自主创新能力，提升战略性新兴产业发展的质量和效益，提升战略性新兴产业的核心竞争力。

自主创新能力除了原始创新外，引进技术加以消化吸收和集成也是主要内容。引进消化吸收本质上是对先进技术的学习过程，是后发国家赶超发达国家的捷径。但是我国对引进技术的消化吸收长期缺乏足够的重视，构成产业技术进步的老大难问题。集成创新能力不仅体现了技术的集成，还体现了企业的战略集成、知识集成和组织集成的能力。因而集成创新能力被认为反映了新兴产业的系统把握能力、综合创新能力和二次创新能力。我国已经开始注重系统的集成创新。但是总体集成创新能力仍然十分薄弱。

3. 战略性新兴产业创新主体的有效连接界面和协同创新体系尚未形成。

战略性新兴产业模块化创新系统中存在着多层次的模块化组织。如架构设计师、模块生产商、模块集成商、中介机构、创业投资机构等。要形成协同创新体系，首要任务就是必须在这几者之间建立有效的连接界面。而当前，很多创新主体的界面并不是无缝隙连接，而且界面管理也相当低效。战略性新兴产业不仅存在内部的模块生产商之间的锦标赛竞争，系统集成商之间的竞争也异常激烈。因而，如何解决创新的浪费和损耗是提升产业自主创新效率的关键。战略性新兴产业的发展也需要相关部门和部门内部的通力协作。但目前相关部门之间和部门内部缺乏有效的协调机制，影响了产业创新能力的提升和产业的发展。与许多国家相比，我国新兴产业和科技管理体制的最大问题是多头管理。例如，三网融合涉及多个中央部委，增加了相互协调、配合的难度，一定程度上也削弱了相关扶持政策的落实力度。

4. 战略性新兴产业创新投入严重不均衡。

战略性新兴产业本身就是一套精密的“技术—经济范式”，产业创新涉及多个战略模块、战略技术的研发和生产。任何一个模块或技术的研发不同步，都可能影响最终产品的市场推广并抢占先机。所以，同步性和均衡性是战略性新兴产业实现跨越式发展的必要条件。我国新兴产业投资存在严重的投资不均衡现象。某个产业内的某个模块被大量资金一波一波地涌入，出现了所谓发展中国家新兴产业投资的“潮涌现象”（林毅夫，2007），这种潮涌现象导致了其他模块投资的不均衡性，也导致了部分模块的过度生产。这可能使产业创新回报被大量稀释，从而造成创新效率的缺失。

当前我国正处于从要素、投资驱动为主导的发展阶段向创新驱动为主导的发展阶段转型的关键期，战略性新兴产业创新驱动力处于从弱生态系统向强生态系统升级的瓶颈期，产业自主创新能力的提升，遭遇创新驱动战略滞后、结构性内耗、缺乏创新文化和创新人才等的制约。

5. 现实市场是不完善的，战略性新兴企业创新发展模式有待选择。

目前，我国在发展战略性新兴产业的过程中，自主创新能力较弱，创新水平偏低，我国经济进入新常态，经济发展动力由要素驱动、投资驱动转向创新驱动，因此把握产业发展的内在规律，选择适合我国战略性新兴产业发展的创新模式十分重要。这一方面能够减少创新成本，化解创新过程中的不确定因素，另一方面可以有效提升战略性新兴产业的创新能力和区域竞争力。

战略性新兴企业创新发展模式主要有以下几种。

（1）传统产业技术改造模式。战略性新兴产业的创新发展不能忽视传统产业发展和区域资源禀赋，例如甘肃省是传统的工业大省，其中有色金属、装备制造和石油化工是支柱产业，目前已经形成了以兰州、天水、酒泉为中心的产业聚集区，具有很强的发展优势，因此，本地战略性新兴产业的发展要以这些传统优势产业为基础，采用先进的技术、工艺和材料等对现有的生产条件进行的改造，以技术突破提升传统产业，一方面能够有效避免重复建设，提高企业的经济效益和市场竞争力，另一方面能够将培育有市场需求的新兴产品，促进产业结构优化升级。其过程如图 11 –8 所示。

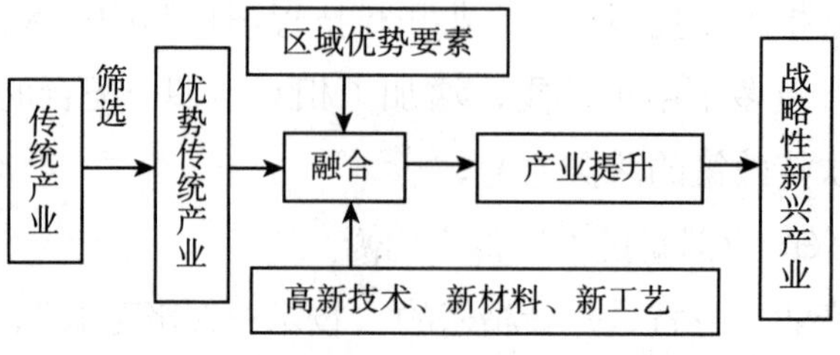

图 11 –8　传统产业的技术改造

（2）技术创新企业联盟模式。技术创新企业联盟模式主要是指通过企业之间的集聚，集中优势研发力量，共享专用研发设备，整合多方资源，对战略性新兴产业的核心技术进行研究，为产业提供技术支撑和技术标准，提升产业技术创新效率。当前，我国部分省份如甘肃省战略性新兴产业刚刚起步，其中涉及战略性新兴产业的企业自主创新能力弱，技术同质化问题严重。因此，中小企业能够形成联盟研发出战略性产业的共用技术，能够降低研发和生产成本，有效避免企业间的恶性竞争。由于企业联盟模式的创新动力是内生的，企业间的合作会提高对技术创新的利用，但是在竞争中个别企业不可避免会出现道德风险问题，所以在充分发挥企业的主体作用的同时，也需要发挥政府的协调与监督作用，引导企业间建立健康有序的竞合机制，推动技术创新。

（3）政产学研用协同创新模式。政产学研协同创新模式是指政府、企业、高校、科研机构以及消费者等多个社会主体在技术创新、产品研发以及人才培养等方面，通过战略布局、组织协作、制度文化打破壁垒，分工协作，优势互补，推进创新主体之间的全方位深度交流合作，充分释放人力、资本、信息、技术等创新要素的活力，实现创新价值的最大化的一种发展模式。政产学研用协同发展模式主要通过以产养研，以研促产，推动战略性新兴产业内的企业和具有技术优势的科研院所、高校联合，解决产业发展中的重大技术难题，依托政策支持提供的广阔发展空间，形成科技创新成果的市场化和产业化。就甘肃省而言，由于大多数企业研发能力不足，研发所需的成本高、时间长，缺乏能够当技术研发的骨干企业，所以如果将高校、科研院所作为技术研发的创新主体，可以弥补企业在这方面的不足，对于调整与优化产业结构，提升创新能力具有重要意义。具体过程可见图 11 -9。

（4）技术跟随与二次创新模式。中国很多省份经济实力薄弱，技术水平相对落后，企业在很多领域没有掌握核心技术。在这种情况下，发展战略性新兴产业要立足于引进发达国家和地区的先进技术，大幅度缩短技术创新周期，降低技术创新的人力、物力和财力投入，通过设备进口、吸引直接投资和技术贸易等手段，紧紧跟随行业技术发展潮流，并且在吸收和消化先进技术的基础上，推动二次创新，提升自主创新能力，进而实现长远的技术赶超和领先目标。

企业技术创新与否是一个组织内决策问题，即企业依据自身创新能力和预

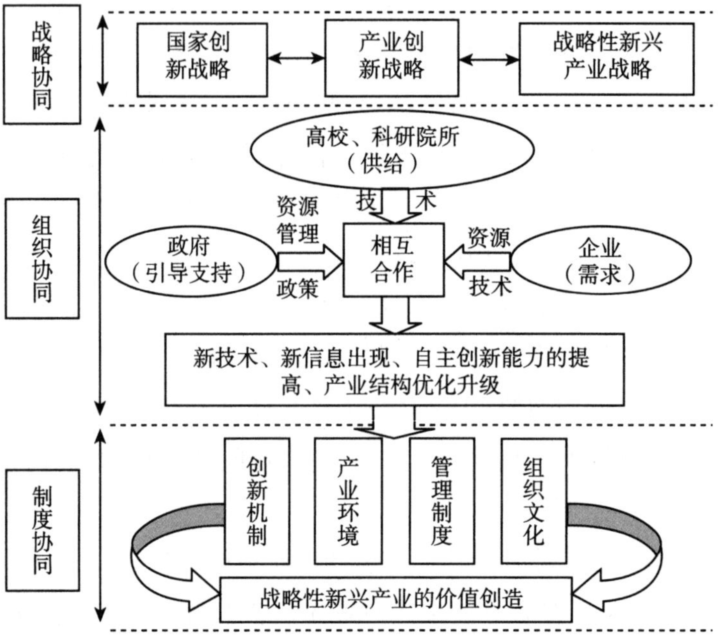

图 11-9 政产学研用协同创新模式

期市场利润做出是否采取技术创新活动的决定。短期中，在完美市场假设下，当市场预期利润丰厚且企业拥有较强的技术创新能力，则会选择内部研发。如果企业缺乏自主承担技术创新能力，则会通过研发外包方式向外寻求创新资源，提高创新速度和创新绩效。与 Grossman 和 Helpman（2003）提出的东道国市场完善程度对跨国公司在出口、FDI 和外包之间决策的影响十分相似，假设合作创新市场不完美，存在诸如信息不对称引致道德风险、信息不完全导致搜寻成本较高、法制不完善导致信誉缺失等现象，企业倾向于放弃研发外包，采取内部研发，或者放弃创新计划。企业限于创新资源，内部研发的创新速度与创新绩效都相对较低。长期中，基于企业自主创新能力积累的需要，企业倾向于摒弃研发外包，偏好产学研合作创新。即使企业自身创新能力十分有限，也希望在参与研发过程中不断积累自身的创新能力。当今世界，研究机构拥有大量的科学精英，不仅掌握着世界前沿的科学技术，而且拥有多个技术领域的专家和跨学科人才。企业邀请学研机构参与创新计划，不仅能够快速有效地达到预定创新目的，而且可近距离获得知识溢出和拓展技术视野。基于一项针对 1945 年后美国电机、医药等新兴产业发展的详细调查，曼斯菲尔德（Mansfield，1991）发现，如果没有学术研究的配合，将有 10% 的新产品和新工艺不会出现，而持续的学术研究使这些行业的投资报酬率大约提高28%。利用卡内基－梅隆大学关于美国制造业企业创新的调查数据，Cohen等（2002）发现，产学研合作创新项目的原发性思想大都来自客户和企业内部运营部门，较少来自高等院校和科研院所。上述两例表明，在技术创新过程中，企业、大学、科研院所、客户在创新思想、创新能力、规模化试验等方面拥有不同的比较优势。因此，国内外倡导采取"产学研用"合作的技术创新组织模式。

现实市场是不完善的，产学研合作创新还存在诸多问题。主要表现，一是企业发起合作创新项目，事实上形成了"委托－代理"关系。杨以文等（2012）提出，信息不完全因素导致委托人缺乏有效监督手段，且委托人（企业）缺乏识别代理人（研究机构）研发努力程度的知识与能力，"技术创新成功率不高"的普遍共识给代理人创造一个良好的借口，以至于许多产学研合作项目没有得到认真执行或未达到预期目的。二是知识产权制度不完善，尤其是关于合同创新成果与创新主体依据自身知识的后续创新之间缺乏良好的界定。张玉赋等（2012）发现，信息不对称因素激励代理人"道德败坏"，倾向于隐匿合同创新成果、转为其他用途，损害委托人利益，降低产学研合作创新绩效。三是技术信息市场是"稀薄"的，在技术供给方面，创新未成功之前创新者倾向于隐藏自己的创新思想；在技术需求方面，企业缺乏从一些科学思想（比如学术论文）中识别出潜在高效创新者的能力，因此企业面临的"合作者"可选择集较小，且合作关系误配的概率较高，导致产学研合作绩效较低。

除产学研合作创新的以上问题外，我国产学研合作治理体系中还存在一些突出的特殊现象。一是激励不一致问题。目前我国高校、科研院所对研究人员的评价主要考核高水平论文和高级别课题，激励高水平研究人员把主要精力用于纵向课题研究，而轻视企业委托的横向课题。二是因合同不完善产生的纠纷问题。通过针对长三角战略性新兴产业企业的问卷调查，杨以文等（2012）发现，由于事前缺乏完善的合同条款，在项目合作过程中合作方对其付出与收益存在评价偏差，我国又缺乏胜任的技术评价和技术仲裁机构，导致许多产学研合作项目因合同条款分歧而终止。三是技术差距问题。我国经历多年的初级要素驱动型规模扩张发展模式导致企业专注于生产，高校和科研院所聚焦科技研发，从而使企业与学研机构之间的技术差距越来越大。技术差距不仅影响合作创新的后续产业化能力，而且影响企业在产学研合作中的学习效率，不利于企业长期自主创新能力的培育。基于上述产学研合作的主要理论问题和我国治理体系中的特殊情况，企业选择产学研合作创新的比重远小于企业采取内部研发。比如，2014 年我国规模以上工业企业的研发经费外部支出占研发经费总支出的比重仅为4.8%。

第二节　赶超背景下中国战略性新兴产业自主创新能力提升路径

一、加快推进我国战略性新兴产业自主创新的时代背景

（一）全球“技术—经济”范式更迭与我国战略性新兴产业发展契机

2007 年爆发于美国的次贷危机，迅速演变为一场自 20 世纪 30 年代以来最严重的国际金融危机，危机的影响从发达国家扩展到发展中国家，从金融流域蔓延到实体经济。其影响的范围之广、破坏力之强令世人震惊。准确识别危机爆发的根源和危机演变机制是提出有效的危机治理对策，走出困境的基本前提。“技术—经济”范式是在熊彼特的创新范式和康德拉季耶夫长波周期理论的基础上，由技术创新经济学家佩雷丝和弗里曼为主提出并逐步完善发展起来的一种理解经济发展趋势的重要理论。佩雷丝（2007）认为，每次技术革命都形成了与其相适应的“技术—经济”范式。一个“技术—经济”范式包括一套通用的技术和组织原则，是一种最优的惯性模式。每次技术革命大约会持续五六十年，可以划分为“导入期”和“拓展期”两个阶段。导入期，新技术、新产品、新产业呈现爆炸性增长特征。新的技术—经济范式开始形成，金融资本也开始介入。在拓展期，核心技术的创新潜力逐步耗尽。曾经作为增长引擎的核心产业的市场开始饱和，经济增长出现停滞，金融资本开始退出并寻求新的机会。转折点和拓展期是战略性新兴技术和产业的酝酿和培育期。从“技术—经济”范式周期的更迭来看，现有的主导技术范式，不论是针对技术模块还是技术构架或者两者都存在被新技术范式替代的可能。由于认知惰性和转移成本，主导技术范式的转轨对技术领先的发达国家存在很大风险，对于发展中国家而言则潜藏着跨越式发展的机会。

（二）开放经济下我国战略性新兴产业提升自主创新能力的迫切性

战略性新兴产业是在中国特色背景与语境下，对节能环保、新一代信息技术、生物、高端装备制造、新能源、新材料、新能源汽车等产业的总称，而在日本和韩国，这些产业通常称为新成长动力产业或新动力产业。战略性新兴产业是以重大的技术突破和重大的发展需求为基础，对经济社会全局和长远的发展具有重大的引领带动作用的产业，其发展具有明显的创新驱动特征，提高自主创新能力是增强其国际竞争力的核心，实质是产业系统创新。始于熊彼特（1912）的创新理论，宏观上衍生出创新体系（弗里曼，1987）和创新型国家（萨克斯，2001）等学说，微观上细化到创新型企业评价（OECD，1997），研究围绕制度和技术等创新，焦点在于提高自主创新能力。波特（2002）综合论证了国家"钻石"创新体系，把创新动力内化于企业创新行为，创造出持续的竞争优势，推动产业经由"要素驱动→投资驱动"，向创新驱动升级的发展范式，在理论上引发创新驱动研究世界热潮，在实践上掀起创新驱动发展战略竞赛。

日本和韩国实施创新驱动战略，成功跨越中等收入陷阱率先进入创新型国家行列。日本近年来提出防止他国技术模仿而进一步加强科学技术驱动型创新能力，推动新动力产业发展，以拉大与后发国家差距，形成了日本战略性新兴产业创新驱动的战略重点。韩国在前有标兵和后有追兵的中间梯度上，提出"脱追击"型（Post Catch-up）技术创新驱动战略，旨在提升原始创新能力，加速发展新动力产业，以缩小与一流发达国家的差距，以拉大与后发国家的差距，形成了韩国的战略性新兴产业创新驱动的战略重点。而实施创新驱动战略，最根本的是要加强产业创新驱动力。本书研究充分考证产业创新系统诸要素之间必然的联系，整合相关理论和研究基础，提出分析产业创新驱动力聚合—传导机制的理论模型：第一，产业创新驱动力是以知识、技术、制度、体系、文化等融合创新为主，驱动产业优化升级科学发展的战略引导力、政策促进力、体系支撑力、企业竞争力、文化影响力等有机聚合形成的合力，其核心是科技自主创新能力；第二，创新驱动力生态结构的聚合优化，在连续时空演绎着创新驱动各分系统诸要素间的相互作用，即创新驱动战略的引导力、创新驱动政策的促进力、创新驱动体系的支撑力、创新企业的竞争力、创新文化的影响力等向心分力与核心自主创新能力之间内在本质的必然联系，合力聚焦于提高自主创新能力，即产业创新驱动力的聚合机理；第三，产业创新驱动力通过决策论证和最优路线选择，创新驱动战略和政策的形成与实施，创新型产业集群网络与创新型企业自主创新，突破差距和瓶颈与目标等环环相扣的链条传导给力，着力的核心载体是战略性新兴产业创新集群，全程以国际化、网络化、智慧化、市场化、生态化释放自主创新能力，转化出满足新需求的新产品和新服务，即产业创新驱动力传导机理。

开放经济下，国际竞争的主体是战略产业竞争和战略性技术竞争。工业化与工业现代化的历史表明，产业结构的升级总是以技术变革作为引发方向，技术创新往往是产业结构深层裂变的起点和基础。技术是战略性新兴产业的核心要素，原创性的核心技术是培育战略性新兴产业的根本前提，增强自主创新能力是培育发展战略性新兴产业的关键环节，提升自主创新能力，特别是增强战略性新兴产业的自主创新能力，是关系我国经济发展动力的核心问题之一，它直接影响和制约着产业结构升级、经济转型的进程。关于自主创新、战略性新兴产业与产业升级的普适性协同机制的研究，对于我国现阶段的经济结构调整、产业转型升级有重要意义。

防止发达国家和跨国公司整合中国战略性新兴产业，是当前最为紧迫的任务之一。发达国家和跨国公司为了保持技术领先优势与利益，往往通过标准战略将知识产权和标准体系揉合在一起，制定和维护有利于自己的标准秩序，不断强化自己的全球垄断地位，打击标准秩序中的竞争者，将发展中国家严格锁定于全球价值链低端位置。残酷现实告诉我们，中国正处在外国核心技术和标准的包围之中，如果不及时采取对策，将极可能成为国外的“技术殖民地”和单纯的生产加工车间。另一方面，跨国公司又在全球范围内大肆掠夺研发资源，导致发展中国家本土技术的边缘化、研发资源的流失、技术发展路径的依赖。这对本已处于劣势的发展中国家的冲击是不可估量的。提升自主创新能力，特别是增强战略性新兴产业自主创新能力，是关系中国经济发展动力的核心问题之一。它直接影响和制约着产业结构升级、经济转型的进程。

战略性新兴产业是关乎国家生死存亡“不得不”发展的产业。从动态看，战略性新兴产业必须成为一个国家（地区）在转型时期的先导、主导产业，引领产业发展方向。国际金融危机不仅加深了我们认识发展战略性新兴产业的重大意义，同时也强化了我国加快培育发展战略性新兴产业的紧迫性。战略性新兴产业市场空间巨大，是拉动中国经济增长、扩大就业的重要引擎，是增强自主创新能力、抢占科技制高点的重要契机，是转变经济发展方式、实现内生增长的重要途径，是改善人民生活水平、提高生产力的重要选择。

二、提升战略性新兴产业自主创新能力的战略意义

战略性新兴产业是新常态下培育发展新动能、获取未来竞争新优势的关键领域，是深入实施创新驱动战略，推进供给侧改革的重要突破口。在战略性新兴产业供给侧改革和创新过程中，关键是供给侧创新要素资源的整合，核心目标是创新效率的提升。

自主创新包括原始创新、集成创新和引进消化吸收再创新。自主创新关键是创新，最宝贵的是原创，最难的也是原创。发展战略性新兴产业，必须高度重视原始创新。在战略性新兴产业发展的过程中，国家之间、企业之间的竞争十分激烈，掌握技术一方是不可能向竞争对手转让关键核心技术的。事实上，关键的核心技术花钱是很难买到的，在这方面我们国家有着深刻的教训。改革开放以来，我国一些产业曾先后引进过许多先进技术和数以百计的生产线，投资规模不能说不大，但由于未能掌握核心技术，关键零部件至今仍需进口，技术仍然需不断引进。由于技术吸收能力的差距，消化吸收再创新的过程或者是愿望，即使能够实施，可能也很难追上发达国家技术创新的步伐，国产化周期有可能始终滞后于发达国家产品更新换代的周期，形成技术锁定，落入“引进—落后—再引进—再落后”的恶性循环陷阱，始终无法打造战略性新兴产业。自主创新能力除了原始创新外，引进消化吸收和集成也是主要内容。引进消化吸收本质上是对先进技术的学习过程，是后发国家赶超发达国家的捷径。但是我国对引进技术的消化吸收长期缺乏足够的重视，构成产业技术进步的老大难问题。一些地方培育发展战略性新兴产业，过于注重引进外资上大项目、大工程，忽视对本地企业的培育扶持，期望在短期内形成大规模的新兴产业产能。实践告诉我们，引进高端产业不等于处于产业链高端。比如，我国是世界上电脑制造第一大国，却不能制造高端芯片，在全球产业链中仍处于中低端。再如，各地争相上马平板显示项目，动辄投入几十亿、上百亿元，表面上看产业规模很大，但核心技术却掌握在外国企业手中，关键部件和原材料要靠进口，依旧摆脱不了低端制造的尴尬。之所以陷入这种高端产业低端制造的困境，关键原因是缺少支撑产业发展的核心技术。只注重引进却不注重从源头上培育创新型企业的做法，永远占领不了产业制高点，永远无法避免处于产业链低端，也不可能支撑产业可持续发展。多年来，我们以“市场换技术”，丢了市场却没有换

来技术的教训，让我们清醒地认识到，关键技术和核心竞争力是要不来、换不来、等不来的。只有具备自主创新的扎实根基，才能把国家命运掌握在自己手里。因此，要抓住自主创新的牛鼻子，真正掌握关键、核心、不可模仿、不可替代的技术。

国际竞争的主体是战略产业竞争和战略性技术竞争。战略性新兴产业的竞争，归根结底是核心技术的竞争。从国际社会来看，战略性新兴产业总体上仍处于发展的起步阶段。谁掌握了核心关键技术，谁就会在竞争中赢得主动权。当前，发达国家重新重视发展实体经济，提出了“再工业化”“低碳经济”“智慧地球”等新的理念，加快布局新能源、新材料、信息、环保、生命科学等领域发展，抢占未来科技和产业发展制高点，这从客观上对我国经济发展形成了巨大的压力和制约。但是，从目前我国战略性新兴产业发展情况看，自主创新能力薄弱，“短板”较多，关键技术研发和应用差距明显，对于技术源的培育工作重视不够，在核心关键技术上缺乏前瞻部署和长期积累，政策的着力点未能聚焦到支持技术源培育、支持前端产品研发上来，直接后果就是我国战略性新兴产业发展缺乏技术根基，在最关键的技术源上受制于他国。

战略性新兴产业是未来产业竞争的制高点。培育新兴产业的关键是掌握核心技术，拥有自主知识产权技术和持续创新能力，而不是低水平、盲目的扩张。战略性新兴产业的发展在很大程度上受科学技术发展水平的制约。技术是战略性新兴产业的核心要素，拥有原创性的核心技术是培育战略性新兴产业的根本前提。谁能以高新技术为基础，以战略性新兴产业为载体，真正控制住全球生产要素和资源的流向（如重要的自然资源、资金和人才的流向），控制住全球经济产出的流向（如高科技产品的销售流向），并能掌握产品标准和世界商务规则的制定，便能够控制、整合全球的资源为己所用，成为全球化利益的最大获得者。我们可以认为，增强自主创新能力是培育发展战略性新兴产业的关键环节，是我国加快建设创新型国家，实现科技、经济和社会可持续发展的关键。

顺应制造业智能化、绿色化、服务化、国际化发展趋势，围绕“中国制造2025”战略实施，我国应加快突破关键技术与核心部件，推进重大装备与系统的工程应用和产业化，促进产业链协调发展，塑造中国制造新形象，带动制造业水平全面提升。

三、提升战略性新兴产业自主创新能力的路径

对于高技术产业创新能力提升路径，许晓燕（2008）认为应该从提高企业创新能力、激发创新主动性、加大财政投入、营造创新环境、制定扶持政策等方面提升高技术产业创新能力。张倩男和赵玉林（2008）认为可通过创新投入产出和支撑能力的协同发展、自主与模仿创新的并举实施、区域创新体系的建设以及产学研合作等促进高技术产业创新能力的提升。李金兰和郑淑蓉（2010）认为应该通过创新意识的提高、创新资源的加大投入、创新环境的营造、成果转化及扩散能力的提升和经济支撑力的提升等促进高技术产业创新能力的提升。高达宏（2010）认为应该通过加大人力财力投入、加强创新基础设施建设、加强政策支持和重视技术引进消化吸收再创新，进而提高高技术产业创新能力。张政治、谢毅梅和张文强（2011）针对航空航天产业，认为可通过加大创新经费投入、加强人才队伍建设、资源战略重组、加快成果转化等方面促进航空航天产业创新能力提升。徐岩和徐传谌（2013）认为可通过构建以企业为主体的技术创新体系、建立模仿创新与自主创新相结合的产业创新模式以及坚持渐进性创新逐步发展为根本性创新的创新思路等促进产业创新能力提高。吴忠涛、张丹和龚艳（2014）以西安高新区战略性新兴产业为研究对象，认为可通过基于市场需求提高创新转化能力、基于政策导向提高创新保障能力、基于产品导向提高创新实现能力，最终促进产业创新能力的提高。王洪庆和侯毅（2017）认为可从企业自主创新能力的提升、研发投入的增加、研发强度的提高、转化能力和研发效率的提高、跨国高技术企业的引进、政府职能的转变和政府采购制度的完善等方面提升高技术产业创新能力。

对于其他产业创新能力提升路径，陈旭升和岳文俊（2013）以装备制造业产业为例，认为可通过优化研发投入结构、扩大企业规模、完善知识产权制度、改善市场环境和多元化的融资体系等促进装备制造业产业创新能力的提高。纪国涛和吕富彪（2017）以辽宁装备制造产业为例，认为可通过链式整合创新、组合能力演进、服务化创新以及制度创新等四个方面来提升产业创新能力。此外，张一思（2016）以我国流通产业为研究对象，认为可对流通产业的发展规模、发展环境以及知识转换能力进行创新改进，从而提升其创新能力。

上述文献主要从创新投入、创新环境和政府政策三个方面探讨产业创新能

力的提升路径，且主要以高技术产业为研究对象，但对传统产业创新能力提升路径研究尚不多。

我国战略性新兴产业的技术创新与产业化处于萌芽和成长期，尚未形成主导优势，产业内共性知识、技术及产业标准都在不断积累与完善中。相对于传统产业，战略性新兴性产业与发达国家的技术差距较小，因而以突破式创新攻克核心关键技术、建立产业标准，有助于中国打破发达国家技术垄断，缩小技术差距，进而实现技术跨越和赶超。

战略性新兴产业突破式创新路径可在模块创新和标准创新的模块化创新机制框架下建立。模块创新主体包括模块集成商和模块供应商两个角色。其中，模块集成商居于核心地位，属于核心模块，主导着核心模块的创新；模块供应商依据其在模块网络中的地位与重要程度可以分为外围模块供应商和核心模块供应商，二者分别主导外围模块和核心模块创新。因此，模块创新可以分为外围模块创新和核心模块创新。标准创新是对主导模块网络架构规则的创新，而架构规则主要由模块集成商制定，一些实力强大的核心模块供应商在架构规则制定过程中起着决定性作用。如图 11 －10 所示，战略性新兴产业突破式创新是对核心模块或架构规则进行局部或整体的突破性技术创新，最终实现产业整体突破式技术创新，创新路径一般包括 3 种。

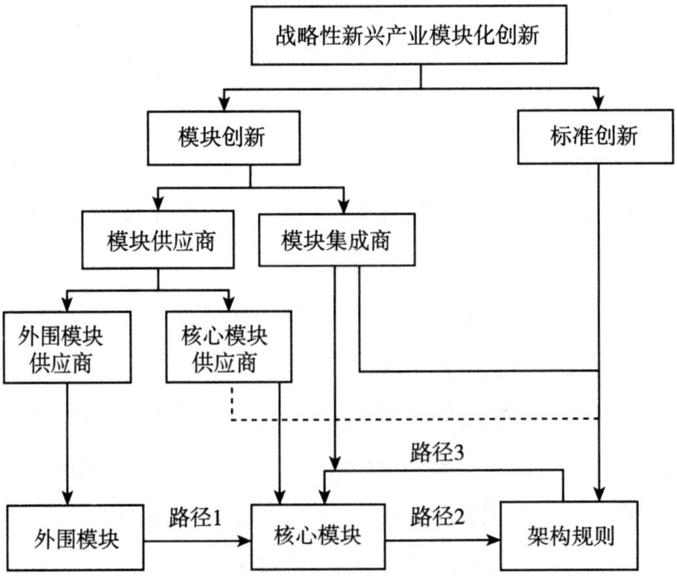

图 11 －10　战略性新兴产业的模块化突破式创新路径

第一种，从外围模块到核心模块的突破路径。如图 11－11 所示，依托战略性新兴产业现有资源优势和技术能力，积极推动外围模块利用知识溢出、技术扩散等方式，针对特定核心模块进行突破式技术创新，进而带动核心模块局部或整体的突破式技术创新。该路径不仅需要依靠现有资源优势、产业基础和研发能力，还需要政府大力支持和引导。在产业发展初期，行业内企业多处于产业链边缘，承接发达国家转包的外围模块，在技术水平、创新能力、管理效率等方面与发达国家存在较大差距。因此，企业一方面应积极购买先进设备和专利技术，提高学习和吸收、消化能力，在“干中学”中吸收产业链高端知识和技术溢出；另一方面，努力提升再创新能力，通过反向工程、破译技术标准等方式获取更多知识和技术，形成全新技术或替代技术，从学习能力向创造能力演进，不断攻克核心模块难点、向价值链高端攀升，最终实现由外围模块供应商角色向核心模块供应商转变。

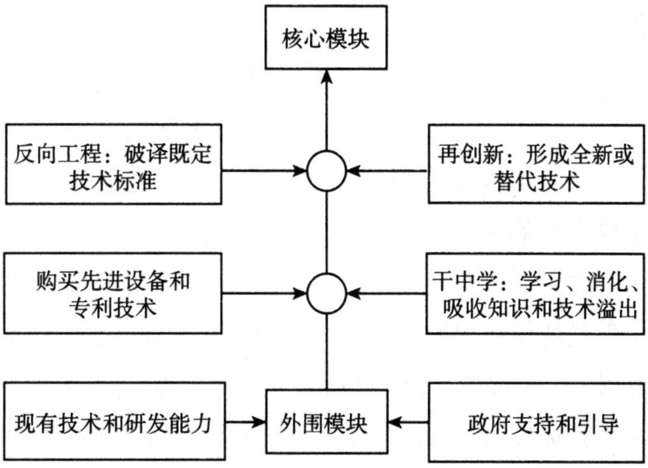

图 11－11　战略性新兴产业“外围模块—核心模块”突破路径

第二种，从核心模块到架构规则的突破路径。如图 11－12 所示，在实现核心模块突破式创新、产业获得进一步发展后，可以通过技术专利申请、界面规则革新、技术标准升级等方式重构主导技术范式，推动产业架构规则的局部乃至整体突破式创新。企业或产业攻克核心模块关键技术而成为核心模块供应商，能够在一定程度上影响模块化网络，但也面临竞争对手对其地位的冲击，以及原来指导产业发展的界面规则和技术标准成为其发展的制约要素。因此，成为核心模块供应商后，需要继续攻克产业技术标准的制约，努力实现架构规则局部乃至整体突破性技术创新，以确立和保证企业或产业在模块化网络中的领导地位，并从模块供应商向模块集成商演进。

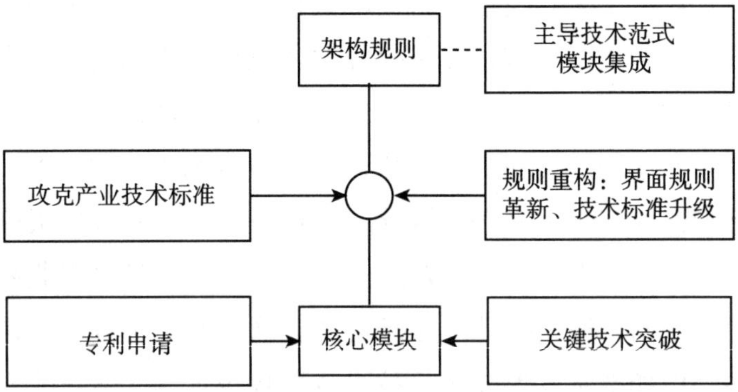

图 11－12　战略性新兴产业“核心模块—架构规则”突破路径

第三种，从架构规则到核心模块的突破路径。如图 11－13 所示，在实现架构规则突破式创新、参与并主导行业标准制定后，可以在新的架构规则下，通过分割、替代、排除、扩展、归纳、移植模块等方式，重新定义战略性新兴产业的外围模块和核心模块，从而再次实现核心模块突破式创新，推动产业进一步发展或转型。在产业架构规则突破式创新后，行业竞争和产品同质化会使原有领导企业及主导产业的领先地位不断丧失，此时产业逐步趋于成熟或转型阶段。因此，模块集成商需要不断修正架构规则，建立和完善产业标准体系，通过模块化操作实现模块组织结构、界面规则和技术标准持续突破式创新，重新定义模块功能和地位，用新的架构规则指导核心模块进行关键核心技术突破，进而带动核心模块整体突破式技术创新，引导并推动产业结构优化或整体产业向新的产业类型转变。

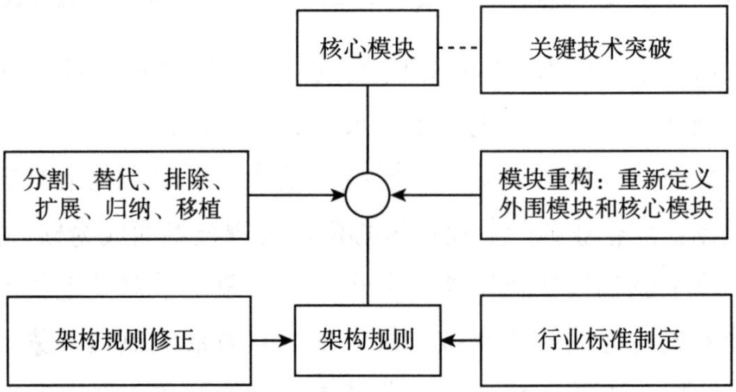

图 11－13　战略性新兴产业“架构规则—核心模块”突破路径

上述三条路径是在战略性新兴产业模块化创新的基础上，依据产业发展特征和技术创新演化机理设计的，能够满足产业突破式创新和产业升级需要，对其健康、快速、可持续发展具有一定指导意义。但该创新路径不是单向发展路径，而是前后衔接、依次递进、螺旋发展、循环升级的过程。“外围模块—核心模块—架构规则”创新路径通过修正架构规则、重构模块，形成新的模块化组织，再对新形成的关键核心模块进行技术突破，进而推动架构规则再次修正和重构，如此反复循环，实现技术创新和产业持续螺旋式发展。另外，该路径可以满足战略性新兴产业在不同地区及产业不同发展阶段的需要，具体可依据其发展基础及发展水平，选择不同的突破式创新路径。

根据本书关于战略性新兴产业测度结果，提升战略性新兴产业自主创新能力要从自主创新能力的驱动因素着手，关注创新成果背后的公共基础设施、创新环境和创新关联问题，把握好产业自主创新的规律和机制，切实完善体制机制，着力推进原始创新，大力增强集成创新和联合攻关，加强金融支撑和人才引进培养，提升战略性新兴产业核心竞争力。

（一）切实加快体制、机制的创新，完善制度基础设施

培育发展战略性新兴产业必须坚持把技术创新作为主攻方向，这是由战略性新兴产业的发展的创新驱动的特征决定的。培育和发展战略性新兴产业要充分认识和把握产业发展的客观规律，将着力点放在技术创新上，而不是急于产业化。而技术创新往往引发体制、机制的重大变革，不仅在中国如此，在全球都是如此。互联网的发展带来电信监管体制的重大变革。目前，我们的体制和机制障碍上大致可以分为两类，第一类是一般性和普遍性的体制、机制问题。比如在行业准入、产业组织、知识产权保护、科技与经济结合、科技成果转换的问题上，这些普遍性的问题对新兴产业培育和发展过程中受到的制约程度更大。第二类是针对七大战略性新兴产业的领域存在的特殊性的体制、机制问题，比如，新一代信息技术产业发展需要解决三网融合问题，生物制药要解决的是药物审批制度、医保目录等等问题，新能源汽车要解决的是准入问题。因此，要想提高自主创新能力，就必须转变思路。“变思路”就是要像重视项目和硬件建设一样重视体制机制的创新。体制机制的创新将为战略性新兴产业的发展提供重要的支撑。

战略性新兴产业的发展往往需要突破既有管理体制机制约束。国家应完善国家创新体系，为战略性新兴产业自主创新创造良好的政策、法律、市场、科

学技术、创新文化以及外交环境，增强战略性新兴产业的自主创新活力、创新能力和创新竞争力。要尊重市场规律和产业发展的规律，放宽准入的门槛，简化审批的程序，推进战略性新兴产业体制的改革，为各种资本有序地进入和产业的健康发展提供制度的保障。要综合运用产业、税收、财政、金融等手段，促进资金、技术、人才等生产要素向战略性新兴产业集聚，充分发挥价格机制、竞争机制的激励功能，有效促进技术创新和资源优化的配置。要处理好政府扶持与市场机制的关系，加强政府和市场的协同互动。市场主导与政府推动相结合，战略性新兴产业领域的新技术、新产品，在市场导入期往往存在种种障碍，需要政府推动应用示范、标准制定和基础设施建设等。政府部门要以为企业创造良好的发展环境为重点，更多地采取宏观调控和经济手段，进一步消除制约发展的体制性、机制性障碍，充分发挥市场配置资源的技术性作用。要处理好中央与地方的关系。中央政府作为战略性新兴产业的总策划者，发挥的是统筹协调全局的作用；而地方政府作为区域策划者，发挥的是具体推动的作用。从这个角度讲，战略性新兴产业要健康发展，必须实现中央和地方之间以及区域之间的衔接，形成合力。

加强政府作用，进一步优化制度环境。尤其是中西部制度环境相对较差的地区，以下几个方面亟待加强：一是全面贯彻落实国家政策，坚持创新驱动，因地制宜推进战略性新兴产业的发展；二是通过政府资金引导和提高支持力度、增强企业研发投入的减税力度等措施增加企业创新的资金投入、降低企业的创新成本；三是重视创新人才的培养，改进创新人才的引进、评价和激励机制；四是健全法律制度，加大对侵犯知识产权的惩罚力度，保障创新的合理、正当收益；五是优化资本市场，构建多元化融资渠道，提升金融发展对战略性新兴产业创新的支持力度。

优化战略性新兴产业创新生态系统发展环境。各级政府要坚持强化服务意识，在管理市场过程中，尊重市场竞争合作机制、优胜劣汰机制、供给与需求对机制，发挥“看得见的手”调节市场失灵的优势，加强监管与引导，减少各类创新主体在战略性新兴产业集聚发展中出现“搭便车”、逆向选择等败德行为，弘扬创新正能量，不断提升政府服务创新主体、服务创新平台、服务创新机制的能力，营造良好的战略性新兴产业创新生态系统发展环境。

因此，在战略性新兴产业的发展过程中，中央要加强统筹引导，重点在市场秩序、节能减排、生态环保等方面做好规范和监督。同时，各地在产业和项目选择上要因地制宜，避免一哄而上，防止重复建设、产能过剩等老问题再现，避免同质化竞争倾向。我们应该加强顶层设计，围绕全国“一盘棋”进行科学布局。各地区可以结合自己的产业基础、自然资源、科技实力、人文环境和发展优势等，扬长避短、因地制宜部署战略性新兴产业发展的重点。要全面梳理新兴产业发展中的体制机制性约束，加强产业规划、投融资、税收、技术创新以及产业管理等部门之间的政策协调，打破部门、地方的分割和利益局限，突破传统产业既得利益集团抵制，改革不适应新兴产业发展的管理体制机制。推动战略性新兴产业的发展和体制、机制创新结合起来，把这些新的领域作为体制改革、制度创新的试验田。借助新兴产业发展来加速推动相关领域的改革非常关键，体制和机制的创新比政府直接投资的支持还要重要。

促进战略性新兴产业的创新发展，需要政府切实加强对战略性新兴产业的组织与协调，做好顶层设计和发展规划，处理好市场、企业、政府之间的关系，明确分工与权责，营造公平有序的市场环境。深化制度体制改革与创新，激发产业创新活力，积极引导中小企业与国内外龙头企业的合作与交流，引进更多的先进的技术与资本，提升产业创新能力，逐步形成以“政府主导、企业参与”的规范公平高效的运行机制和管理体制。

坚持精准施策促进战略性新兴产业集聚发展产业集聚政策制定已经成为推动战略性新兴产业发展的重要手段，而坚持精准施策则是提升产业集聚政策效果的良方。首先，精准施策要求各地方政府在制定产业集聚政策时，合理选择拟定集聚发展的战略性新兴产业。要充分考虑地方经济既有结构与资源条件选择发展重点，避免盲目集聚、重复集聚导致的资源错配与失效。其次，精准施策要求政府合理运用政策带来的“政策租”，经济程度高的区域，政策应当侧重规范市场秩序、完善市场机制，引导企业获取市场竞争收益；经济发展落后的区域，应当由政府直接给予财政、税收、金融等补贴。最后，精准施策要求政府政策能依据战略性新兴产业发展实际，动态调整发展政策内容与侧重点。

（二）加强顶层设计，制定有利于提升战略新兴产业自主创新能力的政策体系

一般情况下，技术创新和新兴产业发展的路径是“产业基础研究——产业应用研究——原理样机研制——初步展示和试验方案——中间试验——示范性生产线——市场导入——推广应用——产业化”。产业技术创新和科技成果的研发转化，因其过程的复杂性、主体的多元性和产品首次进入市场的困难等，不

能完全依赖于市场的自发行为。政府应当通过规划引导、政策集成、组织协调、资金支持、搭建平台、示范应用等方式，成为产业自主创新的支持者、组织者和推动者。

从本质特征上看，战略性新兴产业是新兴科技和新兴产业的深度融合，既代表着科技创新的方向，也代表着产业发展的方向，这决定了将科技政策与产业政策相协调的重要性。从政府来说，既要坚持服务国家发展目标与鼓励自由探索相结合，遵循科学发展的规律，重视科学家的探索精神，稳定支持产业基础研究；又要超前部署，支持产业应用研究，充分发挥高等院校、科研院所和高技术产业研究机构的作用，开展前瞻性、先导性和探索性的前沿技术研究，研究提出战略性新兴产业前沿技术发展路线图、技术经济发展思路、重点发展领域及政策措施建议；也要围绕经济社会发展重大需求，结合国家科技规划、知识创新工程和自然科学基金项目等的实施，集中力量突破一批支撑战略性新兴产业发展的关键共性技术，启动实施一批带动作用强、市场前景好的重大创新工程和专项攻关研发项目，形成一批具有自主知识产权和规模化应用前景的科技成果；还要通过示范工程，政府采购、推广应用等手段，以企业为主体，带动社会资金进入，利用市场化的运营模式推动科技成果的转化和产业化，提高产业的自主创新能力和核心竞争力；要在更高层次上推进开发区建设，以优势的研发带动产业的创新，以龙头产品带动纵向产业链的发展，以增长方式的创新促进发展质量的提高，着力提升产业项目集聚能力；要更高水平推进特色明显的创新型产业基地集聚，以国家级特色产业基地为载体，建立特色产业创新服务体系，以龙头企业带动横向产业链的发展，引导高新技术产业集聚，努力形成基地内企业优势互补、共同壮大的发展格局；可以考虑以各地高新区为战略性新兴产业发展的重要载体，引入跨国公司的研发总部，同时争取与世界一流的高新技术基地紧密合作，建立技术和生产能力交换的互惠平台。

针对我国战略性新兴产业创新驱动力的差距和升级瓶颈，对于跨越差距应分阶段采取不同对策。在赶超准备期，借力于活跃在世界创新前沿领域的高技术人才，高起点引进有高技术溢出的外资和技术，积极地学习、模仿和开放创新，全面增强消化吸收再创新、集成创新能力，在获得后发低成本利益的同时，防止全盘外向依赖，当前我国战略性新兴产业企业技术 20% 为原始创新技术，14% 为集成创新技术，45% 为消化吸收再创新技术，接近赶超期即“脱追击”战略期，应充分发挥国家基础研究的力量支持原始创新，同时倡导张扬个性的创意，更要加强“官产学研用”相结合，为跨越差距的自主创新提供政策支持，突破创新驱动力升级的瓶颈。

（三）提升产学研创新关联质量，强化企业自主创新主体地位

我国战略性新兴产业的技术定位是发展具有高度前瞻性的技术，这意味着技术发展不是一条科学规律的自然延伸，而是多条科学规律的碰撞与交叉，大多数情况下是一个跨学科的创新过程，单一企业很难独自承担技术创新任务。其产业定位是发展具有潜在多向旁侧关联的产业，前瞻性技术发展将带动许多产业实现相应的技术升级，因此具有较大的战略投资价值。其发展定位是在当前的技术改革浪潮中构建国际竞争新优势，推动我国实现全球价值链攀升与替代，掌握发展主导权，在“战略性”基础上增添了“紧迫性”。此外，从产业自身发展特征来看，战略性新兴产业在产业形态、主导技术、潜在市场等方面都具有高度的不确定性，需要具有不同比较优势的创新主体之间合作与交流，共同塑造新产业。因此，前瞻性、战略性、紧迫性、不确定性都表明，产学研合作创新是战略性新兴产业发展不可或缺的重要环节。

1. 产学研合作可提高战略性新兴产业的创新绩效。

战略性新兴产业产学研合作创新依然面临“委托－代理”、知识产权制度不完善、技术信息稀薄等市场不完美因素，以及我国比较突出的“激励不一致”、合同不完善、技术差距等现象。此外，一方面，战略性新兴产业技术具有高度的正外部性，企业创新意愿不足；另一方面，前瞻性技术创新需要大量的创新资金投入，附加值普遍较低的本土企业无力满足前瞻性技术研发的资金需求。各种因素的交叉影响，意味着战略性新兴产业更难开展产学研合作创新，需要政府介入。

战略性新兴产业巨大的预期收益意味着政府有足够的理由采取政策干预。然而政府是否比企业更具资源配置效率？主流经济理论在该问题上持否定态度。我们应该认识到，主流经济理论是建立在成熟市场经济基础上，大多数企业都比较成熟。而我国市场经济体制还不完善，短期中更多依赖国家治理能力。即便如此，Tasse（2005）提出，政策研发补贴至少可以纠正前瞻性技术创新的正外部性问题和企业创新资金不足问题。

2. 政府研发资金补贴可弥补企业创新资源不足，提高战略性新兴产业企业技术创新能力与创新绩效。

对于战略性新兴产业产学研合作的治理问题，我国采取了系列策略安排。

一是通过联合申报课题方式支持战略性新兴产业产学研合作创新项目，创新程度越大，获得高级别课题的概率越大，可以解决研究机构内部激励方式与产学研合作之间的“激励不一致”问题。此外，通过结项审查和“黑名单”制度解决产学研合作中的“有效监督不足”问题。比如，未达到计划目标的项目将限制后续申报，对于情况比较严重的项目，以“黑名单”方式进行公开通报，这些制度安排对合作研发各方都产生“无限次重复博弈”式的威胁，提高事后监督的有效性。二是通过广泛建立创新公共服务平台和生产力促进中心方式，提供技术信息匹配、标准化合作合同等创新公共服务，提高信息传递和稳定合作的效率。三是支持产学研合作成立新的“研发实体”，比如研发类公司，构建稳定的产学研合作创新关系，提高组织内学习效率，逐渐缩小技术差距，为创新成果产业化和持续创新建立长效机制。四是把知识产权部门隶属科技管理部门之下，强大的联合部门内部数据库可有效防范产学研合作中的“知识产权纠纷”和“道德风险”。

3. 以政府研发补贴为显性指标的产学研合作治理措施，可显著提高战略性新兴产业的创新绩效。

理论分析表明，产学研合作是战略性新兴产业发展的重要环节，但是需要对治理策略进行调节。尽管针对战略性新兴产业产学研合作创新的顶层设计比较完善，但在政策执行过程中依然存在许多问题，有损政策效率和企业创新绩效。此外，企业自身的创新能力对产学研合作创新绩效也产生广泛的影响。

（1）政府研发补贴方式。

本书定义政府研发补贴包括与企业研发相关的资金转移和免费公共服务，实际上，治理方式创新把部分研发私人服务也纳入货币补贴范畴。依据补贴发放的方式，研发补贴可分为三种类型：一是按资质转移研发补贴资金，比如经认证的高技术企业，将获得一定数额的研发补贴、减税、税收返还等实质性的资金输入。樊霞等（2011）针对广东省产学研合作的调查显示，企业创新资金存在一个“门槛值”，当企业自筹资金和政府输入资金之和依然低于“门槛值”，则输入资金仅仅“替代”了企业自筹资金，对创新绩效几乎没有作用；如果超过“门槛值”，研发输入资金不仅与企业自筹资金形成“互补”效应，而且刺激企业产生更大的技术抱负，引发企业投入更多的创新资金，即陈光华等（2014）提出的政府研发资金具有“带动”效应。但是，管理部门既缺乏识别潜在创新者的能力，更缺乏判断创新“门槛值”的专业水平，往往采取“撒胡椒面”方式，导致创新资源的误配和浪费。二是通过创新引导基金或科技计划项目等竞争性课题申报方式划拨研发贴资金。通过基金课题申报与竞争性立项方式引导产学研合作，是一个激励创新主体之间积极合作的有效措施。由于作为代理人的政策执行者因个人目标而有计划地误配资源、因软约束而无动力实施有效监管、因资源有限而无能力识别创新成果，激励创新主体重视课题申报而轻视研发过程，以至于计划创新目标普遍高于实际取得的创新成果，产学研合作创新流于形式。针对广东省部院产学研合作项目的调查，梁耀明等（2014）发现，基金类产学研合作项目创新绩效普遍不高，基本没有绩效突出的项目。三是“创新券”，科技管理部门也意识到产学研合作创新“基金申报”治理方式存在的缺陷，改为可随时申领的“创新券”。中小企业可利用“创新券”购买研发设备、研发耗材及研发服务，在获得经有效证明的创新成果后，可依据研发服务合同等材料向基金管理部门要求兑现“创新券”。相对于产学研合作创新的研发资金转移、基金申报，事后兑现的“创新券”治理方式在理论上漏洞更少，是一种帕累托改进。

（2）企业技术吸收能力。产学研合作创新不仅仅是获得标志着创新成果的专利，更应是成功产业化。创新成果的产业化过程，不仅需要产学研的持续合作，而且需要企业拥有较高的技术吸收能力，否则难以实现规模化生产。针对企业技术吸收能力对创新绩效的影响，Becker 和 Peters（2000）提出，在特定技术机会情况下大企业拥有更多的创新人才和独立的研发机构，技术吸收能力较强，产学研合作创新绩效较高。基于针对战略性新兴产业的调查数据，吴福象和王新新（2011）的实证结果显示，企业规模、R&D 强度、R&D 人员素质以及独立的研发机构对企业技术吸收能力具有比较显著的影响。比较而言，小企业的创新资源相对不足。但是 Eom 和 Lee（2010）强调小企业有较强的动机借助产学研合作实现技术更新目的，企业技术吸收能力取决于企业创新资源的丰裕程度，而技术吸收效率则取决于合作动机、技术差距、交流频次等因素。基于北京周边的企业创新表现，吴玉鸣（2006）发现，企业拥有能够独立承担研发任务的科技机构，对产学研合作绩效有显著的影响。假定一个企业内部的不同研发机构具有不同的研发功能，则企业内部设立的研发机构数量越多，说明技术知识越全面，技术吸收能力越强。

自主创新能力不仅在于能产生科研成果，更重要的是成果转化、产业化应用和市场开拓。因此，企业应该最有条件成为技术创新的主体。只有企业，才是自主创新的基本载体与产业核心竞争力的具体体现。用创新支撑国家是企业的责任，企业是挑起国家自主创新大梁的主体。这就需要企业进一步发挥作为技术创新主体的作用，不断提高自主创新的强度，为进一步提升企业竞争力，扩大利润空间，实现可持续发展提供后劲。具体地说，要更加注重发挥政府调控职能，加大企业研发的投入力度，依托骨干企业，围绕关键核心技术的研发和系统集成，支持建设若干具有世界先进水平的工程化平台，结合技术创新工程的实施，发展一批由企业主导，科研机构、高校积极参与的产业技术创新联盟，深化创新型企业试点，完善科技资源共享利用机制，引导创新要素向企业集聚，强化企业自主创新的意识和能力。要积极鼓励企业建立技术创新机构，开发具有自主知识产权的产品和核心技术，提高自主创新能力。要创新组织方式，发挥行业骨干企业的领军作用，带动中小企业参与，对接国家科技重大专项和重大科技基础设施建设。要支持企业研发中心的建设和发展，加强国家工程研究中心等研发机构建设，积极鼓励企业建立工程技术研究中心和研究开发机构，依托大专院校、科研院所，建立产学研基地，并选择一批优势骨干企业技术中心，作为重点产业振兴的技术创新支撑平台，发展集群式新型产学研战略联盟，实现"抱团创新"，更好地推动产业升级。政府要鼓励有条件的企业建立博士后科研工作站，对企业建立的博士后科研工作站、工程中心、产学研基地给予相应资助。要进一步完善以企业为主体、市场为导向、产学研相结合的技术创新体系，围绕经济社会发展重大需求，结合国家科技计划、知识创新工程和自然科学基金项目等的实施，集中力量突破一批支撑战略性新兴产业发展的关键共性技术。要在加大本土研发投入的同时，引导领先企业以国际技术合作、国际技术联盟、并购国外研发机构等方式加大海外研发投入，积极发展多样化的研发服务业，支持我国企业和研发机构积极开展全球研发服务外包，在境外开展联合研发和设立研发机构，在国外申请专利。

总之，战略性新兴产业在我国还处于培育和发展阶段，受到了各地区政府各种政策的扶持，但除了外部环境的作用，企业本身还要从以下几个方面提升创新能力：一是增加研发支出投入，这是企业从事创新活动的基础；二是加强对人力资源的管控，重视对创新人才的培养，对所雇佣或即将雇佣的创新人才进行考核，定期进行培训；三是提升企业管理经营能力，企业内部管理水平不高会导致资源的浪费和不合理配置，影响创新效果；四是加强与高校、科研院所的交流和合作，产学研紧密合作，促进科研成果转化为企业实际的经济效益。

（四）完善科技金融体系，充分发挥金融在战略性新兴产业自主创新中的促进作用

战略性新兴产业创新风险大、研发周期长，在缺乏有效分散风险的金融安排的前提下，企业将很难从外部融资渠道获得资金支持，从而不得不依赖于自身经营利润积累以及资（股本）增加等方式进行融资。基于这一理由，本书认为战略性新兴产业的创新融资将遵循迈耶斯和马基卢夫（Myersh 和 Majluf）的“啄食”理论（Pecking Order），即优先考虑内部融资。已有的许多经验研究证明了上述判断。布朗（Brown）等人认为内部融资具有得天独厚的优势，企业进行内部融资不需要设立抵押手续，从而避免了道德风险和逆向选择等问题，企业利润积累和留存收益等内部资金是企业创新投入的重要来源。鞠晓生等人的研究表明，内部资金是企业创新投资的主要融资渠道，企业可以通过内部资金积累和营运资本管理持续地进行创新活动。需要注意的是，对资本高度密的战略性新兴产业而言，内部融资的规模毕竟是有限的，相对于巨额的研发投入，内部融资只是杯水车薪。此外，新兴企业因盈利不稳定，容易受到商业周期、技术创新和市场需求等外部冲击，特别是在经济增速放缓的大背景下，企业的利润水平大幅下滑，财务成本不断增加，很有可能因资金链的断裂而停止创新活动。除内部融资以外，战略性新兴产业创新还必须借助于外部力量进行融资，常见的如股权融资、债权融资、商业信用以及政府补助等。黄少安和张岗的研究发现中国上市公司存在强烈的股权融资偏好，并指出股权融资偏好对企业资本使用效率、企业成长等方面都有不利影响。与之相反，经济学家和政策制定者已经普遍认识到股权融资对战略性新兴产业创新的重要推动作用，进而在政策层面付诸实践并取得良好效果。一般情形下，股权投资者追求高风险、高收益的投资项目，重视企业的长期价值增值，尤其青睐具有创新意愿和能力的新兴企业，这与战略性新兴产业创新特征是不谋而合的。布朗（Brown）等人的研究发现，美国的中小科技企业主要是通过股票（权）市场进行融资实现创新的。股票（权）市场是美国 20 世纪 90 年代科技企业创新浪潮的主要推动力。事实上，21 世纪初期中国许多新兴企业的成长（尤其是互联网企业）也无不得益于此。这些企业大多依靠境外风险投资并在境外上市，从而得以发展壮大。特别值得重视的现象是，在创新创业的大浪潮下，出现了一些依托互联网平台的新型股权融资形式，如众筹融资（Crowd Funding），大大降低了信息不对称进而在

一定程度上缓解了融资约束，推动了新兴企业的创新创业活动。

自主创新是战略性新兴产业实现跨越式发展的必由之路，但对于大多数企业而言，自主创新的道路少有一帆风顺。尤其是对于资金实力一般的企业而言，自主创新意味着巨额投入、长期等待，这让不少企业望而却步。可见，发展战略性新兴产业，提高自主创新能力，必须有资金作保障。金融是现代经济的核心，在我国经济转型升级的自主创新能力支撑系统中，金融支撑能力更是处于枢纽和核心地位。一方面，金融创新推进自主创新，促进产业升级；另一方面，金融业本身就是第三产业的重要组成部分，它在促进自主创新和产业升级的同时进而促进金融创新发展。提高自主创新能力，离不开必要的金融支持。我们一定要进一步加大对自主创新的信贷投入力度，完善信贷考核体系，不断提高金融服务的质量和水平，充分发挥金融在提升企业自主创新能力、发展战略性新兴产业中的重要作用，从而推动技术进步和产业层次提升。

一是，要进一步完善和优化战略性新兴产业自主创新的银行间接融资服务体系。中国人民银行要通过灵活运用货币政策工具等手段，积极引导商业银行加大对战略性新兴产业自主创新的信贷支持，做到贯彻落实适度宽松货币政策与战略性新兴产业自主创新的有机结合。商业银行要完善信贷考核体系，积极开展业务创新，不断探索针对战略性新兴产业生命周期不同阶段信贷支持的有效方式，对拥有自主知识产权、科技含量高、市场前景好的企业及时跟进支持，协助企业做好财务融资辅导。二是，积极构建多层次的自主创新直接融资服务体系，发挥资本市场支持自主创新重要作用。要加快推动战略性新兴产业企业上市，充分运用市场机制，带动社会资金投向战略性新兴产业中处于创业早中期阶段的创新型企业；积极推动技术产权、知识产权交易市场发展，为具有成长性和高科技含量的战略性新兴产业自主创新型企业提供融资服务；合理定位和发展场外交易市场（OTC），OTC 市场和场内交易市场各司其职、各有侧重，共同构成多层次的市场体系，为创新型企业提供发展机会，为投资者提供交易平台，为社会优化资源配置；大力发展科技保险市场，充分发挥现代保险业在科技自主创新中的经济补偿和资金融通功能；支持战略性新兴产业企业发行集合票据、短期融资券、中期票据，以及通过集合债券、集合信托债权基金等实现债权融资；设立战略性新兴产业发展投资基金，统筹规划部署投资一批大项目，集中力量突破制约我国战略性新兴产业发展的核心关键技术。三是，积极完善战略性新兴产业自主创新的创业风险投资支持体系。要加快发展创业投资引导基金，通过阶段参股、跟进投资、融资担保、投资保障、风险补助等方式，调动民间资本、外资、保险公司、银行等作为投资主体的积极性，充分发挥财政资金的杠杆效应、投资导向效应和风险补偿作用。要建立促进创业风险投资发展的正向激励机制，探索建立适合战略性新兴产业自主创新发展的风险补偿机制，对向自主创新企业提供融资的机构提供差别化的风险补贴等。要不断优化促进创业风险投资的外部融资环境，进一步健全战略性新兴产业自主创新的中介服务体系，不断完善创业投资的退出机制，促进创投行业与政府部门、金融业的交流与合作。四是，不断完善战略性新兴产业自主创新的金融服务网络体系。要加快发展自主创新科技企业孵化器，设立自主创新科技企业孵化器发展专项资金，以财政资金为引导，积极发展以企业为主体、投资多元化、市场运作、政策扶持的自主创新孵化体系；要建立并完善战略性新兴产业自主创新的信用担保体系，整合担保资源，建立以政策性担保为主体，商业性担保和互助性担保为补充的自主创新企业信用担保体系，为自主创新提供更好的金融支持；要通过设立混合型科技金融集团，开展专利典当、专利信托、专利租赁业务及设立专业性的专利典当、专利信托、专利租赁等机构，创新金融服务方式，拓展战略性新兴产业企业自主创新投入融资途径。

战略性新兴产业的发展离不开资金的支持，单一主体以及融资方式不能满足其需要，因此就需要加大资金支持力度，构建多元投融资体系。围绕战略性新兴产业发展的重点领域，建立各种专项资金，引入天使投资、风险投资等不同种类的功能型基金群来扶持产业化项目以及技术创新平台的建设；充分发挥政策性银行和商业银行的引领作用，加大对中小型企业的信贷投放力度，对处于初创与成长期的企业，提供期限更长、利率更优惠的融资务；支持各银行业机构与投资公司、保险公司、担保公司、基金公司等开展合作创新，积极运用相关金融产品与方式，实现科技信贷的风险转移，从而为战略性新兴产业提供良好的金融生态环境。

（五）促进创新人才引进、培养与流动机制形成，为战略性新兴产业自主创新储备人才

人才是国家实现战略性新兴产业发展的基础。战略性新兴产业的竞争最终是人才的竞争，必须把培育富有创新能力的各类人才，作为发展战略性新兴产业的重中之重。要将战略性新兴产业领域的人才培养和引进作为我国人才培养和引进工作的重点。要建立科研机构、高校创新人才向企业流动的机制，加大

高技能人才队伍建设力度，鼓励科研机构和高校科技人员积极从事发明创造。要切实改变战略性新兴产业在科研、生产、服务等方面相互割裂的现状，要发挥研究型大学的支撑和引领作用，加强战略性新兴产业相关专业学科建设，制定鼓励企业参与人才培养的政策，建立企校联合培养人才的新机制，促进创新型、应用型、复合型和技能型人才的培养，特别要培养高层次、高水平的战略新兴产业领军人才。继续发挥高新区“创业园”的作用，实施“企业博士创新计划”，资助在生产一线的博士和博士后开展技术创新研究，争取培育一大批年纪轻、素质高、适应未来自主创新发展需要的企业技术带头人。要实行资金技术入股、提高薪酬等灵活政策措施，鼓励创新型企业家人才，投身到战略性新兴产业的自主创新行动中去。要重点引进我国战略性新兴产业发展急需的高层次人才，特别是带技术、带项目、带资金的优秀创新人才。政府应出台相应的人才优惠政策，减少人才外流，注重提升专业人才素质；依托现有的高校、科研院所以及骨干企业，面向国内外积极引进一批战略性新兴产业所需高层次专业技术人才和创新团队；鼓励高校与企业联合定向培养战略性新兴产业各层次的人才，以便与战略性新兴产业的发展需求更好对接。另外，注重构建科学合理的人才考核标准和指标，激发生产积极性，推动科技创新成果不断涌现。

（六）促进战略性新兴产业集聚区内创新网络建设

首先，要鼓励战略性新兴产业内的创新主体入会、结盟。在战略性新兴产业集聚区域内，大力推动行业协会建立，促进行业协会在技术创新、技术交流、技术服务等领域起关键作用，推动行业协会成为企业创新的基础平台。以创新联盟的方式，尽可能地将企业、科研机构、高校与金融机构联合起来，开展协同创新。只要是为了开展正常的技术创新合作，不论松散与紧密、官方与民间、常规与独特的创新联盟模式，都应当予以支持。其次，进一步降低产业技术创新战略联盟进入门槛，降低对创新主体创新能力、风险承担能力的要求。

在经济新常态下，中国要以创新驱动来引领战略性新兴产业的发展，加大研发投入力度，进一步加强科技创新平台建设，深入产学研合作，在战略性新兴产业发展的关键技术、核心技术以及共性技术上实现突破。同时，注重创新环境方面的提升，重点加强交通基础设施、信息化以及市场化方面的建设，积极引导创新资源向战略性新兴产业的集聚，将科技创新与产业化相结合，整合优势资源，提高自主创新能力和科技创新效率。

中国应该充分发挥地缘优势，发挥“一带一路”倡议的作用，加强与塔吉克斯坦、吉尔吉斯斯坦、乌兹别克斯坦等中亚国家在装备制造业、国际产能方面的合作，推动骨干企业参与到国际合作中；加强与环渤海地区、京津冀地区、东北地区等之间的产业合作，拓展战略性新兴产业的合作的领域与范围，提升产业发展层次；加强骨干企业与科研院所之间的交流合作，促进技术、科研成果的共享，推动新技术应用和新产品开发，拓展延伸骨干企业技术产品应用领域，带动配套企业发展，打造产业集聚优势，实现资源优化配置。

第十二章　战略性新兴产业自主创新能力提升对策

第一节　节能环保产业自主创新能力提升对策建议

一、节能环保产业发展现状

2009年以来，我国出台了一系列政策促进新能源节能环保等产业的发展这些决策措施不仅很有针对性，而且顺应了当今世界经济发展趋势，对推动经济发展绿色转型将起到积极作用。2010年11月25日，国务院发布了《节能环保产业发展规划》。作为“十二五”时期七大战略性新兴产业规划之一，《节能环保产业发展规划》对节能产业环保产业和循环利用产业提供技术、产品和服务等支持，促进绿色经济产业链的形成与发展。

与国外相比，我国节能环保产业起步虽晚，但发展速度一直令人瞩目。尤其是20世纪90年代以来，我国节能环保产业发展步伐明显加快。1993—2004年，从业单位数量增长了约2.5倍，年收入总额增长了近12倍，年产值（收入）占GDP的比例由0.9%上升到约3%，远高于同期GDP的增长幅度。200年以来，由于国家加大了环境基础设施建设投资，有力拉动了相关产业的市场需求，节能环保产业总体规模迅速扩大，产业领域不断拓展，产业结构逐步调整，产业水平明显提升目前，我国已形成门类齐全、领域广泛、具有一定规模的节能环保产业体系，成为国民经济结构的重要组成部分。

二、基于节能环保产业自主创新能力测度结果的分析

（一）一次测度结果

根据节能环保产业自主创新能力测度模型估计结果，节能环保产业自主创新能力形成过程中因素重要性排序为：公共基础设施影响、产业集群发展环境、技术存量、联系质量、研发人力资源投入和产业产值增长。

上述测度结果与节能环保产业特性相关，节能环保产业是一个典型政策驱动型的产业，其终端需求是由国家节能减排和环境保护的目标强制产生的，基于政策法规的强制性所产生的需求是间接的派生的，因而是一种被动的需求创造。这决定了整个产业发展的决定力量在于政府和法律法规的强制力，市场关系是一种由下至上的拉动式消费，下游产业的拉动力越强，上游产业的发展环境就越好。

（二）二次测度结果

为进一步分析公共基础设施影响、产业集群发展环境以及联系质量等因素对自主创新能力的影响，本书通过调查问卷方式对涉及上述因素的主要问题进行了企业调研和专家咨询打分，进行二次测度，结果见表 12－1。

表 12－1　　节能环保产业二次测度打分排序结果

自主创新能力影响因素	影响程度分值	排序
税收减免政策	A_1	1
政府采购	A_2	2
地方财政奖励	A_3	3
知识产权保护	A_4	4
合同能源管理的发展	B_1	5
节能环保市场结构	B_2	6
节能环保服务业发展	B_3	7
科技金融服务体系	C_1	8
产学研结合	C_2	9
产业联盟发展	C_3	10

（三）节能环保产业自主创新存在的主要问题

根据二次测度以及相关访谈调研结果，我国节能环保产业在自主创新能力形成过程中主要存在以下问题：

1. 公共基础设施对节能环保产业的支持不足，体现在：一是财政奖励和税收减免政策落实力度不够，特别是对节能服务公司、环境服务公司等新兴产业主体扶持力度不够；二是政府采购过程中节能环保标准制定不清；三是地方政策与国家政策差异较大，有的地方把财政奖励对象限定在本地公司和本地项目范围内。

2. 产业集群环境还有待进一步完善，体现在：一是对合同能源管理的扶持范畴过窄，还没有从节能量分享型扩展到节能量保证型，能源费用托管型及融资租赁型；二是我国节能减排与环保仍处于企业自我服务状态，产业化水平依然较低，节能设备、环保设备制造企业规模小，布局分散，高端设备和技术对国外的依赖很强；三是政策鼓励大型重点用能单位组建专业化节能服务公司将会形成节能服务行业垄断，对专业化的节能服务公司形成了行业壁垒。

3. 联系质量方面的问题体现在：一是金融服务体系支撑不足，现有融资体系远远不能满足公司的融资需求；二是供应商、服务商和下游联合程度不够，节能环保产业存在融入问题等。

三、节能环保产业自主创新能力提升对策

（一）充分发挥节能环保法规、政策、标准在引领环保产业发展中的先导作用

各项节能环保产业法规、政策、标准，决定了节能环保产业的发展方向、技术水平、服务能力、需求总量和市场容量，政策制定过程应统筹考虑节能环保产业现状和发展要求，制定相应的节能环保产业政策措施，更加注重运用政策工具推动节能环保产业发展。应针对二恶英等持久性污染物和有毒污染物、形成细微颗粒物的一次前体物、危险废物、生活垃圾等领域制定和实施严格的污染物排放标准，出台新型污染物控制要求；鼓励各地根据环境质量和环境承载能力，适时出台地方污染物排放标准，提高排放限值。要做好城市建设与发展的中长期规划，提高建筑质量，反对乱拆乱建，立足建筑垃圾减量化，优化建筑设计，保证建筑物的质量和耐久性，同时加强建筑施工的组织和管理。减

少非环保型建筑，大力发展低密度低排量生态型住宅。加强建筑节能技术和标准的推广，开发低碳建筑，引入建筑物能效标准和标识制度，提高建筑节能标准。对城市建筑垃圾实行二次利用，加快城镇垃圾无害化处理场建设项目。健全汽车排放标准体系，加强机动车排放控制，严格实施国家机动车排放标准，完善新生产机动车环保制度，加速黄标车和低速载货车淘汰进程，积极发展新能源汽车，减少化石能源的使用。建立机动车强制报废制度，加强对报废汽车的市场管理及有效的指导规范，引导报废汽车的再制造进程。

（二）大力推进节能环保服务体系建设，推动节能环保需求的产业化

一是要大力推进节能环保保护设施的专业化、社会化运营服务。不断完善节能环保保护设施社会化运营管理制度，依法促进排污企业治污责任的专业化服务，形成专业化的系统服务外包市场。在城镇污水处理厂、生活垃圾处理厂和危险废物处置场等设施运营服务中全面引入市场机制，推进节能环保基础设施服务的社会化运营和特许经营。在具备相对垄断性、社会资源投入较大、节能环保安全敏感的行业，试点实施设计建设运营一体化模式。在工业园区、城市和重点行业开展节能环保保护设施社会化运营试点，逐步提高社会化运营比例。

二是要大力发展节能环保咨询服务业，积极发展节能环保政策咨询、节能环保战略咨询、节能环保规划咨询、节能环保工程咨询、节能环保技术咨询、节能环保法律咨询、节能环保服务贸易咨询等专业咨询服务业。重点发展节能环保监理、节能环保风险损害评估、节能环保技术评价、节能环保保险、节能环保审计、清洁生产审核、节能环保管理认证、节能环保教育普及与培训等新兴节能环保咨询服务。逐步推进节能环保监测服务社会化，明确社会化节能环保监测的重点领域与监测范围，鼓励社会监测机构提供面向政府、企业及个人的节能环保监测与检测服务。

三是要鼓励发展提供系统解决方案的综合节能环保服务业。大力提升环保企业提供节能环保咨询、工程、投资、装备集成等综合节能环保服务的能力，鼓励环保企业提供系统节能环保解决方案和综合服务。鼓励政府、企业综合节能环保服务外包。制定综合节能环保服务的服务标准和技术标准，在工业园区、城市和重点行业开展综合节能环保服务试点，积极探索合同节能环保服务等新型节能环保服务模式。

（三）突破自主创新瓶颈，提升环保产业技术装备水平

一是要实施节能环保技术管理体系，推进节能环保工程标准化进程。加

快建立包括技术政策、技术指南、工程技术规范、产品标准，以及节能环保技术评价和示范推广体系为主要内容的国家节能环保技术管理体系，建立有利于技术研发、转化、推广应用的长效机制。各级环保部门应加强对技术政策、技术指南、工程技术规范和产品标准等技术标准的培训，在节能环保影响评价、节能环保工程建设、“三同时”验收等节能环保管理中加大实施力度。大力推进实施企业环保产品标准、节能环保工程技术规范、节能环保服务标准等。

二是要加强节能环保技术创新体系建设，增强节能环保产业持续创新能力。大力推进建立以企业为主体、产学研结合的节能环保技术创新体系，鼓励、支持节能环保企业与科研院所联合开展技术研发并建立长效合作机制，打造具有核心竞争力的产业集群，形成产业发展新优势。积极鼓励和引导龙头骨干企业组建创新基地、工程技术中心和重点实验室，培育建设一批节能环保科技研发机构和创新平台，加快培育建设一批环保产业孵化器，提高其培育和扶植科技型中小节能环保企业的能力。积极引导、扶持企业开发具有自主知识产权的环保技术装备、产品、材料和药剂。将产业化作为节能环保科技的重要考核指标，大力推进水专项等各项科研成果产业化，实施重大节能环保产业创新发展工程。

三是要强化节能环保技术评价，推进先进适用技术的示范推广应用。加快建立以第三方评价为主的新型节能环保技术评价制度体系，完善与节能环保技术评价相关的配套技术文件。开展节能环保新技术验证评价，加大对通过验证技术的推广应用。在各类节能环保专项资金中，安排一定比例的资金支持节能环保新技术、新工艺、新产品的示范应用。完善政策节能环保、融资节能环保，以政府采购、以奖代补等多种方式加速环保高技术转化及其产业化发展。进一步提高节能环保标志产品和环保产品认证质量，加大对获证产品的扶持力度。建立环保先进适用成熟技术信息共享平台，及时公布有关技术信息。

四是要鼓励环保产业联盟和区域产业集群建设。支持企业以优势互补为基础组建节能环保产业联盟，以多种方式逐步形成上下游产业链较为完整、产业结构比较健全的环保产业集群。依托国家生态工业园、环保产业园等平台，统筹规划、强化评估，在特色环保产业相对集中的区域，重点培育建设一批集技术研发、产品生产、工程建设和运营服务等功能为一体的节能环保产业集聚示范区和试点基地。

五是要实施节能环保产业“走出去”战略。加强节能环保领域国际合作与国际节能环保技术转让，大力推进我国环保产业外向型发展。培育环保产业出口基地，制定鼓励出口的政策措施，推动由以单机出口为主向提供成套产品和服务为主要形式的国际工程总承包转变。积极支持有条件的企业到境外投资，鼓励对外工程承包和劳务输出。鼓励企业到境外为我国投资项目和技术援助项目提供配套的节能环保技术服务。

第二节 新一代信息技术产业自主创新能力提升对策建议

一、新一代信息技术产业发展现状

新一代信息技术产业规模大、技术进步快、产业关联度强等特征，是经济增长的重要引擎，更是我国国民经济重要战略性产业。

（一）新一代信息产业是发达国家抢占的战略制高点

近年来，世界各国纷纷推出了新一代信息产业发展战略。美国注重各种智能系统和先进通信技术的发展，如“智慧地球”等，并在出台的经济刺激计划中重点关注医疗电子和光伏、光电子等新兴信息技术的发展；日本政府推出“i－Japan”战略，韩国政府出台韩国未来IT战略，英国提出“数字英国”计划，均将信息技术与传统工业的融合应用作为未来发展的重点；欧盟、日本出台的电子信息产业相关发展战略还特别将物联网在传统工业中的应用作为未来发展重点。

（二）信息技术创新的集成化、融合化特征更加显著

一是信息技术越来越表现为技术群的协同发展，例如以集成电路、网络技术为代表的信息技术群带来了通信产业的革命，并已渗透到各个学科和领域。

二是技术的综合集成与交叉融合增大了技术研发难度，需要技术、人才、资金等创新要素的集中投入，企业研发投入大，形成专利多，少数大企业通过核心技术创新形成标准或体系结盟，对后进入企业形成壁垒，进而主导产业发

展。例如英特尔每年研发投入超过50亿美元，有上千名技术人员专职开发CPU技术，通过巨额投资和持续技术进步不断提升产业竞争的门槛。

（三）商业模式创新成为产业发展的新引擎

一是IT技术产品服务化。例如云计算将成为未来信息产业最重要的商业模式之一，包括三种模式：基础设施即服务（IaaS）、软件即服务（SaaS）和平台即服务（PaaS）。未来的云计算中心将会以自来水公司和电力公司的服务模式，使用户能够以较低廉的费用，随时随地按需使用其资源，而不需要购买或拥有复杂的软硬件系统。

二是重构产业链体系。这种基于终端、网络、软件、内容、服务的整合能力日益成为抢占产业发展主导权的关键。美国的苹果公司就是这一模式创新的先锋，成功地构建了基于苹果手机的个人通信和娱乐产业链，通过销售手机产品及内容产品获得巨大的收入。

二、基于新一代信息技术产业自主创新能力测度结果的分析

（一）一次测度结果

根据新一代信息技术产业自主创新能力测度模型估计结果，新一代信息技术产业自主创新能力形成过程中因素重要性排序为：研发人力资源投入、技术存量、产业产值增长、联系质量、公共基础设施影响和产业集群发展环境。

上述测度结果与新一代信息技术产业特性相关。新一代信息技术产业具有以下产业特性：一是涵盖技术多、应用范围广，与传统行业结合的空间大，是典型的技术推动型产业；二是重大原始核心技术创新变得越来越难，构建巨型信息应用系统成为技术创新重要方向，应用创新和集成创新成为主要模式；三是产业关联度大，“新一代信息产业”将聚焦在下一代通信网络、物联网、三网融合、新型平板显示、高性能集成电路和高端软件等范畴。而物联网、三网融合等都并非单一产业，而是包含多个产业及核心技术在内的产业集群，这意味着其中某项核心技术一旦取得突破，将牵一发而动全身。

（二）二次测度结果

为进一步分析联系质量、产业集群发展环境以及公共基础设施影响等因素对自主创新能力的影响，本书通过调查问卷方式对涉及上述因素的主要问题进行了企业调研和专家咨询打分，进行二次测度，结果见表12-2。

表 12－2　　新一代信息技术产业二次测度打分排序结果

自主创新能力影响因素	影响程度分值	排序
产学研结合程度	A_1	1
产业联盟发展	A_2	2
科技金融服务体系	A_3	3
知识产权政策	B_1	4
财税政策	B_2	5
研发政策	B_3	6
研发外包市场形成	C_1	7
市场结构	C_2	8

（三）新一代信息技术产业自主创新存在的主要问题

根据二次测度以及相关访谈调研结果，我国节能环保产业在自主创新能力形成过程中主要存在以下问题。

1. 联系质量方面：一是产学研结合不足，高校等科研机构与产业的人员、科技成果共享和转化机制尚不成熟；二是产业联盟不强，共性技术平台和关键技术攻关投入不足；三是科技金融服务体系对新一代信息技术的支撑不足，知识产权质押等新型融资渠道还未建立。

2. 公共基础设施方面：一是知识产权保护力度还不够；二是基础软件、面向新一代信息网络的高端软件、工业软件等重要技术标准制订滞后。

3. 产业集群环境方面：一是关键材料及技术受制于人，如我国在传感器网络芯片研发方面与世界领先国家差距较大，高灵敏度、高可靠性传感器 80% 以上需要进口，一定程度制约了物联网规模发展；整体产业链不完善，如集成电路、平板显示等产业领域集中于中下游，上游芯片设计为国外厂商掌握。

三、新一代信息技术产业自主创新能力提升对策

（一）加强产学研结合，提升研发人力资本

加快完善期权、技术入股、股权、分红权等多种形式的激励机制，充分发挥研发人员和管理人员的积极性和创造性。各级政府可对有突出贡献的软件和集成电路高级人才给予重奖，对国家有关部门批准建立的产业基地（园区）、高校软件学院和微电子学院引进的软件、集成电路人才，优先安排本人及其配偶、

未成年子女在所在地落户。加强人才市场管理，积极为软件企业和集成电路企业招聘人才提供服务。

高校要进一步深化改革，加强软件工程和微电子专业建设，紧密结合产业发展需求及时调整课程设置、教学计划和教学方式，努力培养国际化、复合型、实用性人才。加强软件工程和微电子专业师资队伍、教学实验室和实习实训基地建设。教育部要会同有关部门加强督促和指导。

鼓励有条件的高校采取与集成电路企业联合办学等方式建立微电子学院，经批准设立的示范性微电子学院可以享受示范性软件学院相关政策。支持建立校企结合的人才综合培训和实践基地，支持示范性软件学院和微电子学院与国际知名大学、跨国公司合作，引进国外师资和优质资源，联合培养软件和集成电路人才。

按照引进海外高层次人才的有关要求，加快软件与集成电路海外高层次人才的引进，落实好相关政策。制定落实软件与集成电路人才引进和出国培训年度计划，办好国家软件和集成电路人才国际培训基地，积极开辟国外培训渠道。

（二）围绕核心技术展开攻关，加大研发投入

一是要充分利用多种资金渠道，进一步加大对科技创新的支持力度。发挥国家科技重大专项的引导作用，大力支持软件和集成电路重大关键技术的研发，努力实现关键技术的整体突破，加快具有自主知识产权技术的产业化和推广应用。紧紧围绕培育战略性新兴产业的目标，重点支持基础软件、面向新一代信息网络的高端软件、工业软件、数字内容相关软件、高端芯片、集成电路装备和工艺技术、集成电路关键材料、关键应用系统的研发以及重要技术标准的制订。中央部委要做好有关专项的组织实施工作。

二是要在基础软件、高性能计算和通用计算平台、集成电路工艺研发、关键材料、关键应用软件和芯片设计等领域，推动国家重点实验室、国家工程实验室、国家工程中心和企业技术中心建设，有关部门要优先安排研发项目。鼓励软件企业和集成电路企业建立产学研用结合的产业技术创新战略联盟，促进产业链协同发展。

三是要鼓励软件企业大力开发软件测试和评价技术，完善相关标准，提升软件研发能力，提高软件质量，加强品牌建设，增强产品竞争力。

（三）加大知识产权保护力度

一是要鼓励软件企业进行著作权登记。支持软件和集成电路企业依法到国外申请知识产权，对符合有关规定的，可申请财政资金支持。加大政策扶持力

度，大力发展知识产权服务业。

二是要严格落实软件和集成电路等产业知识产权保护制度，依法打击各类侵权行为。加大对网络环境下软件著作权、集成电路布图设计专有权的保护力度，积极开发和应用正版软件网络版权保护技术，有效保护软件和集成电路知识产权。

三是要进一步推进软件正版化工作，探索建立长效机制。凡在我国境内销售的计算机（大型计算机、服务器、微型计算机和笔记本电脑）所预装软件必须为正版软件，禁止预装非正版软件的计算机上市销售。全面落实政府机关使用正版软件的政策措施，将软件购置经费纳入财政预算，对通用软件实行政府集中采购，加强对软件资产的管理。大力引导企业和社会公众使用正版软件。

（四）加快三网融合速度，积极培育市场

一是要在电信网、广播电视网、互联网在向宽带通信网、数字电视网、下一代互联网演进的过程中，使三大网络通过技术改造，资源共享，能为用户提供语音、数据和广播电视等多种服务。

二是要积极引导企业将信息技术研发应用业务外包给专业企业。鼓励政府部门通过购买服务的方式将电子政务建设和数据处理工作中的一般性业务发包给专业软件和信息服务企业，有关部门要抓紧建立和完善相应的安全审查和保密管理规定。

三是要鼓励大中型企业将其信息技术研发应用业务机构剥离，成立专业软件和信息服务企业，为全行业和全社会提供服务。

四是要进一步规范软件和集成电路市场秩序，加强反垄断工作，依法打击各种滥用知识产权排除、限制竞争以及滥用市场支配地位进行不正当竞争的行为，充分发挥行业协会的作用，创造良好的产业发展环境。

第三节　生物产业自主创新能力提升对策建议

一、生物产业发展现状分析

进入 21 世纪，随着生物医药产业的盈利模式的优化、融资规模的扩大，全球生物医药产业销售额近5年翻一番，复合增速为世界经济增速的10倍，因此，生物产业已成为世界各国竞相抢占的战略制高点，无论是发达国家，还是包括我国在内的发展中国家均纷纷制定发展生物医药产业的发展规划，从而保持经济社会的可持续发展。

中国的生物产业始于21世纪初。生物医药产业入选我国2012年度国家高技术研究发展计划（863计划）生物和医药技术领域项目，并规划了以生物医药流通、医疗设备为基点，大力发展生物医药制药的战略方针，充分地显示了政府高度关注生物医药产业的发展尤其是创新性药物的研发及应用。随着2007年底，《产业结构调整指导目录（2007年本）》的发布及《生物医药技术“十二五”规划》的颁布实施，生物医药产业正式进入国家发改委的鼓励产业目录，被业界视作国家真正鼓励发展生物医药产业的开始。在这两部重要法规、政策的实施下，中国生物医药产业进入了一个全新的发展阶段。

作为战略性新兴产业之一，发展生物产业不仅有利于提高国民健康水平和医疗技术进步，更是一直被视为国家转变经济增长方式的重要举措，已成为抢占新一轮经济和科技发展制高点的重大战略。近几年，在密集的扶持政策出台的背景下，我国生物产业已进入快速发展轨道。虽然现阶段生物医药在医药行业整体的比重不大，但在“十一五”期间，国家就已引导建设了石家庄、深圳、长沙、北京、上海、广州、武汉、昆明、青岛、成都、重庆等12个国家生物产业基地以及西安、天津、泰州、通化、德州、郑州、南宁、哈尔滨、杭州、南昌10个生物产业领域国家高技术产业基地。我国已形成长江三角洲、珠江三角洲和京津冀地区综合性生物产业基地，以及东北地区、中西部地区若干专业性生物产业基地的空间布局态势，从而加快生物产业向集聚化、特色化发展。

二、基于生物产业自主创新能力测度结果的分析

（一）一次测度结果

根据生物产业自主创新能力测度模型估计结果，生物产业自主创新能力形成过程中因素重要性排序为：技术存量、研发人力资源投入、产业产值增长、联系质量、产业集群发展环境、公共基础设施影响。

上述测度结果与生物产业特性相关，生物产业不同于其他的战略性新兴产

业，一是它更加侧重于技术研发和产业化能力，具有投入高、风险大、周期长的特点，研发投入往往占销售收入的较大比重；二是生物产业核心技术差异大，每一种产品都需要核心的专有技术；三是不需要大规模的基础设施建设，小公司可以有大产出。

（二）二次测度结果

为进一步分析联系质量、产业集群发展环境以及公共基础设施影响等因素对自主创新能力的影响，本书通过调查问卷方式对涉及上述因素的主要问题进行了企业调研和专家咨询打分，进行二次测度，结果见表12－3。

表12－3　　　　生物产业二次测度打分排序结果

自主创新能力影响因素	影响程度分值	排序
产学研结合程度	A_1	1
产业联盟发展	A_2	2
科技金融服务体系	A_3	3
市场结构	B_1	4
需求条件	B_2	5
支撑条件	B_3	6
财税政策	C_1	7
知识产权保护	C_2	8

（三）生物产业自主创新存在的主要问题

根据二次测度以及相关访谈调研结果，我国生物产业在自主创新能力形成过程中主要存在以下问题。

1. 联系质量方面：产学研结合的创新体系和机制尚未形成，生物科技成果转化率不高，人才培养与产业需求脱节，科教优势和生物资源优势没有充分转化为竞争优势和经济优势。

2. 产业集群环境方面：生物产业规模和企业规模偏小，缺少重量级企业和产品支撑；产业布局较为分散，企业集聚化程度不高；产业国际化水平不高，产业增长的外生动力不足。

3. 公共基础设施方面：医疗体制改革尚在进一步推进过程中；产业发展、技术研究开发、生物安全监管等政策尚未形成合力。

三、生物产业自主创新能力提升对策

（一）推进产学研结合，加快生物科技成果转化

发挥政府的引导作用，创新产学研结合的体制机制，推进产学研相结合，加快生物科技成果产业化进程。支持产学研开展战略合作，把促进产学研结合作为政府相关部门工作的一项重要内容，力争在解决产学研脱节问题上取得突破。建立以企业为主体、产学研结合的技术创新体系，优先支持企业牵头、产学研联合申报的科研开发项目。

大力促进企业技术创新能力建设。通过产学研合作等方式，建立企业牵头组织、高等院校和科研院所共同参与的有效实施机制。通过财税、金融、投资等政策，引导企业增加研究开发投入，推动企业特别是大企业建立研究开发机构。鼓励企业与高等院校、科研院所联合开展生物技术成果转化，改造或新建一批国家工程实验室、工程研究中心，提高科研成果的工程化与系统集成能力。

加强生物科技创新条件平台建设。推进国家生物产业基地生物技术公共实验室、中试基地以及融资平台、人才培训平台等产业化能力建设。加强高校和科研院所研究开发设施建设，形成若干具有较大规模、多学科融合、创新能力强、开放运行的生命科学研究中心。鼓励和支持国外机构在华设立研发中心。加强生物信息中心、科技成果评估机构、人才培训等中介服务体系建设。

紧紧抓住培养、吸引、用好人才三个环节，加强企业经营管理人才、生物技术专业人才以及生物安全、生物物种资源保护与管理人才队伍建设。创新人才培养模式，加强生物产业人才培养能力建设，建立高技能人才培养基地，重点培养生物技术原始性创新人才、工程化开发人才、高级经营管理者、高级技术工人等各类高技能人才，扩大生物类硕士和博士的招生规模。采取团队引进、核心人才引进等方式，吸引和支持出国留学人员、海外华人华侨回国和来华创办生物企业、从事教学和研究。加强生物技术人才的国际培训合作和国际学术交流。完善生物技术人才评价机制，国家生物科研机构的技术负责人逐步实行海内外公开招聘。加大收入分配向关键岗位和优秀人才倾斜力度，完善技术参股和入股等产权激励机制。

（二）加快产业积聚，培育龙头企业

突破一批具有重大支撑和引领作用的前沿生物技术，形成自主知识产权，

抢占国际竞争的制高点，加快实现产业化。促进生物企业和资金、技术、人才等要素向优势地区集中，培育生物产业区域增长极，形成若干各具特色、以大企业集团为核心、专业化中小企业协作配套的相对集中布局的产业基地。

要着眼于国家经济社会发展的紧迫需求，选择一批基础条件较好、技术条件成熟、成长潜力大、产业关联度高的现代生物产业重点领域和重大产品，构建较完善的产业链，加快做大做强。充分发挥各方面的积极性，有步骤、有重点地建设若干国家生物产业基地，促进人才、技术、资金等资源向优势区域集中，引导生物产业特色化、集聚化发展。

（三）坚持国际合作，推进开放式创新

以具有自主知识产权成果的开发和应用为核心，加强原始创新、集成创新和引进技术消化吸收再创新；坚持“引进来”与“走出去”相结合，积极开展国际合作，充分利用两种资源、两个市场，加快我国生物产业发展。

要加强生物产业国际合作。推动有竞争力的生物企业在境外投资设厂，支持行业中介组织设立境外生物医药产品注册和营销指导中心。以医带药，扩大中药在国际市场的份额。积极推进种业、疫苗等领域具有比较优势的产品“走出去”，带动整个行业健康快速发展。加强相关技术标准体系的研究，积极参与有关国际标准的制订和修订工作，建立生物产品出口商品技术指南，完善进出口环节管理。

（四）建立有利于生物产业发展的外部环境

既要充分发挥市场优化配置资源的基础性作用，使企业真正成为技术创新和产业化发展的主体，又要充分发挥政府对战略性新兴产业的推动作用，在政策法规、体制机制等方面营造有利于产业发展的良好环境，处理好产业发展与生物安全的关系，为生物技术创新和产业化发展建立良好的支撑平台。

一是要促进生物领域知识产权的创造、管理、实施和保护。完善生物资源和生物技术知识产权保护的法律法规，提供良好的知识产权中介服务，落实对知识产权创造者的奖励政策，加强知识产权的司法保护和行政执法力度。

二是要加强组织领导，形成推进生物产业发展的合力。国家要建立生物产业发展重大问题的协调机制，加强生物产业体制改革、产业发展、技术研究开发、生物安全监管等方面的有机衔接，形成推进生物产业发展的合力。设立国家生物产业发展专家咨询委员会，就生物产业发展重大问题提出咨询意见。依法组建中国生物产业协会和国家生物产业标准化专业技术委员会，开展市场调查、信息交流、标准制修订、行业自律、政策咨询等方面的工作，促进生物产业的健康发展。

三是要实施有利于现代生物产业发展的税收政策。全面贯彻落实《国家中长期科学和技术发展规划纲要（2006—2020 年）》配套税收政策，鼓励生物企业增加研究开发投入，开发新产品、新工艺和新技术，加快创新成果转化，提高自主创新能力。根据现代生物产业高投入、高风险、高收益、长周期等特点，结合国家税收改革方向，研究制定税收优惠政策，支持现代生物产业发展。

四是要培育生物产品市场，扩大需求。通过逐步扩大医疗保险、计划免疫等覆盖范围，加大对农民提供良种补贴、技术培训的支持力度，以及加大对生物能源发展的扶持等措施，积极扩大生物产品的市场需求；加大政府采购对国内生物企业的支持力度，加强生命科学和生物技术的普及教育，正确引导消费；建立有利于生物医药发展的医疗卫生体制和药品物流体系。

五是要完善生物技术产品市场准入政策。在保障生物安全的前提下，适当放宽转基因技术研究开发与产业化应用的限制。逐步推进药品的委托生产。拥有自主知识产权的生物药品上市后，按国家有关规定纳入国家基本药物目录。

六是要加强生物产品市场监管。完善对生物技术企业、研究机构及其制品的管理制度。健全生物技术的实验程序，以及中间试验、环境释放、商品化生产和进出口等环节的安全控制措施，加大对生物技术企业与研究机构的基础设施和安全措施的监督力度。

第四节　高端装备制造产业自主创新能力提升对策建议

一、高端装备制造产业发展现状

高端装备制造业是为国民经济各行业提供技术装备的战略性产业，产业关联度高、吸纳就业能力强、技术资金密集，是各行业产业升级、技术进步的重要保障和国家综合实力的集中体现。

经过多年发展，我国装备制造业已经形成门类齐全、规模较大、具有一定技术水平的产业体系，成为国民经济的重要支柱产业。特别是《国务院关于加快振兴装备制造业的若干意见》（国发〔2006〕8 号）实施以来，装备制造业发展明显加快，重大技术装备自主化水平显著提高，国际竞争力进一步提升，部分产品技术水平和市场占有率跃居世界前列。我国已经成为装备制造业大国，但产业大而不强、自主创新能力薄弱、基础制造水平落后、低水平重复建设、自主创新产品推广应用困难等问题依然突出。特别是，受国际金融危机影响，2008 年下半年以来，国内外市场装备需求急剧萎缩，我国装备制造业持续多年的高速增长势头明显趋缓，企业生产经营困难、经济效益下滑，可持续发展面临挑战。

二、基于高端装备制造产业自主创新能力测度结果的分析

（一）一次测度结果

根据高端装备制造产业自主创新能力测度模型估计结果，高端装备制造产业自主创新能力形成过程中因素重要性排序为：产业集群发展环境、联系质量、研发人力资源投入、产业产值增长、公共基础设施影响、技术存量。

上述测度结果与高端装备制造产业特性相关，高端制造产业是指制造业的高端领域，表现为：一是技术上高端，表现为知识、技术密集，体现多学科和多领域高、精、尖技术的集成；二是价值链高端，具有高附加值特征；三是产业链的核心部位，发展水平决定产业链的整体竞争力。

（二）二次测度结果

为进一步分析联系质量、产业集群发展环境以及公共基础设施影响等因素对高端装备制造业自主创新能力的影响，本书通过调查问卷方式对涉及上述因素的主要问题进行了企业调研和专家咨询打分，进行二次测度，结果见表 12－4。

表 12－4　　高端装备制造产业二次测度打分排序结果

自主创新能力影响因素	影响程度分值	排序
需求条件（用户风险承担）	A_1	1
市场结构	A_2	2
支撑产业	A_3	3
产业联盟发展	B_1	4

续表

自主创新能力影响因素	影响程度分值	排序
产学研结合程度	B_2	5
科技金融服务体系	B_3	6
财税政策	C_1	7
产业政策	C_2	8

（三）高端装备制造产业自主创新存在的主要问题

根据二次测度以及相关访谈调研结果，我国高端装备制造产业在自主创新能力形成过程中主要存在以下问题。

1. 产业集群环境方面：缺少著名的跨国集团和世界级的“精、特、专”“小巨人”企业，整个产业的核心技术水平、自主创新能力和资源整合能力薄弱；部分领域存在重复建设和产能过剩；研发投入结构不合理，制造能力强、研发能力弱；依赖引进技术多、自主知识产权的技术少；生产产值高、工业增加值低；单机制造能力强、系统集成能力弱；现代制造服务业发展不足，服务增加值低。

2. 联系质量方面：产业联盟力量不足，电子、材料、零部件等相关产业支撑不足，难以形成合力进行集成式创新；基础共性技术缺失、公共服务平台建设不足。

3. 公共基础设施方面：首台（批）套高端装备自主创新中的困难需国家有关部门采取切实措施予以支持解决，包括用户支持不足，用户订购和使用首台（批）套国产装备的风险缺乏合理分担，从“首台套”到“首批次”的提升难以实现等。

三、高端装备制造产业自主创新能力提升对策

（一）加快产业结构与产业组织调整

一是要以结构调整为主线，优化装备制造业产品和产业结构。结合国民经济中长期发展规划，充分整合现有资源，发挥比较优势，合理规划确定我国装备制造产业布局，形成一批特色鲜明、重点突出的产业集群和装备制造集中地。

二是要加快产业组织结构调整。重点支持装备制造骨干企业跨行业、跨地区、跨所有制重组，逐步形成具有工程总承包、系统集成、国际贸易和融资能力的大型企业集团。加大对重点基础配套企业的投入力度，引导民营资本和外资投向基础零部件、加工辅具等领域，发展一批高起点、大规模、专业化企业，

健全产业配套体系。

三是要加快发展现代制造服务业。围绕产业转型升级，支持装备制造骨干企业在工程承包、系统集成、设备租赁、提供解决方案、再制造等方面开展增值服务，逐步实现由生产型制造向服务型制造转变。鼓励有条件的企业，延伸扩展研发、设计、信息化服务等业务，为其他企业提供社会化服务。

（二）依托重点工程和产业联盟，建立以企业为主体的自主创新体系

一是要加大科研投入力度，集中攻克一批长期困扰产业发展的共性技术。加快建设一批带动性强的国家级工程研究中心、工程技术研究中心、工程实验室等，提升企业产品开发、制造、试验、检测能力。推进以企业为主体的产学研结合，鼓励科研院所走进企业，支持企业培养壮大研发队伍。

二是要重点发展具有自主知识产权的重大技术装备和重要基础装备，在立足自主研发的基础上，通过引进消化吸收，努力掌握核心技术和关键技术，实现再创新和自主制造。大力发展高新技术产业装备，通过与国外具有先进技术水平的企业合作，广泛开展联合设计、联合制造，逐步实现自主制造的目标。完善重大装备技术研发资金管理，重点支持系统成套技术、自动化控制技术以及关键共性制造技术、基础性技术和原创性技术的研究开发。

三是要提高专业化生产水平。改进企业生产组织方式，合理配置资源，整合区域内铸造、锻造、热处理、表面处理四大基础工艺能力，建设专业化生产中心。加大技术改造投入力度，推广先进制造技术和清洁生产方式，提高材料利用率和生产效率，降低能耗，减少污染物排放。

（三）制定有利于高端装备制造产业自主创新的政策体系

一是要充分发挥增值税转型政策对企业技术进步的促进作用，鼓励企业加大技术改造力度，加快装备更新，调整产品结构，推动企业技术进步。

二是要鼓励订购和使用国产首台（套）重大技术装备。对订购和使用首台（套）国产重大技术装备的国家重点工程，可确定为技术进步示范工程，优先予以安排。尽快研究建立由项目业主、装备制造和保险公司风险共担、利益共享的重大技术装备保险机制，引导装备制造企业和项目业主对首台（套）国产重大技术装备投保。对特定的需要加快国产化的高端装备，如果用户因使用国产首台（套）装备而发生重大损失，由国家对用户的损失给予一定比例的补偿；用户使用国产首台（套）高端装备时，应允许其从与进口设备相比所节约的投资以及该国产装备投入运行后因成本降低而产生的超额效益中提取一定比例用

于奖励有关人员；国家对经用户使用证明获得成功的国产高端装备的研制单位和有关个人给予补助和奖励；有关部门应对高端基础零部件给予充分重视，加大国家财政资金和相关扶持政策的支持力度。

三是要完善出口退税政策，适当提高部分高技术、高附加值装备产品的出口退税率。鼓励金融机构增加出口信贷资金投放，支持国内企业承揽国外重大工程，带动成套设备和施工机械出口。

四是要完善相关法律法规和标准。要在全面总结我国装备制造业发展的成功经验、借鉴国外通行做法的基础上，研究制定振兴装备制造业的有关法律法规，为装备制造业发展提供必要的法律保障。要充分发挥标准化在振兴装备制造业中的作用，提高国家标准、行业标准和企业标准的等级，完善我国装备制造业标准体系，为我国装备产品参与国际竞争创造条件。

五是要加大对重大技术装备企业的资金支持力度。国家在年度投资安排中设立专项资金，对国家重点建设工程所需以及对结构调整和产业升级有重大影响的重大技术装备的技术进步项目，给予重点支持。鼓励符合条件的装备制造企业通过上市融资、发行企业债券等方式筹集资金。加大企业研发投入税前扣除等激励政策的力度，鼓励企业增加研发投入。

第五节　新能源产业自主创新能力提升对策建议

一、新能源产业发展现状分析

国际能源署（IEA）对2000～2030年国际电力的需求进行了研究，研究表明，来自可再生能源的发电总量年平均增长速度将是最高的。IEA的研究认为，在未来30年内非水利的可再生能源发电将比其他任何燃料的发电都要增长得快，年增长速度近6%。在2000～2030年间其总发电量将增加5倍，到2030年，它将提供世界总电力的4.4%，其中生物质能将占其中的80%。

不同于传统产业，中国的新能源产业几乎与全球同时起步，并在国内外市场强势拉动下，凭借国内资源和制造成本优势，在短短几年时间内，迅速成长为全球新能源产业大国。在此过程中，民营企业成为新能源产业发展主体，产业园区成为新能源产业发展的重要载体，地方政府成为产业发展的重要力量。在政府、企业和园区协同作用下，新能源产业成为中国部分地方经济发展的突出贡献力量。

“十一五”期间，我国新能源确立了建设资源节约型、环境友好型“两型”社会的发展战略和单位 GDP 耗能要降低 20% 的目标。“两型”社会发展战略的实施和节能降耗的目标实现对中国能源发展战略提出了较高要求。“十一五”成为中国实施新能源产业发展战略、实现多元能源结构的关键时期，新能源产业规模迅速扩大，风电、光伏等新能源产业均保持高位增长。其中，中国的风电装机从 2006 年的 2599MW 增长到 2009 年的 26276MW，年均复合增长率超过 100%，风力发电能力位居世界前列；中国的光伏产业增长速度不亚于风电。2006 年到 2009 年间，在国外强劲市场拉动下，中国光伏产业规模从 438MW 增长到 3460MW，年均复合增长率达到 94%，自 2007 年开始，中国成为全球太阳能电池第一大生产国，太阳能热水器保有量居于全球首位。到 2008 年底，中国新能源占能源生产总量比重超过 9% 生物质能、核能、地热能、氢能、海洋能等发展潜力巨大的新能源得到了较快发展。

在中国新能源产业蓬勃发展的同时，中国新能源产业做大做强的核心动力，自主创新能力也不断增强。“十一五”期间，我国新能源产业技术取得一系列创新成果，以风电行业专利申请为例，截至 2008 年底，我国风电领域专利申请总量共 2964 件。其中，发明专利 1665 件，占专利申请总量的 56%，实用新型专利 1297 件，占专利申请总量的 44% 左右。

二、基于新能源产业自主创新能力测度结果的分析

（一）一次测度结果

根据新能源产业自主创新能力测度模型估计结果，新能源产业自主创新能力形成过程中因素重要性排序为：公共基础设施影响、联系质量、研发人力资源投入、技术存量、产业集群发展环境、产业产值增长。

上述测度结果与新能源产业特性相关，新能源产业有以下产业特性与技术特征：一是市场需求高度依赖政策推动，能源价格政策以及支持政策对市场形

成和推动有巨大作用；二是核心技术体系尚在构建过程中，风电技术是全球最为成熟的应用技术，太阳能光电转换技术有望取得重大突破，生物质能技术在不断探索新的模式。

（二）二次测度结果

为进一步分析公共基础设施影响、联系质量、产业集群发展环境等因素对新能源业自主创新能力的影响，本书通过调查问卷方式对涉及上述因素的主要问题进行了企业调研和专家咨询打分，进行二次测度，结果见表 12－5。

表 12－5　　新能源产业二次测度打分排序结果

自主创新能力影响因素	影响程度分值	排序
能源价格支持政策	A_1	1
财税政策	A_2	2
知识产权保护与激励	A_3	3
产业联盟发展	B_1	4
产学研结合程度	B_2	5
科技金融服务体系	B_3	6
需求条件	C_1	7
市场结构	C_2	8
支撑产业	C_3	9

（三）新能源产业自主创新存在的主要问题

根据二次测度以及相关访谈调研结果，我国新能源产业在自主创新能力形成过程中主要存在以下问题：

1. 公共基础设施方面：政策及激励措施力度不够。在现有技术水平和政策环境下，大多数可再生能源开发利用成本高，再加上资源分散、规模小、生产不连续等特点，在现行市场规则下缺乏竞争力，需要政策扶持和激励。目前，国家支持风电、生物质能、太阳能等可再生能源发展的政策体系还不够完整，经济激励力度弱，相关政策之间缺乏协调，政策的稳定性差，没有形成支持可再生能源持续发展的长效机制。

2. 联系质量方面：一是市场保障机制还不够完善。长期以来，我国可再生能源发展缺乏明确的发展目标，没有形成连续稳定的市场需求。虽然国家逐步加大了对可再生能源发展的支持力度，但由于没有建立起强制性的市场保障政策，无法形成稳定的市场需求，可再生能源发展缺少持续的市场拉动，致使我国可再生能源新技术发展缓慢。二是金融支撑力度不足，创业投资、绿色信贷等新型金融工具发展不足，对新能源产业支持力度不够。

3. 产业集群方面：技术开发能力和产业体系薄弱。除风电、太阳能热利用和沼气外，其他可再生能源的技术水平较低，缺乏技术研发能力，设备制造能力弱，技术和设备生产较多依靠进口，技术水平和生产能力与国外先进水平差距较大。同时，可再生能源资源评价、技术标准、产品检测和认证等体系不完善，人才培养不能满足市场快速发展的要求，没有形成支撑可再生能源产业发展的技术服务体系。

三、新能源产业自主创新能力提升对策

总体来看，我国新能源产业尚处于培育发展阶段，存在产业规模较小、系统集成能力不强、核心技术尚不成熟、产品成本偏高、经营模式有待创新等问题，同时标准体系建设、配套支持政策也亟待加强。

（一）完善政策体系，加大支持力度

要根据新能源产业发展目标要求，按照政府引导、政策支持和市场推动相结合的原则，通过优惠的价格政策和强制性的市场份额政策，以及政府投资、政府特许权等措施，培育持续稳定增长的新能源市场，促进新能源的开发利用、技术进步和产业发展。

一是要落实国家扶持新能源产业发展的税收、补贴政策。研究制定太阳能开发利用、垃圾发电、风能发电价格补贴等相关政策。统筹政府资金，加大对新能源产业的资金支持。加大在重大建设项目、示范工程中自主创新新能源产品的政府采购力度。

二是要制定电价和费用分摊政策。国务院价格主管部门根据各类可再生能源发电的技术特点和不同地区的情况，按照有利于可再生能源发展和经济合理的原则，制定和完善可再生能源发电项目的上网电价，并根据可再生能源开发利用技术的发展适时调整；实行招标的可再生能源发电项目的上网电价，按照招标确定的价格执行，并根据市场情况进行合理调整。电网企业收购可再生能源发电量所发生的费用，高于按照常规能源发电平均上网电价计算所发生费用之间的差额，附加在销售电价中在全社会分摊。

三是要加大财政投入和税收优惠力度。要根据《可再生能源法》的要求，设立可再生能源发展专项资金，根据可再生能源发展需要和国家财力状况确定资金规模。各级地方财政也要按照《可再生能源法》的要求，结合本地区实际，安排必要的财政资金支持可再生能源发展。国家运用税收政策对水能、生物质能、风能、太阳能、地热能和海洋能等可再生能源的开发利用予以支持，对可再生能源技术研发、设备制造等给予适当的企业所得税优惠。

（二）改善市场环境条件，建立持续稳定的市场需求

国家要建立促进新能源发展的市场机制，运用市场化手段调动投资者的积极性，提高新能源的技术水平，推进新能源产业化发展，不断提高新能源的竞争力，使新能源在国家政策的支持下得到更大规模的发展。

要鼓励发展以工程建设、技术咨询、检测认定、知识产权保护、风险投资为主的产业服务体系。加快制定、修订新能源技术、产品在能效、建设设计等方面的标准和规范，逐步建立产品和工程标准体系，完善产品质量检测和认证体系。加强新能源利用的宣传教育与知识普及，倡导绿色能源消费理念，增强社会认同，营造有利于新能源产业发展的良好环境。

（三）支持自主创新，引入高端要素

一是要支持产业联盟、技术联盟、标准联盟等创新要素积极承担国家重大专项，参与国家重大工程建设，开展标准创制，搭建关键领域的共性技术平台。鼓励支持企业建设国家（地方）工程实验室、国家（地方）工程研究中心、企业技术中心等创新平台。

二是要整合现有新能源技术资源，完善技术和产业服务体系，加快人才培养，全面提高新能源技术创新能力和服务水平，促进可再生能源技术进步和产业发展。将新能源的科学研究、技术开发及产业化纳入国家各类科技发展规划，在高技术产业化和重大装备扶持项目中安排可再生能源专项，支持国内研究机构和企业在新能源核心技术方面提高创新能力，在引进国外先进技术基础上，加强消化吸收和再创造，尽快形成自主创新能力。力争建立完善的新能源技术和产业体系，形成以自有知识产权为主的新能源装备能力，满足新能源大规模开发利用的需要。

三是要优先支持创新能力强、发展前景良好、符合条件的新能源企业通过国内外主板和创业板上市、发行中长期票据、短期融资债券等方式，拓宽企业融资渠道；鼓励银行通过丰富信贷品种和抵押体制创新，开展面向新能源企业

的信用贷款支持。鼓励利用清洁发展机制（CDM）和建设—经营—移交（BOT）模式，对符合条件的新能源项目进行融资建设。

四是要引进高端人才，培养人才队伍。要进一步加强国际交流与合作，重点引进创新型研发设计人才、开拓型经营管理人才、高级技能人才等专业人才回国发展，鼓励企业与院校院所联合培养一批科技管理人才和高级技能人才。建立和完善人才激励机制。对做出突出贡献的科技人员和经营管理人员实施期权、技术入股、股权等多种方式的股权和分红权激励。

第六节　新材料产业自主创新能力提升对策建议

一、新材料产业发展现状分析

经过几十年奋斗，我国新材料产业从无到有，不断发展壮大，在体系建设、产业规模、技术进步等方面取得明显成就，为国民经济和国防建设做出了重大贡献，具备了良好发展基础。

新材料产业体系初步形成。我国新材料研发和应用发端于国防科技工业领域，经过多年发展，新材料在国民经济各领域的应用不断扩大，初步形成了包括研发、设计、生产和应用，品种门类较为齐全的产业体系。

新材料产业规模不断壮大。进入21世纪以来，我国新材料产业发展迅速，例如，2010年我国新材料产业规模超过6500亿元，与2005年相比年均增长约20%。其中，稀土功能材料、先进储能材料、光伏材料、有机硅、超硬材料、特种不锈钢、玻璃纤维及其复合材料等产能居世界前列。

部分关键技术取得重大突破。我国自主开发的钽铌铍合金、非晶合金、高磁感取向硅钢、二苯基甲烷二异氰酸酯（MDI）、超硬材料、间位芳纶和超导材料等生产技术已达到或接近国际水平。新材料品种不断增加，高端金属结构材料、新型无机非金属材料和高性能复合材料保障能力明显增强，先进高分子材料和特种金属功能材料自给水平逐步提高。

当今世界，科技革命迅猛发展，新材料产品日新月异，产业升级、材料换代步伐加快。新材料技术与纳米技术、生物技术、信息技术相互融合，结构功能一体化、功能材料智能化趋势明显，材料的低碳、绿色、可再生循环等环境友好特性备受关注。发达国家高度重视新材料产业的培育和发展，具有完善的技术开发和风险投资机制，大型跨国公司以其技术研发、资金、人才和专利等优势，在高技术含量、高附加值新材料产品中占据主导地位，对我国新材料产业发展构成较大压力。

二、基于新材料产业自主创新能力测度结果的分析

（一）一次测度结果

根据新材料产业自主创新能力测度模型估计结果，新材料产业自主创新能力形成过程中因素重要性排序为：产业集群发展环境、联系质量、研发人力资源投入、技术存量、产业产值增长、公共基础设施影响。

上述测度结果与新材料产业特性相关，新材料产业有以下产业特性与技术特征：一是品种繁多、需求广泛，企业规模一般不大；二是与下游应用升级紧密联系，与原材料工业发展紧密融合；三是技术创新源头相当部分来自军用，军民共用材料技术双向转移、融合发展趋势明显。

（二）二次测度结果

为进一步分析产业集群发展环境、联系质量、公共基础设施影响等因素对新材料业自主创新能力的影响，本书通过调查问卷方式对涉及上述因素的主要问题进行了企业调研和专家咨询打分，进行二次测度，结果见表12－6。

表12－6　　新材料产业二次测度打分排序结果

自主创新能力影响因素	影响程度分值	排序
下游应用	A_1	1
军用新材料技术转移	A_2	2
市场结构	A_3	3
产业联盟发展	B_1	4
产学研结合程度	B_2	5
科技金融服务体系	B_3	6
财税政策	C_1	7
知识产权保护和激励	C_2	8

（三）新材料产业自主创新存在的主要问题

根据二次测度以及相关访谈调研结果，我国新材料产业在自主创新能力形成过程中主要存在以下问题。

1. 产业集群发展方面：新材料自主开发能力薄弱，大型材料企业创新动力不强，关键新材料保障能力不足。

2. 联系质量方面：产学研用相互脱节，产业链条短，新材料推广应用困难，产业发展模式不完善。

3. 基础设施方面：新材料产业缺乏统筹规划和政策引导，研发投入少且分散，基础管理工作比较薄弱。

三、新材料产业自主创新能力提升对策

（一）大力推进军民结合

要充分利用我国已有军工新材料产业发展的技术优势，优化配置军民科技力量和产业资源，推进国防科技成果加速向经济建设转化，促进军民新材料技术在基础研究、应用开发、生产采购等环节有机衔接，加快军民共用新材料产业化、规模化发展。鼓励优势新材料企业积极参与军工新材料配套，提高企业综合实力，实现寓军于民。建立军民人才交流与技术成果信息共享机制，积极探索军民融合的市场化途径，推动军民共用材料技术的双向转移和辐射。

（二）加强产学研用结合

一是要加强政府、企业、科研院所和金融机构合作，逐步形成“政产学研金”支撑推动体系。制定和完善有利于新材料产业发展的风险投资扶持政策，鼓励和支持民间资本投资新材料产业，研究建立新材料产业投资基金，发展创业投资和股权投资基金，支持创新型和成长型新材料企业，加大对符合政策导向和市场前景的项目支持力度。鼓励金融机构创新符合新材料产业发展特点的信贷产品和服务，合理加大信贷支持力度，在国家开发银行等金融机构设立新材料产业开发专项贷款，积极支持符合新材料产业发展规划和政策的企业、项目和产业园区。支持符合条件的新材料企业上市融资、发行企业债券。

二是要加强新材料学科建设，加大创新型人才培养力度，改革和完善企业分配和激励机制，完善创新型人才评价制度，建立面向新材料产业的人才服务体系。鼓励企业建立新材料工程技术研究中心、工程实验室、企业技术中心、

技术开发中心，不断提高企业技术水平和研发能力。围绕材料换代升级，建立若干技术创新联盟和公共服务平台，组织实施重点新材料关键技术研发、产业创新发展、创新成果产业化、应用示范和创新能力建设等重大工程，发挥引领带动作用，促进新材料产业全面发展。

（三）发挥重点新材料企业的支撑和引领作用

通过强强联合、兼并重组，加快培育一批具有一定规模、比较优势突出、掌握核心技术的新材料企业。鼓励原材料工业企业大力发展精深加工和新材料产业，延伸产业链，提高附加值，推动传统材料工业企业转型升级。高度重视发挥中小企业的创新作用，支持新材料中小企业向“专、精、特、新”方向发展，提高中小企业对大企业、大项目的配套能力，打造一批新材料“小巨人”企业。鼓励建立以优势企业为龙头，联合产业链上下游核心企业的产业联盟，形成以新材料为主体、上下游紧密结合的产业体系。

（四）加强政策引导和行业管理，建立稳定的财政投入机制

落实《国务院关于加快培育和发展战略性新兴产业的决定》要求，建立和完善新材料产业政策体系，加强新材料产业政策与科技、金融、财税、投资、贸易、土地、资源和环保等政策衔接配合。制定和完善行业准入条件，发布重点新材料产品指导目录，实施新材料产业重大工程。推进组建新材料产业协会。建立健全新材料产业统计监测体系，把握行业运行动态，及时发布相关信息，避免盲目发展与重复建设，引导和规范新材料产业有序发展。

建立稳定的财政投入机制，通过中央财政设立的战略性新兴产业发展专项资金等渠道，加大对新材料产业的扶持力度，开展重大示范工程建设，重点支持填补国内空白、市场潜力巨大、有重大示范意义的新材料产品开发和推广应用。各有关地方政府也要加大对新材料产业的投入。充分落实、利用好现行促进高新技术产业发展的税收政策，开展新材料企业及产品认证，完善新材料产业重点研发项目及示范工程相关进口税收优惠政策。积极研究制定新材料“首批次”应用示范支持政策。

（五）完善新材料技术标准规范

瞄准国际先进水平，立足自主技术，健全新材料标准体系、技术规范、检测方法和认证机制。加快制定新材料产品标准，鼓励产学研用联合开发重要技术标准，积极参与新材料国际标准制定，加快国外先进标准向国内标准的转化。加强新材料品牌建设和知识产权保护，鼓励建立重要新材料专利联盟。加快建

立新材料检测认证平台，加强产品质量监督，建立新材料产品质量安全保障机制。

第七节 新能源汽车产业自主创新能力提升对策建议

一、新能源汽车产业发展现状分析

中国的新能源汽车始于21世纪初。新能源汽车研究项目被列入国家“十一五”期间的“863”重大科技课题，并规划了以汽油车为起点，向氢动力车目标挺进的战略，充分地显示了政府高度关注新能源汽车的研发和产业化。随着2007年底，《新能源汽车生产准入管理规则》的正式实施以及《产业结构调整指导目录（2007年本）》的发布，新能源汽车产业正式进入国家发改委的鼓励产业目录，被汽车业界看作是国家真正鼓励发展新能源车及市场化的开始，被誉为中国新能源汽车发展史的里程碑。在这两部重要法规、政策的实施下，中国新能源汽车进入了一个全新的发展阶段，因此2008年也被称为“新能源汽车元年”。

作为战略性新兴产业之一，发展新能源汽车不仅有利于节能减排和技术进步，更是一直被视为国家转变经济增长方式的重要举措，发展战略性新兴产业已成为抢占新一轮经济和科技发展制高点的重大战略。在密集的扶持政策出台的背景下，我国新能源汽车已然驶入快速发展轨道。2010年，我国又再次加大对新能源汽车的扶持力度，国家在上海、深圳等5个城市启动私人购买新能源汽车补贴试点工作，同年7月，国家将十城千辆节能与新能源汽车示范推广试点城市由20个增至25个，标志着新能源汽车正进入全面政策扶持阶段。在能源和环保的压力下，新能源汽车成为未来汽车的发展方向。

总体来看，我国新能源汽车已具备一定的研发和产业化基础。通过十几年的自主研发和示范运行，我国在动力电池、驱动电机、电子控制和系统集成等关键技术领域取得明显进步，纯电动汽车和插电式混合动力汽车开始大规模投放市场。燃料电池技术水平不断提高，燃料电池汽车示范考核逐步深入。但是，新能源汽车及核心零部件技术还有待进一步突破，产业化和市场化仍面临着产品成本较高、社会配套体系不完善等诸多挑战。

传统汽车节能技术应用范围不断扩大。通过实施严格的乘用车燃料消耗量限值标准，应用先进内燃机、高效变速器、轻量化和优化设计等节能技术，我国汽车平均油耗明显降低。混合动力汽车开始进入市场，极大促进了传统汽车产业的技术升级。天然气汽车技术基本成熟，初步实现产业化，形成了一定市场规模。但是与国际先进水平相比，我国的单车油耗水平仍然偏高，汽车节能核心技术尚未完全掌握，汽车产品结构也有待于进一步调整、优化。

二、基于新能源汽车产业自主创新能力测度结果的分析

（一）一次测度结果

根据新能源汽车产业自主创新能力测度模型估计结果，新能源汽车产业自主创新能力形成过程中因素重要性排序为：公共基础设施影响、研发人力资源投入、产业集群发展环境、技术存量、联系质量、产业产值增长。

上述测度结果与新能源汽车产业特性相关，新能源汽车产业有以下产业特性与技术特征：一是政府推动尤其关键，需要政府积极参与和支持新能源汽车的研发及市场推广，带动新能源汽车生产企业自主研发；二是市场需求大，但纯电动车的动力电池、电机和电控技术等核心技术尚待突破，技术方向分散；三是技术研发和市场推广需要资金量大。

（二）二次测度结果

为进一步分析公共基础设施影响、产业集群发展环境、联系质量等因素对新能源汽车产业自主创新能力的影响，本书通过调查问卷方式对涉及上述因素的主要问题进行了企业调研和专家咨询打分，进行二次测度，结果见表12-7。

表12-7　新能源汽车产业二次测度打分排序结果

自主创新能力影响因素	影响程度分值	排序
产业培育政策	A_1	1
财税政策	A_2	2
知识产权保护和激励	A_3	3

续表

自主创新能力影响因素	影响程度分值	排序
市场结构	B_1	4
支撑产业	B_2	5
需求条件	B_3	6
科技金融支撑	C_1	7
产学研结合程度	C_2	8
产业联盟发展	C_3	9

（三）新能源汽车产业自主创新存在的主要问题

根据二次测度以及相关访谈调研结果，我国新能源汽车产业在自主创新能力形成过程中主要存在以下问题。

1. 基础设施方面：国家虽然出台多项鼓励新能源汽车发展的政策，但对于新能源汽车使用市场环境的培育政策力度不足。

2. 产业集群方面：共性技术尚待突破，缺乏具有带动作用的成熟企业，技术路线模糊，产业化成果不突出，成本居高不下，产品国际竞争力弱。

3. 联系质量方面：大规模研发和推广资金缺乏，产业联盟缺乏龙头企业带动，产业标准体系不健全。

三、节能与新能源汽车产业自主创新能力提升对策

（一）全面构建节能与新能源汽车共性技术研发平台，突破核心技术瓶颈

一是要集中全行业科技资源，共同开展系统集成、动力总成、电磁兼容、高压安全等关键共性技术研究，加快建立先进的整车设计与开发流程。重点支持骨干整车企业联合开发纯电动乘用车和插电式混合动力乘用车共用车型平台、混合动力商用车动力系统平台，以及先进汽车节能共性技术平台，全面提升我国汽车工业整体水平。

二是要突破动力电池核心技术，提高电池性能和寿命，降低成本。开发新型正极材料和高容量合金负极材料，加强电池管理可靠性研究和轻量化设计，提高电池比能量；重点开展电池优化设计、工艺创新和装备改进，提高电池及关键材料的生产一致性；开发电池自激活电压控制和热控制等新技术，提高电池安全性；以改进电极材料循环性为重点开发长寿命电池体系；提升电池材料

低成本制备技术，推进电池零配件和系统组合件的标准化和规模化，降低成本。

三是要全面突破和掌握高效动力总成、汽车轻量化、低阻零部件等先进节能技术。掌握柴油机高压共轨，汽油机缸内直喷、稀薄燃烧、涡轮增压等高效内燃机技术；六档及以上手动和自动变速器、双离合器式自动变速器和无级自动变速器、商用车自动控制机械变速器技术；高强度钢、轻质合金材料、塑料复合材料等材料技术和激光拼焊等先进成型技术。突破机电耦合、能量回收等混合动力汽车关键技术，实现混合动力专用发动机自主研发和生产。

四是要建立和完善新能源汽车关键零部件自主研发能力。重点支持有条件的企业自主研发驱动电机硅钢片、关键传感器、高性能绝缘材料和永磁材料等核心零部件技术，以及相关检测、制造装备。突破电动化总成控制系统（电动空调、电动转向、制动能量回馈控制系统）、整车分布式控制系统，掌握基于新型电机集成驱动的底盘动力学控制、整车控制系统、智能交通、车网融合（V2G）等前沿技术。掌握燃料电池电堆、燃料电池发动机及其关键材料、部件等关键技术。

（二）利用示范工程和充电设施建设启动和培育市场

一是要深入开展节能与新能源汽车试点示范，进行产品试验验证和技术经济评价，提升产品技术水平；研究配套鼓励政策，探索建立具有商业可行性的市场推广模式，协调发展充电设施；努力扩大市场规模，形成试点带动技术进步和产业发展的良性循环机制，建立有利于公平竞争的开放市场环境。

二是要积极推动私人购买新能源汽车补贴试点。支持探索“裸车”销售、电池租赁、整车租赁等多种推广模式，建立新能源汽车租赁服务、二手车交易、电池梯次利用与回收再利用体系，形成一批优质的新能源汽车服务企业和专业的电池回收企业。

三是要根据节能与新能源汽车产业发展规划，制定新能源汽车充电设施总体发展规划，制定充电设施设计和建设规范，推进标准化。在产业发展初期，原则上应集中力量重点在试点城市开展充电设施建设。

（三）健全完善标准体系，鼓励原创性技术研发

一是要加强标准自主研究，健全完善节能与新能源汽车标准体系。研究制定节能与新能源汽车安全、能耗、排放试验评价方法及限值标准；研究制定动力电池系统、动力总成系统、电控系统等关键部件的安全性、可靠性和耐久性评价标准；研究制定各类充电设施、设备的设计规范，及其安全、能耗、电磁

兼容等相关技术标准。不断提高乘用车燃料消耗量国家限值标准；制定并实施中重型商用车燃料消耗量检测方法和限值标准。

二是要加强人才培养与队伍建设，以国家专项工程为依托，培养一批国际知名的领军人才。加强电化学、新材料、汽车电子、车辆工程、机电一体化等相关学科建设，培养技术研究、产品开发及管理人才。培养技术应用型专门人才。实施人才引进计划，鼓励企业、大学和科研机构从国外引进专业人才。

三是要建立部门合作、统筹规划、系统设计，构建全产业链的专利体系。加强知识产权的应用和保护，激励原创性技术的研究与开发，改进高校和科研机构知识产权的评价使用制度，建立高效的知识产权评估交易办法，加大对创新成果的奖励力度。

（四）加强国际交流与合作

建立“合作开发、技术共享、风险共担”的合作开发机制，在共性基础和前沿技术领域，开展联合研发；在产品技术领域，以掌握核心技术为目标，积极利用国际资源；鼓励外商投资企业在我国设立中外合资的新能源汽车技术研发机构。积极开展新能源汽车示范推广国际合作，选择一个示范城市或在其局部区域，建设国际新能源汽车联合示范区，开展新技术评价、探索基础设施建设和新能源汽车商业化模式。加强政策法规交流，积极参与国际标准的协调、制定。支持企业到境外投资和上市融资，促进新能源汽车产品、技术和服务出口。

参考文献

［1］胡志坚、苏靖："区域创新系统理论的提出与发展"，《中国科技论坛》1999年第6期。

［2］官建成、刘顺忠："区域创新机构对创新绩效影响的研究"，《科学学研究》2003年第2期。

［3］官建成、刘顺忠："区域创新系统创新绩效的评价"，《中国管理科学》2002年第1期。

［4］齐建国等：《技术创新——国家系统的改革与重组》，经济管理出版社1998年版。

［5］柳卸林：《技术创新经济学》，中国经济出版社1993年版。

［6］王春法：《国家创新体系与东亚经济增长》，中国社会科学出版社2002年版。

［7］王春法：《技术创新政策：理论基础与工具选择——美国和日本的比较研究》，经济科学出版社1998年版。

［8］柳卸林、石定寰：《国家创新系统：现状与未来》，经济管理出版社1999年版。

［9］冯之浚：《国家创新体系的理论与实践》，经济科学出版社1999年版。

［10］胡志坚：《国家创新系统——理论分析与国际比较》，社会科学文献出版社2000年版。

［11］柳卸林、胡志坚："中国区域创新能力的分布与成因"，《科学学研究》2002年第5期。

［12］任胜钢、彭建华："基于因子分析法的中国区域创新能力的评价及比较"，《系统工程》2007年第25卷第2期。

［13］冯之浚：《国家创新能力评价报告》，科学出版社2009年版。

［14］刘凤朝：《国家创新能力测度方法及其应用》，科学出版社2009年版。

［15］胡明铭："区域创新系统理论与建设研究综述"，《外国经济与管理》

2004 年第 9 期。

［16］刘凤朝、孙玉涛："基于三维模型的国家创新能力两步测度"，《科学学研究》2009 年第 11 期。

［17］王春法：《主要发达国家创新体系的历史演变与发展趋势》，经济科学出版社 2003 年版。

［18］迈科尔·波特：《国家竞争优势》，华夏出版社 2002 年版。

［19］邹进文：《公司理论变迁研究》，湖南人民出版社 2000 年版。

［20］霍福广、陈建新：《中美创新机制比较研究》，北京：人民出版社 2004 年第 1 版。

［21］陈银娥："激励契约理论评述"，《经济学动态》，2003 年第 9 期。

［22］罗良文：《对外直接投资的就业效应：理论与中国实证研究》，《中南财经政法大学学报》，2007 年第 5 期。

［23］王维平：《经济政策创新与区域经济协调发展》，中国社会科学出版社 2006 年版。

［24］周寄中：《科学技术创新管理》，经济科学出版社 2002 年版。

［25］熊彼特：《经济发展理论——对利润、资本、信贷、利息和经济周期的考察》，商务印书馆 1991 年版。

［26］弗里德里希·李斯特：《政治经济学的国家体系》，商务印书馆 1997 年版。

［27］石定寰、柳御林：《中国国家创新系统的现状、问题和发展趋势》，《今日科技》2003 年第 2 期。

［28］郑小平：《国家创新体系研究综述》，《科学管理研究》2006 年第 8 期。

［29］唐炎钊：《区域科技创新能力的模糊综合评估模型及应用研究——2001 年广东省科技创新能力的综合分析》，《系统工程理论与实践》2004 年第 2 期。

［30］李习保：《区域创新节能环保对创新活动效率影响的实证研究》，《数量经济技术经济研究》2007 年第 8 期。

［31］（美）约翰松著：《美第奇效应：创新灵感与交叉思维》，商务印书馆 2006 年版。

［32］路风：《走向自主创新：寻求中国力量的源泉》，广西师范大学出版社

2006 年版。

[33]（美）杰恩:《研发组织管理：用好天才团队》，知识产权出版社 2005 年版。

[34]（瑞典）哈里森（Harryson, S.）著:《日本的技术与创新管理（从寻求技术诀窍到寻求合作者)》，北京大学出版社 2004 年版。

[35]（美）伯格曼等著，陈劲，王毅译:《技术与创新的战略管理》，机械工业出版社 2004 年版。

[36]（美）乔治等著，陈正芬译：《创新引擎：有效提升企业创新执行力》，中国财政经济出版社 2007 年版。

[37]（美）埃弗雷特·M. 罗杰斯著：《创新的扩散》，中央编译出版社 2002 年版。

[38]（美）威廉·鲍莫尔著：《资本主义的增长奇迹：自由市场创新机器》，中信出版社 2004 年版。

[39] 陈劲，王方瑞:《技术创新管理方法》，清华大学出版社 2006 年版。

[40]（美）亨利·埃茨科威滋著:《三螺旋——大学·产业·政府三元一体的创新战略》，东方出版社 2005 年版。

[41] 郑刚：《全面协同创新——迈向创新型企事业之路》，科学出版社 2006 年版。

[42]（美）米哈尔科:《创新精神——创造性天才的秘密》，新华出版社 2004 年版。

[43] 李钟文：《硅谷优势——创新与创业精神的栖息地》，人民出版社 2002 年版。

[44]（美）希普尔著:《创新的源泉：追循创新公司的足迹》，知识产权出版社 2005 年版。

[45] 吴晓波:《全球化制造与二次创新：赢得后发优势》，机械工业出版社 2006 年版。

[46]（美）丹敦著:《创新的种子：解读创新魔方》，知识产权出版社 2005 年版。

[47]（英）克里斯蒂安森著：《构建创新型组织——激励创新的管理体制》，经济管理出版社 2005 年版。

[48] 司春林:《企业创新空间与技术管理——现代管理系列教材》，清华大

学出版社 2005 年版。

[49] [美] 戴布拉·艾米顿著:《创新高速公路:构筑知识创新与知识共享的平台》,知识产权出版社 2005 年版。

[50] (英) 特罗特著:《创新管理和新产品开发》,中国人民大学出版社 2005 年版。

[51] (美) 怀特:《技术与创新的管理:战略视角》(英文版),电子工业出版社 2007 年版。

[52] (美) 乔治·冯·克罗:《实现知识创新》,机械工业出版社 2004 年版。

[53] (英) 琼斯著:《创新的前沿:要么创新要么淘汰》,中华工商联合出版社 2006 年版。

[54] (美) F. M. 谢勒著:《技术创新:经济增长的原动力》,新华出版社 2001 年版。

[55] (美) 弗罗里达著:《创意经济》,中国人民大学出版社 2006 年版。

[56] 青木昌彦,安藤晴彦编著:《模块时代:新产业结构的本质》,上海远东出版社 2003 年版。

[57] 徐宏玲:《模块化组织研究》,西南财经大学出版社 2006 年版。

[58] (美) 罗森伯格著:《探索黑箱:技术、经济学和历史》,商务印书馆 2004 年版。

[59] [澳] 哈里森:《技术管理:理论知识与全球案例》,清华大学出版社 2003 年版。

[60] (美) 夏彼洛:《永续创新:变革时代企业求生与制胜蓝图》,电子工业出版社 2003 年版。

[61] 杨虎涛:《研发投入多不等于创新绩效好》,《人民日报》(理论版),2008 年 4 月 2 日。

[62] 王伟光:《自主创新、产业发展与公共政策——基于政府作用的一种视角》,经济管理出版社 2006 年版。

[63] 陈劲:《创新全球化:企业技术创新国际化范式》,经济科学出版社 2003 年版。

[64] 陈劲,陈钰芬编著:《赢在服务创新》,机械工业出版社 2004 年版。

[65] 项本武:《中国经济的动态效率:1992—2003》,《数量经济技术经济

研究》2008 年第 3 期。

[66] 陈柳钦:《战略性新兴产业自主创新问题研究》,《决策咨询》2011 年第 2 期。

[67] 闫俊周、杨祎:“中国战略性新兴产业供给侧创新效率研究”,《科研管理》2019 年第 4 期,第 34 ~ 43 页。

[68] 张治河、潘晶晶、李鹏:“战略性新兴产业创新能力评价、演化及规律探索”,《科研管理》2015 年第 3 期,第 1 – 12 页。

[69] 曹兴、张云、张伟:“战略性新兴产业自主技术创新能力形成的动力体系”,《系统工程》2013 年第 7 期。

[70] 石书德:“企业技术创新能力评价研究评述”,《科技管理研究》2013 年第 10 期。

[71] 吴忠涛、张丹、龚艳:“西安高新区战略性新兴产业创新能力评价研究”,《统计与信息论坛》2014 年第 11 期。

[72] 孙早、宋炜:“战略性新兴产业自主创新能力评测——以企业为主体的产业创新指标体系构建”,《经济管理》2012 年第 8 期。

[73] 曹兴、王栋娜、张伟:“战略性新兴产业自主技术创新影响因素及其绩效分析”,《科学决策》2014 年第 12 期。

[74] 高杰、田雨:“战略性新兴产业自主创新能力影响因素测度——以武汉生物产业为例”,《创新》2014 年第 4 期。

[75] 纪晶华、许正良:“发展战略性新兴产业的关键是实现自主创新”,《经济纵横》2013 年第 1 期。

[76] 魏海涵、余茜、刘靖宇:“战略性新兴产业发展的国际经验及对中国的启示”,《中国发展观察》2012 年第 9 期。

[77] 韩超:“战略性新兴产业政策依赖性探析——来自地方政府补贴视角的实证检验”,《经济理论与经济管理》2014 年第 11 期。

[78] 颜永才:“新常态下企业创新生态系统与自主创新战略研究”,《科学管理研究》2015 年第 5 期。

[79] 邢红萍、卫平:“我国战略性新兴产业企业技术创新特征分析——基于全国七省市战略性新兴产业企业问卷调查”,《中国科技论坛》2013 年第 7 期。

[80] 闫俊周:“战略性新兴产业自主创新体系构建的问题及路径研究”,《经济论坛》2013 年第 2 期。

[81] 闫俊周：“新常态下战略性新兴产业发展的问题与对策研究——以河南省为例”，《经济论坛》2016 年第 6 期。

[82] 杨楠：“河南省高新技术产业自主创新能力评价”，《科学管理研究》2012 年第 1 期。

[83] 俞之胤：《长春市战略性新兴产业创新能力评价及提升对策研究》，吉林大学论文，2015 年。

[84] 杜勇、黄庆华、张卫国：“战略性新兴产业微观主体协同创新风险控制机制研究”，《科技进步与对策》2014 年第 12 期。

[85] 周霞、盛丹华、何小文：“新兴产业创新能力评价体系研究”，《价值工程》2014 年第 10 期。

[86] 赵玉林、石璋铭：“战略性新兴产业资本配置效率及影响因素的实证研究”，《宏观经济研究》2014 年第 2 期。

[87] 段一群、张立凡、李佩：“科技型中小微企业技术创新能力决定因素研究——基于战略性新兴产业上市企业数据”，《科技进步与对策》2013 年第 18 期。

[88] 王红军：“战略性新兴产业创新能力评估及提升路径研究”，《技术与创新管理》2013 年第 5 期。

[89] 王秀婷：“战略性新兴产业创新能力评价方法研究综述”，《企业导报》2013 年第 8 期。

[90] 黄启才：“我国战略性新兴产业发展与升级路径——基于全球价值链的视角”，《国际经济合作》2013 年第 6 期。

[91] 王新新：“战略性新兴产业的理论研究及路径选择”，《科技进步与对策》2012 年第 8 期。

[92] 贺正楚、张蜜：“战略性新兴产业的评价指标体系研究——基于几类产业内涵和特征比较的视角”，《学海》2011 年第 6 期。

[93] 邢纪红、龚惠群：“我国新一代信息技术产业自主创新能力评价研究”，《华东经济管理》2017 年第 3 期。

[94] 周泽炯、陆苗苗：“战略性新兴产业自主创新能力的驱动因素研究”，《吉首大学学报（社会科学版）》2019 年第 1 期，第 30～38 页。

[95] 石璋铭、徐道宣：“集聚促进战略性新兴产业创新生态系统发展的实证分析”，《科技进步与对策》2018 年第 23 期，第 92～98 页。

[96] 许珂、耿成轩：“制度环境与战略性新兴产业创新能力发展研究”，《技术经济与管理研究》2018年第10期，第106~111页。

[97] 张冀新、胡维丽：“基于‘四三结构’的战略性新兴产业创新能力非均衡判别与评价”，《科技进步与对策》2018年第21期，第65~72页。

[98] 牟绍波、张秋凤：“国内产业创新能力研究述评：2007~2017年”，《商业经济研究》2018年第19期，第172~176页。

[99] 刘建和、陈磊、朱启勉：“私募股权投资对区域创新能力的影响效应研究——基于省际面板数据的实证”，《科技管理研究》2018年第19期，第1~6页。

[100] 王晓鸿、吕璇：“经济新常态下甘肃省战略性新兴产业创新发展模式探索”，《科学管理研究》2018年第4期，第35~39页。

[101] 陈洋林、宋根苗、张长全：“税收优惠对战略性新兴产业创新投入的激励效应评价——基于倾向评分匹配法的实证分析”，《税务研究》2018年第8期，第80~86页。

[102] 张会新、白嘉：“模块化视角下战略性新兴产业突破式创新路径选择”，《科技进步与对策》2018年第5期，第60~67页。

[103] 王宏起、杨仲基、武建龙、李玥：“战略性新兴产业核心能力形成机理研究”，《科研管理》2018年第2期，第143~151页。

[104] 杨朝继：“我国战略性新兴产业自主创新驱动因素测度研究”，《生态经济》2017年第12期，第61~65页。

[105] 齐齐、赵树宽、李其容：“战略性新兴产业企业创新效率评价研究——以东北地区为例”，《中国流通经济》2017年第10期，第65~72页。

[106] 余建林：“产业基金助推实体经济发展的实践与建议”，《中国财政》2017年第17期，第53~54页。

[107] 洪帅、吕荣胜：“中国产业创新生态系统研究综述”，《经济问题探索》2017年第5期，第38~44、50页。

[108] 曹兴、张伟、张云：“战略性新兴产业自主技术创新能力测度与评价”，《中南大学学报（社会科学版）》2017年第1期，第101~109页。

[109] 凌峰、戚湧、朱婷婷：“战略性新兴产业创新要素供给体系与协同机制”，《科技进步与对策》2016年第22期，第56~63页。

[110] 李进兵：“战略性新兴产业创新系统演化进程与驱动力”，《科学学

研究》2016 年第 9 期，第 1426 ~ 1431 页。

[111] 吴俊、张家峰、黄东梅："产学研合作对战略性新兴产业创新绩效影响研究——来自江苏省企业层面的证据"，《当代财经》2016 年第 9 期，第 99 ~ 109 页。

[112] 董登珍、吴翠、龚明："湖北省战略性新兴产业自主创新能力评价研究"，《科技进步与对策》2016 年第 12 期，第 143 ~ 147 页。

[113] 闫俊周："新常态下战略性新兴产业创新驱动发展的路径选择"，《企业经济》2016 年第 5 期，第 147 ~ 151 页。

[114] 孙早、肖利平："融资结构与企业自主创新——来自中国战略性新兴产业 A 股上市公司的经验证据"，《经济理论与经济管理》2016 年第 3 期，第 45 ~ 58 页。

[115] 刘洪昌："战略性新兴产业高端化发展的产业培育模式及路径"，《企业经济》2015 年第 1 期，第 140 ~ 144 页。

[116] 刘晖、刘轶芳、乔晗、胡毅、程伟、易香华："我国战略性新兴产业创新驱动发展路径研究——基于北京市生物医药行业的经验总结"，《管理评论》2014 年第 12 期，第 20 ~ 28 页。

[117] 吴忠涛、张丹、龚艳："西安高新区战略性新兴产业创新能力评价研究"，《统计与信息论坛》2014 年第 11 期，第 84 ~ 90 页。

[118] 谯薇、宋金兰、黄炉婷："推动战略性新兴产业发展的创新政策研究——以四川省为例"，《经济体制改革》2014 年第 3 期，第 178 ~ 182 页。

[119] 马艳华："自主创新、战略新兴产业与产业升级协同发展的研究综述"，《山西财经大学学报》2014 年第 S1 期，第 51 ~ 53 页。

[120] 武建龙、王宏起："战略性新兴产业突破性技术创新路径研究——基于模块化视角"，《科学学研究》2014 年第 4 期，第 508 ~ 518 页。

[121] 曹兴、张云、张伟："战略性新兴产业自主技术创新能力形成的动力体系"，《系统工程》2013 年第 7 期，第 78 ~ 86 页。

[122] 周松兰、刘栋："中日韩战略性新兴产业创新驱动力比较研究——以 LED 产业的实证分析为例"，《国际经济合作》2013 年第 7 期，第 81 ~ 84 页。

[123] 杨忠泰："陕西培育发展战略性新兴产业的路径选择"，《科技管理研究》2013 年第 6 期，第 72 ~ 77 页。

[124] 潘文轩："提升战略性新兴产业科技创新能力的财税政策研究"，

《南京工业大学学报（社会科学版）》2012 年第 4 期，第 80 ~ 84 页、第 91 页。

[125] 孙早、宋炜：“战略性新兴产业自主创新能力评测——以企业为主体的产业创新指标体系构建”，《经济管理》2012 年第 8 期，第 20 ~ 30 页。

[126] 徐祖跃、彭骥鸣、胡学奎：“增强战略性新兴产业自主创新能力的税收激励制度”，《税务研究》2012 年第 6 期，第 3 ~ 7 页。

[127] Freeman, C. , The Economics of Industrial Innovation, Cambridge University Press, 1982.

[128] Bent – Ake, Lundvall. , Product innovation and user – producer interaction, Industrial Development Research Series. Aalborg, Aalborg University Press, 1985.

[129] Richard, R. , Nelson. Understanding Technical Change as an Evolutionary Process, Elsevier Science Publishers B. V, 1988.

[130] Suarez – VillaL, Invention. , Inventive Learning and Innovative Capacity, Behavioral Science. Research Policy, 1990.

[131] Freeman, C. , Technology Policy and Economic performance: Lessons from Japan, London: Printer Publishers, 1987.

[132] Suarez – VillaL, Invention. , Inventive learning and innovative capacity, Behavioral Science, 1990.

[133] OECD. National innovation system, Paris, 1997.

[134] Bent – Ake, Lundvall. , National Systems of Innovation: Towards a Theory of Innovation and Interactive Learning, London: Pinter Publishers, 1992.

[135] Patel, P. , Pavitt, K. , National innovation system: why they are important, and how they might be measured and compared, Economics of Innovation and New Technology, 1994.

[136] Patel, P. , Pavitt, K. , The Nature and Economic Importance of National innovation system, OECD, STI Review, 1994.

[137] Nelson R. National Innovation System: A Comparative Analysis, Oxford University Press, 1993.

[138] Neel, A. , Hii, Jra. , Innovation and Business Performance: A Liteture Review. , University of Cambridge, 1998.

[139] Furman, J, L. , Poter, M, E. , Stern S. , The determinants of nation-

al innovative capacity, Research Policy, 2002.

[140] Hu, M, C., Mathews, J, A., National innovative capacity in East Asia, Research Policy, 2005.

[141] Mathews, J, A., Hu, M, C., Enhancing the role of universities in building national innovative capacity in Asia: the case of Taiwan, World Development, 2007.

[142] Nelson, R., National Systems of Innovation: Comparative Study, Oxford University Press, 1993.

[143] Freeman, C., The National System of Innovation in Historical Perspective, Cambridge Journal of Economics, 1995.

[144] Romer, P., Endogenous technological change, Journal of Political Economy, 1998.

[145] Furman, J., Hayes R., Catching up or standing still National innovative productivity among follower countries, Research Policy, 2004.

[146] Poter, M, E., Clusters and Competition: New Agendas for Companies, Governments, and Institutions. Boston (MA): Harvard Business School Press, 1998.

[147] Fritsch, M., Measuring the Quality of Regional Innovation Systems: A Knowledge Production Function Approach, International Regional Science Review, 2002.

[148] Furman, J, L., Poter, M, E., Stern S. The Determinants of National Innovative Capacity, 2002.

[149] Breitzman, Thomas, 2007, The Emerging Clusters Project Final Report [R], Technology Administration U. S. Department of Commerce.

[150] Cooke, 1992, Regional Innovation Systems: Competitive Regulation in the New Europe [J], Geoforum, Vol. 23.

[151] Freeman C, 1974, The Economics of Industria Innovation [M], Hammond Sworth: Peguin.

[152] Furman, Porter, Stern, 2002, The determinants of national innovative capacity [J], Research Policy.

[153] Feser, 2000, High – Tech Clusters in North Carolina [R], University of

North Carolina at Chapel Hill.

[154] Heffernan, 2008, The Emergence of New Industries [R], The University of Cambridge.

[155] Martin, P. Sunley, 2003, Deconstructing Clusters: Chaotic Concept or Policy Panacea [J], in Journal of Economic Geography, Vol. 3.

[156] Mathews, Hu, 2007, Enchanciing the role of universities in building national innovative capacity in Asia: the case of Taiwan [J], Vol. 4.

[157] Nelson, R, 1993, National Systems of Innovation: A Comparative Analysis [M], New York: Oxford University Press.

[158] OECD, 2005, Science, Technology and Industry: Scoreboard of Indicators 2005, Paris.

[159] Quandt, 1997, The Emerging High - technology Cluster of Campinas [R], International Development Research Centre.

后　记

对战略性新兴产业进行测度研究，对我来说是一个挑战。一方面，多年来对创新领域研究的浓厚兴趣使我对这个题目孜孜以求。另一方面，我也深刻感到自己学识和经验有限，尝试这个题目必然会有很多不足和缺陷。所幸许多良师益友的陪伴让我有信心完成书稿并在这个领域继续探索下去。

首先要感谢领导和同事给我的关心和指导，如果没有中南财经政法大学经济学院这个大家庭的温暖，没有这些良师益友的鼓励和支持，我恐难坚持完成这本书的撰写。

还要感谢和我曾经一起学习和工作过的伙伴和朋友，他们是：杨虎涛老师、陈立兵老师、湖北省科技厅黎苑楚研究员，武汉国通信托有限责任公司冯鹏熙博士等。与他们的交流和合作加深了我对这一领域的认识。

忘不了硕士生刘英、蔡锦杨、徐曼等为本书做出的努力，他们牺牲了很多节假日休息时间查找资料，对他们表示深深感谢！

最后，感谢恩师童光荣教授，是他将我引入这一领域并给我悉心指导。也谢谢我的妻子和孩子对我的理解。

做任何一件事情离不开周围人的支持，感谢不是客套，是应该做的并记在心里，已入中年的我将怀着感恩的心继续前行。

高　杰

2019 年 4 月 2 日于南湖